山东能源经济协同创新中心（山东省 2011 计划）资助

产业树

——一种产业结构优化方法

李　跃　于向宇　任一鑫　著

中国财经出版传媒集团

经济科学出版社

Economic Science Press

图书在版编目（CIP）数据

产业树：一种产业结构优化方法/李跃，于向宇，
任一鑫著．—北京：经济科学出版社，2019.7
ISBN 978 - 7 - 5218 - 0750 - 9

Ⅰ.①产…　Ⅱ.①李…②于…③任…　Ⅲ.①产业结
构优化 - 研究 - 中国　Ⅳ.①F269.24

中国版本图书馆 CIP 数据核字（2019）第 169057 号

责任编辑：刘　莎
责任校对：隗立娜
责任印制：邱　天

产业树
——一种产业结构优化方法

李　跃　于向宇　任一鑫　著

经济科学出版社出版、发行　新华书店经销

社址：北京市海淀区阜成路甲 28 号　邮编：100142

总编部电话：010 - 88191217　发行部电话：010 - 88191522

网址：www. esp. com. cn

电子邮件：esp@ esp. com. cn

天猫网店：经济科学出版社旗舰店

网址：http：//jjkxcbs. tmall. com

北京密兴印刷有限公司印装

710×1000　16 开　14.75 印张　250000 字
2019 年 7 月第 1 版　2019 年 7 月第 1 次印刷
ISBN 978 - 7 - 5218 - 0750 - 9　定价：68.00 元

（图书出现印装问题，本社负责调换。电话：010 - 88191510）
（版权所有　侵权必究　打击盗版　举报热线：010 - 88191661
QQ：2242791300　营销中心电话：010 - 88191537
电子邮箱：dbts@ esp. com. cn）

前　言

　　产业结构优化调整是化解经济周期波动风险、推动经济快速发展的重要手段。当前，我国正处于产业结构调整、产业转型升级的关键时期，国内外发展背景均要求我国必须加快产业结构调整的速度、提高产业结构调整的质量。第一，从国际视角看，以大数据、云计算、人工智能以及物联网等新技术为特征的第四次工业革命拉开了世界产业链制高点争夺战的序幕。在该背景下，实现产业结构跨越式发展，是提高我国在世界产业链中地位的关键。第二，从国内视角看，产业结构优化调整是实现经济稳定、持续、高效、绿色发展的前提和动力。我国为转变经济发展方式、实现产业转型升级先后提出了"中国制造2025"、供给侧结构性改革、新旧动能转换等发展战略，要求积极通过技术创新推进产业结构优化调整。

　　我国地域辽阔，诸多地区是依靠其自身的要素禀赋特点"因势利导"，演化形成围绕某一个或几个优势产业为核心的产业体系，如煤炭资源型城市的产业体系就是典型的围绕煤炭产业逐渐向其上下游产业延伸形成的。该类产业系统具有同源性和纵向强关联性特征，其结构呈现以核心产业为中心的树状形态。以煤炭资源型城市为例，在我国经济增长方式转变、经济增速放缓、新能源冲击以及低碳发展等四重背景下，煤炭资源型城市经济遭受重创，积极推进煤炭资源型城市的产业转型升级刻不容缓，而在其产业结构调整过程中，存在大量产业链延伸成功率较低、企业多元化发展泛而不精、产业政策制定不合理等现象。

　　针对树状产业结构优化调整过程中存在的产业链延伸成功率低、企业多元化发展泛而不精、地方政策制定不合理等问题，本书在总结相关研究的基础上，以提供树状产业结构调整研究方法和思路、补充完善产业结构优化理论为目的，以产业链、产业网络等理论方法为指导，运用逻辑推导、比较分析、模拟仿真等方法开展产业树构建及调节机理的研究，本书内容从三大部分展开。

第一部分：产业树提出与构建。该部分回答了为什么提出产业树、产业树是什么、产业树的基本结构组成等问题，主要包含第一章、第二章、第三章和第四章内容。第一章首先阐明了产业树提出的背景、依据和意义；其次，确定了本书的主要研究内容、研究方法、创新点和技术路线。第二章，通过对产业结构研究脉络的梳理，从产业结构与经济发展关系、产业结构优化和产业结构调整路径三个方面对研究现状进行综述，并在此基础上，进一步综述了产业链、产业网络与产业结构优化方面的应用研究现状，最后对研究现状进行了评述。第三章，首先阐明了产业树研究的理论基础；其次，根据研究目的对产业树进行理论界定，并将其与产业链、产业网络、价值链、产业基础关联树等相关概念进行辨析，明确了产业树研究的理论边界。第四章，主要阐明产业树的基本结构由冠系产业、干系产业和根系产业三个子系统耦合组成，论述了每个子系统的细分结构、功能以及边界的确定方法；根据产业树的结构组成构建产业树经济总量分析模型，为产业树调节机理研究奠定基础。

第二部分：产业树调节机理。该部分回答了产业树结构变动的动力是什么，调节动力通过怎样的方式和传导路径影响产业树的结构变动，产业树调节的结构变动规律是什么等三个问题，主要包含第五章、第六章、第七章和第八章内容。第五章，首先阐明产业树调节的动力：内生性动力和外部激发性动力，内生性动力包含价值增值动力、自组织动力和创新动力，外部激发性动力包含市场引导动力、政策引导动力和组织网络动力；其次，明确了产业树调节动力的演化机制。第六章，首先，提出产业树调节的两种模式——内部调节模式和外部调节模式，并将内部调节模式划分为干系产业带动型、冠系产业带动型和根系产业带动型三种，外部调节模式划分为市场拉动型、政府推动型和组织网络影响型三类；其次，提出展与汇的扩张与收缩对产业树结构调整的作用。第七章，从理论层面阐明了产业树传导路径包含正向传导、逆向传导和双向传导三类，并从量变视角运用系统动力学模型仿真分析了产业树动力的传导效应。第八章，在产业树调节动力、调节方式以及传导路径分析的基础上，主要研究产业树在受到内外部调节动力变化刺激后，在产业规模、产业结构、产业数量等方面的调节过程和最终的调节结果，并构建相应的指标模型对产业树自我调节的变化进行评价，为产业结构优化、产业政策制定、产业布局、产业链延伸等提供参考。

第三部分：煤基产业树发展变化分析。该部分主要根据煤炭产业及其煤基产业树的历史发展规律，验证产业树的客观性以及理论分析框架的有效性，主要包含第九章内容。首先，通过对煤炭产业的发展历史、产品演化等的考察，验证产业树的客观性及形成过程；其次，构建1992年、2002年和2012年三个时点的煤基产业树，验证提出的产业树调节规律。

　　本书的顺利撰写和出版得到了学校及相关领域有关专家的支持和斧正，在这里对所有支持、帮助的专家、学者、同仁、学生表示感谢。由于产业树这一概念、基础理论体系为首次提出、构建以及作者水平所限，书中概念、理论推导难免有疏漏和不足之处，敬请专家和读者批评指正。作者在本书最后一章，展望了产业树在产业结构优化、产业体系运行状况评价、骨干产业选择、产业转型升级方向判别、资源最优流动路径选择、产业安全评价和产业集群体系构建等方面的应用前景，希望喜欢研究这一领域的专家、学者参加进来，共同开展对产业树的研究，共同参与完善产业结构优化的理论体系。

作者

2019年6月

目　　录

第一章　绪　　论 ……………………………………………… （1）

　　第一节　立论依据 …………………………………………… （1）

　　第二节　产业树提出的依据 ………………………………… （4）

　　第三节　研究目的与意义 …………………………………… （10）

　　第四节　研究内容 …………………………………………… （11）

　　第五节　产业树研究方法 …………………………………… （14）

　　第六节　技术路线 …………………………………………… （15）

　　第七节　主要创新点 ………………………………………… （17）

第二章　国内外研究现状 ……………………………………… （18）

　　第一节　国外相关研究现状 ………………………………… （19）

　　第二节　国内相关研究现状 ………………………………… （28）

　　第三节　产业链、产业网络与产业结构优化研究现状 …… （41）

　　第四节　研究现状评述 ……………………………………… （48）

第三章　相关理论基础及产业树概念体系研究 ……………… （51）

　　第一节　相关理论基础 ……………………………………… （51）

　　第二节　基于产业链、产业网络的产业树概念界定 ……… （60）

　　第三节　基于图与网络的产业树相关概念研究 …………… （64）

　　第四节　相关概念辨析 ……………………………………… （67）

　　第五节　本章小结 …………………………………………… （69）

第四章　产业树结构分析及经济总量分析模型构建 ………… （71）

　　第一节　产业树整体结构划分 ……………………………… （71）

第二节　产业树子系统细分结构及边界确定 ⋯⋯⋯⋯⋯⋯ (77)

第三节　产业树经济总量分析模型构建 ⋯⋯⋯⋯⋯⋯⋯ (86)

第四节　本章小结 ⋯⋯⋯⋯⋯⋯⋯⋯⋯⋯⋯⋯⋯⋯⋯⋯ (91)

第五章　产业树调节的动力研究 ⋯⋯⋯⋯⋯⋯⋯⋯⋯⋯⋯ (92)

第一节　产业树发展的阶段特征分析 ⋯⋯⋯⋯⋯⋯⋯⋯ (92)

第二节　产业树自组织特性分析 ⋯⋯⋯⋯⋯⋯⋯⋯⋯⋯ (94)

第三节　产业树调节的主要动力 ⋯⋯⋯⋯⋯⋯⋯⋯⋯⋯ (97)

第四节　产业树调节动力的演化过程分析 ⋯⋯⋯⋯⋯⋯ (102)

第五节　本章小结 ⋯⋯⋯⋯⋯⋯⋯⋯⋯⋯⋯⋯⋯⋯⋯ (107)

第六章　产业树调节动力作用方式研究 ⋯⋯⋯⋯⋯⋯⋯ (109)

第一节　自组织理论分析 ⋯⋯⋯⋯⋯⋯⋯⋯⋯⋯⋯⋯⋯ (109)

第二节　产业树调节模式 ⋯⋯⋯⋯⋯⋯⋯⋯⋯⋯⋯⋯⋯ (110)

第三节　展与汇的调节方式 ⋯⋯⋯⋯⋯⋯⋯⋯⋯⋯⋯⋯ (114)

第四节　本章小结 ⋯⋯⋯⋯⋯⋯⋯⋯⋯⋯⋯⋯⋯⋯⋯ (120)

第七章　产业树调节动力的传导路径分析 ⋯⋯⋯⋯⋯⋯ (121)

第一节　传导路径理论分析 ⋯⋯⋯⋯⋯⋯⋯⋯⋯⋯⋯⋯ (121)

第二节　产业树传导路径仿真模型构建与分析 ⋯⋯⋯⋯ (128)

第三节　本章小结 ⋯⋯⋯⋯⋯⋯⋯⋯⋯⋯⋯⋯⋯⋯⋯ (146)

第八章　产业树调节过程研究 ⋯⋯⋯⋯⋯⋯⋯⋯⋯⋯⋯ (147)

第一节　产业树经济规模变化分析 ⋯⋯⋯⋯⋯⋯⋯⋯⋯ (147)

第二节　产业树调节过程分析 ⋯⋯⋯⋯⋯⋯⋯⋯⋯⋯⋯ (150)

第三节　产业树调节结果分析模型构建 ⋯⋯⋯⋯⋯⋯⋯ (160)

第四节　本章小结 ⋯⋯⋯⋯⋯⋯⋯⋯⋯⋯⋯⋯⋯⋯⋯ (168)

第九章　煤基产业树发展变化分析 ⋯⋯⋯⋯⋯⋯⋯⋯⋯ (169)

第一节　煤炭产业发展历程及特征分析 ⋯⋯⋯⋯⋯⋯⋯ (169)

第二节　煤基产业树的结构分析 ⋯⋯⋯⋯⋯⋯⋯⋯⋯⋯ (176)

第三节　煤基产业树发展过程分析 ⋯⋯⋯⋯⋯⋯⋯⋯⋯ (181)

第四节　煤基产业树发展结果 ······························（185）

第五节　本章小结 ····································（191）

第十章　进一步研究计划 ····························（192）

附录 ··（197）

附录1 ··（197）

附录2 ··（199）

附录3 ··（201）

参考文献 ····································（207）

第一章 绪 论

本章首先通过对研究背景和现实问题的把握与分析，提出研究的关键问题；其次，通过梳理相关理论与方法：产业结构、产业链、产业网络等，明确了本书的研究目的、确定了重点研究内容、设计了本书的研究思路和技术路线、选择了相应的研究方法，为产业树基本理论分析框架的构建奠定基础。

第一节 立论依据

一、研究背景

纵观世界经济发展历程，经济整体运行规律往往表现为周期性的波动增长。宏观经济的运行从本质上说不但是一个周期性波动的过程，而且也表现为一个结构性变动的过程，因此经济增长总是伴随着产业结构的调整、转型和升级，即产业结构变动与经济周期波动间存在紧密的联系，经济增长在周期性波动中总伴随产业结构的变动，在产业结构的变动中实现经济周期性增长。因此，产业结构优化调整已成为化解经济周期波动风险和推动经济快速发展的重要手段。

在第四次工业革命的背景下，世界性经济结构调整已经全面展开，这无疑是世界产业链重新调整和升级的关键时期。在过去 200 多年世界工业化、现代化的历史上，我们曾先后失去过三次工业革命的机会。在前两次工业革命过程中，中国都是边缘化者、落伍者，急剧地衰落，由于错失了工业革命机会，中国 GDP 占世界总量比重，由 1820 年的 1/3 下降至 1950 年不足 1/20。通过改革开放后不断追赶，进入 21 世纪，中国第一次与美国、欧盟、日本等发达国家站在同一起跑线上，在加速信息工业革命的同时，正式发动和创新第四次绿色工业革命。在该背景下，我国应该顺应时代潮流，积极抓住第四次工业革命机遇，努力进行产业结构调整，选择并占领关键技术、关键产业的制高点，实现产业转型升级和产业结构跨越式发展，提高我国在世界产业链中的地位。

在我国供给侧改革、新旧动能转换战略背景下，我国积极推进产业结构调整。自改革开放以来，我国依靠"人口红利"，加之高投入、高能耗的发展模式，实现了持续35年的年均9.5%以上的高速增长，经济总量居世界第二位。但是，截至2012年，经济增长中的深层次问题逐渐显现，高速增长态势逐渐弱化，我国经济开始进入中高速增长"新常态"。与此同时，靠高能耗推动的经济发展所带来的环境污染问题和能源供给问题日益严重，同样制约了我国经济的高速、可持续发展。克鲁格曼指出以往高能耗、高污染的粗放型增长模式不可能一直持续，必须由粗放增长方式转向集约型才可能缓解出现的诸多经济生态环境问题和矛盾。中国作为高速发展的发展中国家同样具有这样的经济生态环境矛盾，因而中国应将过去的总量增长逐渐转到产业结构优化调整的方向上来。"十二五"规划明确提出，中国今后的发展主要方向为经济结构的战略性调整，建立以科技创新为支撑的资源节约型、环境友好型的"新"社会；同时，"十三五"规划也指出，我国经济发展的重点工作为调整产业的产能结构，建立一大批高端制造产业，促进经济结构在兼顾合理化的基础上向高级化方向进行调整。在以上三重问题叠加的关键时期以及国家发展规划的指导下，我国政府提出产业结构调整的重大发展战略，以求保持我国经济中高速发展、实现经济发展与环境污染的脱钩，实现我国经济的发展目标。

综上所述，无论是经济发展规律的客观要求，还是国内外经济发展潮流，均要求我国加快推进产业结构调整的步伐，产业结构调整已经成为助推我国在国际经济竞争中取得主动的制胜法宝，同时也是顺应经济发展规律，应对经济周期性波动，促进经济、社会、生态和谐共生的重要举措。

二、现象分析

我国地域辽阔，诸多地区是依据其自身的要素禀赋特点因势利导，演化形成围绕某一个或几个优势产业为核心的产业体系，如煤炭资源型城市的产业体系就是典型的围绕煤炭产业逐渐向其上下游产业延伸形成的。该类产业系统具有同源性和纵向强关联性特征，其结构呈现以核心产业为中心的树状形态。以煤炭资源型城市为例，在我国经济增长方式转变、经济增速放缓、新能源冲击以及低碳发展等四重背景下，煤炭资源型城市经济遭受重创，积极推进煤炭资源型城市的产业转型升级刻不容缓，而在其产业结构调整过程中，存在大量产业链延伸成功率较低、产业政策制定不合理等现象，具体分析如下。

产业链延伸成功率较低，企业多元化发展多表现为泛而不精。延伸产业链、实现产品结构由初始产品向终端产品演替是产业转型升级的重要举措和路径。但是，我国煤炭资源型城市在产业链延伸、企业纵向一体化发展过程中，多出现产业链延伸不成功、企业多元化发展泛而不精的现象。例如，煤炭企业不断探索产业链延伸以及企业多元化发展战略，多数煤炭企业发展了煤矸石发电、煤制油、煤制气、煤粉加工、电解铝等下游产业，但其价值增值能力较弱、多数处于亏损状态，导致煤炭企业的产业链延伸项目成为企业发展的负担，如兖矿集团的电解铝产业、多数煤炭企业的煤矸石发电厂产业等。产业链延伸不成功、企业大而不精在我国极为常见，严重制约了区域产业结构调整和产业转型升级的质量。

地方产业政策制定盲目跟风，不符合地方资源禀赋和比较优势。随着我国鼓励发展新能源、新材料、"互联网＋"、智能汽车、高端装备制造等产业，较多省市政府盲目跟风，大量上马新能源、新材料等相关项目，多数因不符合地区资源禀赋和比较优势导致项目流产，浪费大量的人力、物力。同时，挤占了当地原有产业发展所需资源，抑制了其进一步转型发展，进而导致地方经济发展缓慢。以石墨烯为例，作为目前发现的最薄、强度最大、导电导热性能最强的一种新型纳米材料，被称为"新材料之王"，科学家甚至预言石墨烯将"彻底改变21世纪"。为此，多地政府寄希望石墨烯实现产业转型，大量上马石墨烯产业园、石墨烯生产基地，然而由于现在石墨烯关键技术难以解决、市场需求量有限，导致多地石墨烯产业园区和企业处于濒临关停倒闭状态。再如，以风能为主的新能源产业，多地积极开发风力发电，因缺乏基础设施建设导致大量风机空转、效益不佳。以上现象在急待转型的煤炭资源型城市极为常见，有效遏制并扭转这一局面对于煤炭资源型城市转型发展具有重要意义。

三、问题提出——树状产业结构优化调整

基于林毅夫的资源禀赋和比较优势理论研究成果，产业结构优化调整需要在开放竞争的市场经济基础上按照资源禀赋"因势利导"，促进产业结构转型与地区比较优势相符合，培养其自生能力，形成产业结构优化调整与经济发展相互推动的良性循环。一个产业及其横向、纵向的相关产业能否在该地区达到一定生产规模形成集聚，是由这个产业在该地区是否拥有比较优势所决定的。因此，当前我国产业结构调整过程中很多区域经常存在的产业结构调整不到位、产业链延伸不成功、企业多元化发展大而不精、地方产业政策盲目跟风等现象，其直接原因是不能准确把握哪些产业应该鼓励发展、哪些产业应该抑制发展导致的。进一步分析以上三个现象及其背后的根本原因是由产业体系调节理论不完善、指导产业转型升级的方法研究不到位、判断产业链延伸方向的理论研究欠缺导致的。

由于产业结构优化调整必须在现有产业体系的基础上"因势利导"，因此有效把握调整对象的结构特征和自我调节规律对于制订产业结构调整政策具有重要的指导意义。根据前面现象分析，当前我国有较多地区形成了基于某一个或几个产业为核心的树状产业结构，该类树状产业结构具有同源性和纵向强关联性特征，在其产业结构调整过程中，运用产业链理论难以表达其结构信息，运用产业网络理论又会过多考虑其横向关联信息且难以操作，为此，本书拟在产业关联、产业链和产业网络等理论的基础上，针对这一特定的树状产业结构提出并构建专门的研究方法——产业树，使其既能反映树状产业结构的结构信息，又能为树状产业结构调整路径制订提供方法和工具。

第二节 产业树提出的依据

随着社会的发展变化、科学技术的不断进步以及社会分工的不断深化，产业分工不断细化、产业链不断延伸、产业网络日趋完善，产业间的交互作用关系日益复杂，仅从局部运用产业链等理论研究某一个或几个产业的转型方向、转型时机的精确性开始逐渐降低；以历史数据为支撑，运用模拟、规划等方法对产业体系优化、产业结构调整进行研究难以满足技术创新主导下

的产业渐变和突变式发展要求。因此，需要从系统角度出发，结合技术变革和需求变化的实际，创新理论方法以满足产业发展和产业研究的需要。

一、产业树提出的自然启示

产业树是受自然树启发提出的，与自然树在结构、成长环境与成长过程上都存在一定的类似性。

（1）结构类似性。自然树由树根、树干和树冠三部分组成，其结构和功能各不相同，三者分工协作保证树的生长；产业树同样分为三部分——根系产业、干系产业和冠系产业，三者形成有机整体，三者之间互相影响、相互促进，以为社会提供最终资源为目的，形成了分工严谨、功能完整的产业体系。

（2）成长环境类似性。两者都受外界环境因素的影响，自然树的交互环境为自然环境，产业树的交互环境为消费市场。消费市场购买产业树生产的终端产品，为产业树提供规模扩张所需的资金，并通过需求变化影响产业树的发展。

（3）成长过程类似性。在成长过程上的相似性在于，自然树的成长主要是通过根系吸收营养，以树干作支撑，通过树冠的光合作用产生有机物，实现自身的成长需要；产业树是通过根系产业吸收自然资源、提供初级加工产品，干系产业加工转换资源，冠系产业生产终极产品，并通过与外部市场交换达到回收资金、价值增值的目的，来维持产业树的运行或扩张发展。

二、产业树提出的客观依据——资源流动

虽然产业树的提出是受自然树的启发，但与自然树不同之处在于，产业树是作为一个人造的、开放的系统而存在的。同时，它有其存在的物质基础和客观依据，具体分析如下。

（一）产业树整体结构的形成

产业体系的形成，尤其是产业之间存在的集聚、集群等运行特征，由产业之间的资源流动而引起。资源流动是形成产业体系的关键，而这种产业之间的资源流动存在着多种形式，包括单向、相向、多向等。并且在受产业之

间关系、规模等因素的影响下，若忽略次要、不成规模的资源流动，可以发现那些成规模的主流资源流动均是以某个产业或产业群为核心而形成的，在这一资源流动体系中的一部分产业的存在与发展是依靠向核心产业或产业群提供资源为主，而另一部分产业则主要以利用核心产业或产业群的资源为主，这样就形成了向产业体系输入资源的产业群体、向产业体系外输出资源的群体、进行资源加工周转的产业群体，也就形成了具有根系产业、干系产业和冠系产业的产业树。

（二）产业树的展与汇形成机理

产业树的展与汇形成的客观依据来源于资源本身的特性：主要是由产品多样性和同种资源的多种属性、用途以及资源之间存在互补、替代、组合关系等所引起的。由于一个产业能够生产多种资源，并且同一资源具有多种用途，因此，以一个产业为出发点，能够为多个不同的产业提供资源，从而引起一个产业向多个产业供给资源的现象，本书把这种产业分支的现象称为展（Z）（见图1-1）。由于生产产品需要不同的资源组合来实现，资源之间存在组合、互补、替代等利用方式，因此，一个产业要完成生产的目的就需要多个不同的产业为其提供资源，这种多个产业向一个产业提供资源的现象就称为汇（H）（见图1-2）。所有产业都不是汇集到一个产业或分成几个产业就结束，而是以分工或资源流动为路径继续汇集或分下去，层层汇集或展开就形成了产业树中的根系、冠系产业的层级结构。

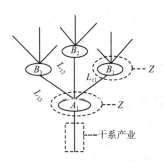

图1-1 产业树展的示意图

其中，Z 代表产业树展；L_{1i} 表示产品1因属性 i 形成的产业；A_1、B_i 分别表示干系产业产品1，主枝产业 L_{1i} 产品 i；

H 代表产业树汇；L_{i1} 表示生产产品1所需资源 i 的供给产业；N_1，M_i 分别表示干系产业所需资源1，主根产业 L_{i1} 产品 i。

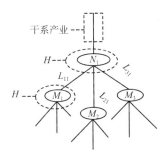

图1-2　产业树汇的示意图

（三）根系、干系与冠系产业子系统的形成

根系产业子系统形成的客观依据：同一产品生产需要由多种资源来实现，资源之间存在替代、互补、组合利用等特征引起产业汇的现象发生，干系产业需要多种生产要素，每一种生产要素的供应产业即主根产业；同理，每一个主根产业同样需要多种生产要素，为其供应生产所需要素的产业为侧根产业，依此类推，直至末根产业。从末根产业向主根产业的方向看是层层汇集的，由多个汇结构将各个产业相连接形成根系产业子系统，其内部结构划分方法在第四章进一步阐述。

干系产业形成的客观依据：产业体系由许多相关的产业结合在一起而形成，这些产业的组合、联合是由于资源汇集加工、周转配置的需要所引起的。在这一目的的实现过程中产生核心作用的产业或产业群，就是产业树中的干系产业。根系产业层层汇集后形成一个中心，冠系产业展开需要一个出发点，这样就形成了干系产业，干系产业是资源的汇集、中转、加工中心，也是资源分配出发的中心。干系产业起到联系根系产业与冠系产业的纽带作用，是产业树形成的核心，它支撑着产业树的发展与变化。

冠系产业形成的客观依据：同一产业能够生产出多种产品或同一产品有多种属性，能满足不同产业的需要，这一客观规律的存在引起产业展结构存在。每一个产业展的形成都源于其核心产业产品的扩展。在产业树中，干系产业往往生产多类产品或产品有多种用途，进而供应给多个主枝产业；同理，每一个主枝产业同样由于产品多样性，向多个产业供应产品；层层递进至末枝产业。从主枝产业到末枝产业是层层展开的，由多个展结构将多个产业连接形成冠系产业子系统，其内部结构划分方法在第四章进一步阐述。

随着科技创新、社会发展，资源用途在拓展，获得资源的范围在扩展，展与汇的结构也会相应发生变化，最终导致产业树规模和结构的变化。

三、产业树提出的理论依据

赫希曼在《经济发展战略》一书中，应用"关联效应"论述了产业的链条关系及相关概念，强调了前向联系与后向联系对于经济发展的重要意义，为产业链的提出奠定了理论基础。产业链是按照分工的先后顺序，围绕某一关键的产品，由最初的自然资源到最终消费产品，然后销售到消费者手中的所有环节构成，其以产品为研究对象，以企业为集合，包含生产和销售两大过程，涉及供给、需求、旁侧三大产业群体。虽然产业链相比单个产业更能体现产业系统的特性，但是产业链在对产业体系的结构信息的把握上，仍然存在较多的局限性，自 20 世纪 90 年代起，从网络角度研究产业内部及产业之间的关系及它们对经济主体的影响，逐渐成为产业经济学的重要研究内容。

产业链是以分工和供求为基础进行的研究，只考虑了产业之间的纵向联系，没有考虑产业之间的横向联系和交叉联系，不能够充分反映产业关联中的结构信息；因此，产业网络理论形成，与产业链相比，产业网络是比较能够反映产业体系及其运行本质的理论，但也由于产业网络纵横交错、关系复杂，受数学发展水平的限制，现在还无法开展资源流动、产业结构优化、产业转型、产业链延伸等方面的研究。尽管产业网络理论存在一定的局限性，但其仍为产业树的提出奠定了基础论调：在产业网络中起到吸引聚集产业作用的核心网络产业就是产业树中的干系产业；剔除产业之间横向、逆向的资源流动，使资源具备统一流动方向：由根系流向干系、干系流向冠系、冠系流向社会，完成资源正向流动的生命周期；而该理论中对资源的这种流动分析就为产业树中根系与冠系产业的提出提供了依据：向核心产业提供资源的产业就是根系产业，利用核心产业所提供的资源的产业就是冠系产业，核心产业就是干系产业。由此看来，产业链、产业网络的研究已经为产业树的提出奠定了理论基础。

综上所述，产业树是对产业链的扩展，考虑了产业分支与汇集的现实状况；同时，产业树是对产业网络的简化，忽略了产业间复杂的横向和逆向资源流动，是从产业网络中依据研究对象和产品生产过程（初级产品生产—中间产品生产—终极产品生产）合理抽离得到的。

四、产业树提出的方法依据

邦迪（Bondy，1984）认为，现实世界的许多事例用由点集和连线组成的图形来描述是极为方便且可行的，并由此经过数学抽象产生了图的概念。图为专家学者提供了运用点和线研究实际网络的方法，进而形成了目前研究网络的一种通用工具。图在产业结构理论中的应用，主要体现在运用网络图来描述产业间的关联关系，用顶点表示产业，用边表示相应两个产业间具有某种关联关系，然后以图为技术基础拓扑产业间的关联关系和关联结构。同时考虑到产业网络的复杂性，复杂网络理论与图的结合成为研究产业网络的有效方法和工具。本书提出的产业树是根据研究目的，对产业网络的简化，运用图与网络研究产业树同样可行，因此，图与网络是产业树构建的方法依据。产业树构建完成后，如何运用产业树分析和优化产业结构需要进一步研究。

决策树（decision tree）是在已知各种情况发生概率的基础上，评价项目风险，判断其可行性的决策分析方法，是直观运用概率分析的一种图解法。由于这种决策分支画成图形很像一棵树的枝干，故称决策树。决策树在描述和解决序列决策时极为方便，一般选用最大收益期望值或最大效用期望值作为决策准则。决策树主要由决策点、事件点及结果等组成，其中决策点表示需要决策的问题；事件点表示决策人可能采取的行动；结果为决策枝的终点，表示采取某一决策后的后果。在产业树模型中，产业树表示的是以目标产业为核心的产业体系，该产业体系呈现以"末根产业→侧根产业→主根产业→干系产业→主枝产业→侧枝产业→末枝产业"为序列的多层次供需关联关系。以产业树体系为基础，利用由末到主的方法依次对"末根产业、末枝产业→侧根产业、侧枝产业→主根产业、主枝产业"进行产业评价，把评价结果作为各个末枝（根）产业、侧枝（根）产业、主枝（根）产业是否保留或是否鼓励发展的依据，该过程类似于决策树中的事件点的确定和剪枝的过程。该过程是对决策树剪枝问题的借鉴，但与决策树的计算过程不同、评价方法不同，其剪枝思路、原则等均是对决策树方法的借鉴、转化和应用。因此，决策树的剪枝方法为运用产业树进行产业评价、分析产业转型升级、进行产业的选择等提供了思路。

五、现实研究的需要

产业体系与经济结构有密切的关系，维持经济持续稳定发展的关键之一是产业体系的持续稳定运行与发展。为了达到这一目的，专家学者已对产业体系运行机理、发展机理等进行了研究，并深入产业体系的安全、稳定、优化、调整、评价等领域，对此解决了一些问题，但在相关研究中还缺少更有效的方法和理论指导，如产业链延伸方向选择、资源流动路径优化、产业转型、产业集群结构优化、主导产业选择等研究。产业选择方法存在缺陷，产业布局、产业战略、产业规划等研究和编制就存在不足，因此，需要进一步创新理论和方法。产业树利用根系产业、冠系产业的层层汇集和分支的线索，能够理出多条通道或路径，理清产业层级联系的结构，这为研究资源流动路径及优化配置、产业集群结构优化等提供新的理论、思路、方法和分析工具。例如，产业树结合决策树及资源流动研究成果，能够用来进行资源流动路径的优化与配置，利用决策树的剪枝分析方法及产业运行评价的方法，用来进行产业选择、结构优化与调整。

综上所述，无论是从产业运行客观实际方面分析，还是从已有的相关理论研究及利用方面分析，均可以明确的是，产业树的基本研究雏形已经形成，其研究也具有一定的可行性。

第三节 研究目的与意义

一、研究目的

在产业链理论和产业网络理论的指导下，本书采用理论分析与逻辑推导的方法，构建产业树体系和理论分析框架，使其既具有产业网络分析结构信息的功能，又具有产业链指导产业结构优化调整易操作性的特点；进而摸清产业树的基本结构、调节动力、传导路径以及产业树调节过程和结果等机理，以求为树状产业结构调整与优化策略的制定提供系统有效的理论依据和方法支撑，进而提高树状产业结构调整策略的科学性和合理性。

二、研究意义

（一）理论意义

（1）在产业关联、产业链和产业网络理论的基础上，构建产业树的基本理论分析框架。产业树理论分析框架的构建，一是弥补现有文献对树状产业结构调整进行深入学理论探讨的不足，丰富现有产业结构优化调整的研究成果；二是对产业链和产业网络理论的继承和再发展，是对产业结构理论的有益补充。

（2）产业树结构划分为研究树状产业结构优化调整等提供了新的视角。产业树的产业结构划分方法克服了产业链分析产业分支的不足和产业网络实际应用难度大的问题，使其既拥有了分析产业体系的功能，同时又拥有了可操作性的优势，为树状产业结构优化调整等相关研究提供了新的视角。

（二）现实意义

（1）产业结构优化调整是我国"十三五"经济发展的重中之重，产业树的构建与调节机理研究成果能够为当前存在树状产业结构的地区产业调整政策成果不突出的原因提供深层次解释，进而能够指导其产业结构优化调整战略规划的制定，使其规划更加符合区域现实情况，提高规划的现实指导意义。

（2）研究摸清了产业树调节的驱动机理、传导路径以及调节过程和结果等内容，该研究成果对树状产业结构的产业链延伸、主导产业选择、产业安全评价等提供了研究思路和方法。

（3）本书以煤炭产业为例分析煤基产业树基本结构和发展变化过程，为煤炭产业的转型升级、煤炭产业链延伸、资源优化配置以及煤炭产业集群的构建提供新的方法和手段，对煤炭产业供给侧改革具有重要的现实意义。此外，还对煤炭产业的循环经济发展、煤炭企业的转型升级等具有一定的参考价值。

第四节　研究内容

在我国产业结构调整、产业转型升级的关键时期，针对部分地区的树状产业结构调整不到位、产业链延伸不成功、企业多元化发展大而不精、地方产业政策盲目跟风等现象，依据产业结构理论、系统理论，运用逻辑推导、系统仿真等方法，提出了专门指导树状产业结构调整的产业树理论分析框架，并研究了产业树的调节机理。本书主要研究三大内容，即产业树的提出与构建、产业树调节机理以及煤基产业树发展变化。第一部分内容主要回答为什么提出产业树，提出产业树的依据是什么，产业树的基本结构是什么等三个问题；第二部分内容主要在第一部分内容的基础上回答产业树结构变动的动力是什么，调节动力通过怎样的方式和传导径路影响产业树的结构变动，产业树调节的结构变动规律是什么等三个问题；第三部分通过对煤基产业树的结构及发展变化情况的考察，验证产业树提出的合理性和调节机理理论分析的正确性。

（一）产业树的提出与构建

该部分主要包含两个组成部分：产业树提出、产业树结构功能分析。第一，产业树的提出主要是通过规范分析法，以产业链、产业网络等理论和方法为基础，通过总结现实树状产业结构的基本特征和问题提出产业树的概念体系，并将产业树的内涵与供应链、价值链、产业链、产业网络、产业基础关联树等概念进行辨析，进而明晰产业树的理论研究边界。第二，产业树结构功能分析。首先，是根据物质流动机理和投入产出模型确定产业树的基本结构：根系产业、干系产业和冠系产业，并对各个部分功能进行分析；其次，对其基本结构的内部层级结构划分、边界确定进行建模分析；最后，构建产业树经济总量分析模型，通过该模型的构建提出产业树调节机理研究的必要性。

（二）产业树调节机理研究

该部分主要包含四个组成部分：产业树调节的动力研究、产业树调节动力的作用方式研究、产业树调节动力的传导路径以及产业树调节的过程和结果研究。

第一，产业树调节的动力。首先，该部分在产业树结构功能研究的基础上，分析了产业树发展的阶段特征；其次，将产业树视为由干系产业子系统、冠系产业子系统、根系产业子系统和外部环境子系统有机组合形成的复合复杂产业树，分析了其自组织特征；再次，总结归纳产业树调节的动力：内生性动力和外部激发性动力，并运用自组织理论对产业树不同发展阶段进行分析，判别不同阶段的序参量——关键驱动力；最后，通过对调节动力的作用过程分析，构建了产业树调节动力的演化模型。

第二，产业树调节动力的影响方式。该部分主要在产业树调节动力研究的基础上，对产业树调节的模式以及展与汇的调节方式进行了归类与分析。其中，根据产业树调节动力的不同将产业树调节模式划分为内部调节和外部调节两类。然后，根据内部调节起始端的不同，又将内部调节划分为冠系产业带动型内部调节模式、干系产业带动型内部调节模式和根系产业带动型内部调节模式三种类型，并对每种调节模式进行理论分析；根据外部调节动力的来源将外部调节划分为市场推动型外部调节模式、政府推动型外部调节模式以及组织网络影响型外部调节模式三种类型，并分析了每一种模式的作用机理。最后，分析了展与汇在产业树调节中的调节方式。

第三，产业树调节动力的传导路径。依据产业关联理论分析了产业树内部各个产业之间存在的关联关系，并根据其基本结构将产业树在外部冲击下的传导路径划分为正向传导路径、逆向传导路径和双向传导路径三种类型；然后，运用系统动力学方法和投入产出模型构建的产业树传导路径仿真模型，为分析具体情形下的产业冲击在产业树内部的传导路径和影响提供了方法基础。

第四，产业树调节过程及结果。首先，以产业树经济总量分析模型为基础，将产业树调节过程划分为两个阶段：量变阶段、质变阶段，并从理论层面分析了两个阶段的基本过程；其次，运用 Logistic 模型，从初始演化和成长演化两个角度分析了产业树的调节过程和可能出现的结果；最后，在产业树在产业冲击传导路径分析的基础上，主要阐明产业树受到产业冲击后，产业树从产业规模、内部结构以及产业数量方面的变化及测度模型，为准确判断产业树变动后的结果提供方法指导。

（三）煤基产业树发展变化分析

该部分主要根据建立的理论体系和方法模型，首先以煤炭产业为干系产业，构建煤基产业树，并根据煤炭产业及其产业链的历史发展规律验证产业树构建的客观性和有效性；其次对煤基产业树的调节机理进行研究，对构建的方法模型进行有效性检验；最后提出产业树在主导产业选择、资源优化配置、产业链延伸方向确定等领域的应用前景及可行性。

第五节 产业树研究方法

一、规范分析法

本书的主旨是依据产业链和产业网络等理论，针对树状产业结构优化调整问题，提出产业树理论模型，并在分析其结构功能基础上，研究产业树的调节机理。对文献中有关产业链、产业网络、产业结构优化等相关理论和研究进行回顾，可以实现以下三点：一是发现现有研究的不足和缺陷，找出切入点和创新点；二是现有的研究可以为研究假设提供基本的理论支撑；三是基于相关理论分析产业树的组成及自我调节机理。

二、图论与网络

产业树的构建是对产业体系内部具体部分的抽离，同样具有产业网络的特征，本书运用图论与网络描述产业与产业之间的关联关系，构建产业树基本理论模型，并分析产业树的基本结构组成。

三、系统分析与过程分析相结合的方法

产业树调节机理主要涵盖了调节动力、调节方式、传递路径和调节过程及结果等多方面内容，本书的结构设计、章节逻辑安排均是在系统理论的指导下，根据产业树发展的基本过程进行的，本书主要运用系统分析法整体把握产业树的调节动力、传递路径等内容，运用过程分析方法对调节动力的作用过程、调节过程以及产业树的发展过程划分进行研究。

四、案例分析法

在产业树基本理论体系研究的基础上，本书以煤基产业树为例，通过对其产品结构、产业规模、产业结构的演化历程的总结、归纳和分析，验证了

产业树基本理论研究的客观性和正确性。

第六节 技术路线

当前，我国正处于产业结构调整、产业转型升级的关键时期，国内外发展形势均要求我国必须加快推进产业结构调整和产业转型升级，而有效的产业结构调整理论与方法对国家制定产业结构调整路径和产业转型升级政策有重要的指导作用。针对部分地区树状产业结构优化调整存在的产业链延伸成功率低、政策制定不合理等现象，本书在综述当前产业结构优化理论和方法的基础上，针对当前产业链与产业网络等研究方法的局限性，提出并构建产业树理论分析框架并研究其调节机理，以求为树状产业结构优化调整、产业链延伸方向的判断和主导产业选择等提供有效的研究方法。主要研究思路如下：第一，通过文献梳理明确当前产业结构研究的进展、主要研究方法和成果，摸清当前研究方法的特点与不足；第二，在对产业链、产业网络、产业基础关联树、产业结构优化等理论方法研究的基础上，针对树状产业结构优化调整面临的问题提出产业树概念，通过对比分析界定产业树内涵并对产业树定义进行界定；第三，对产业树的结构功能进行划分，并运用投入产出模型等方法确定产业树的边界；第四，在产业树结构分析的基础上，构建产业树经济规模分析模型，识别影响产业树产出规模的主要因素，为产业树调节机理的研究内容设计奠定基础；第五，研究分析产业树规模变动的调节动力，在自组织理论的基础上，对调节动力的类型进行划分，根据产业树发展阶段识别不同阶段的动力序参量，最后得出调节动力的演化模型；第六，根据调节动力的类型划分产业树调节模式，然后研究调节动力对产业树调节的作用方式；第七，首先理论分析产业树调节动力的传导路径类型、特征及内涵，然后运用系统动力学方法仿真研究产业树在内部及外部环境因素变化刺激下的传导路径；第八，运用 Logistic 模型研究产业树的调节的过程与结果；第九，分析产业树在产业冲击下的变动情况，并构建相应的分析模型，为以后产业树的应用提供分析方法；第十，案例研究，以煤基产业树为例，归纳总结煤基产业树的发展变化，验证理论分析的正确性；第十一，提出本书的研究的结论与不足，并展望产业树在结构优化、产业链延伸方向判别、主导产业选择等方面应用的前景及可行性。技术路线如图 1-3 所示。

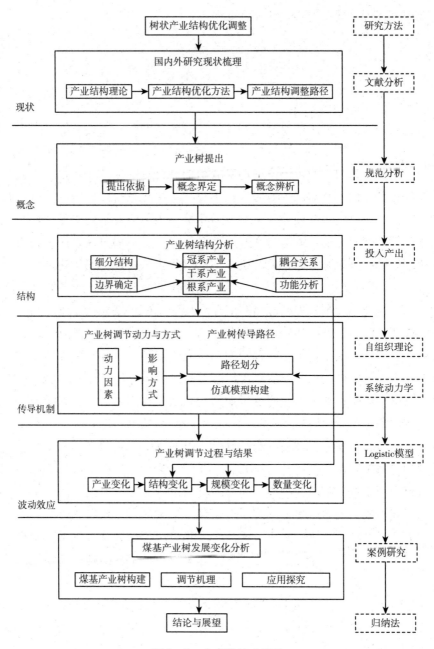

图 1 - 3 本书的技术路线

第七节 主要创新点

本书主要有以下三个方面的创新。

第一，构建了产业树的基本理论体系。本书综合产业链理论和产业网络理论在产业结构调整中的关键作用，针对树状产业结构调整过程中存在的问题和现象，提出并构建了产业树的基本理论体系，主要包括产业树基本结构、产业树构建方法、产业树调节动力、产业树传导路径、产业树调节过程等，初步构建起了产业树的理论体系框架，为区域内树状产业系统结构优化问题提供了针对性的分析方法。

第二，构建了产业树经济总量分析模型。根据产业树的整体结构以及根系产业子系统、干系产业子系统和冠系产业子系统的细分结构，首次构建了能够反映产品结构、产业规模、层级结构、簇结构等变量的产业树经济总量分析模型，反映了影响产业树经济总量的影响因素。

第三，构建了产业树自我调节分析模型。基于 Logistic 模型的产业树调节模型，重点研究了产业树调节的质变过程，从产业树初始形成调节和产业树成长调节两个层面对产业树的调节过程和结果进行演绎分析，得出了完全取代型调节、部分取代型调节和竞合型调节三种不同的产业树调节过程和调节类型，摸清了产业树调节过程及调节机理。

第二章 国内外研究现状

纵观世界经济发展历程，产业结构在经济波动过程中不断变化，钱纳里通过对多个国家的实证研究发现，经济增长会带来产业结构的变化，导致因边际报酬不同而推动生产要素由低生产效率产业向高效率产业转移，产业结构由此对经济增长产生反馈效应。简言之，产业结构的变动不仅会导致经济的波动同样会对经济增长产生影响。由于经济增长是人类社会永恒的话题，寻求合理的产业结构以及推动产业结构高级化等相关研究成为专家学者研究的重点内容，也是一直持续关注的热点。

通过对产业结构研究脉络的梳理，产业结构相关研究可以划分为三个阶段，如图2－1所示。第一阶段，是产业结构与经济发展的关系研究，即为什么研究产业结构，该阶段重点关注产业结构与经济发展的相关性、因果性，是产业结构相关理论的形成阶段；第二阶段，最优产业结构判断，即回答最优的产业结构是什么的问题，该阶段重点关注产业结构最优结构确定、产业关联关系、产业结构预测模拟等内容；第三阶段，产业结构调整路径，即通过什么方法达到产业结构最优，该阶段主要从产业关联、产业体系等角度寻求产业结构调整的最优路径问题。总之，关于产业结构相关研究可总结为：为什么研究产业结构、什么是最优的产业结构和如何实现最优产业结构三个发展过程。具体脉络梳理如图2－1所示。

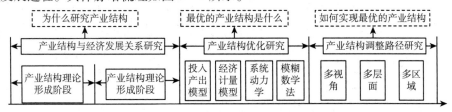

图2－1 产业结构相关理论研究脉络

根据研究对象和研究目的,本书主要从产业结构理论及相关研究,产业链、产业网络与产业结构优化调整两个方面对国内外研究现状展开综述。其中,产业结构理论及相关研究方面主要包含产业结构理论、产业结构优化方法、产业结构调整三部分;产业链、产业网络与产业结构优化调整研究方面主要从产业链和产业网络在产业结构优化调整中的应用视角进行综述。通过对以上几部分内容研究现状的分析,掌握产业结构调整在理论基础、研究方法等方面取得的成果和存在的问题,进而为产业树提出、构建及调节机理的研究奠定基础。

第一节　国外相关研究现状

一、国外研究统计概况

通过以"产业结构优化"为研究主题的 SCI 文献数量的统计(以 CALIS 和 Web of scienc 为检索工具)发现,国外产业结构优化研究的相关文献最早可追溯到 1917 年(此处指能够网络查找的年份)对产业结构优化的研究概况进行数量分析,具体统计结果如图 2 - 2 所示。

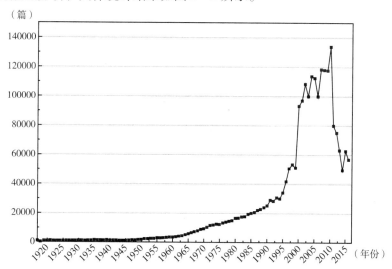

图 2 - 2　1920 ~ 2016 年国外产业结构优化相关研究文献发表概况

　　根据相关文献研究数量的变化情况可分为四个阶段：第一阶段：产业结构理论形成与发展时期（1920～1970年）。该阶段产业结构优化作为产业结构理论的组成部分，随着产业结构理论的形成与发展逐渐开始被关注，相关文献稳步提升，但数量较少，该阶段主要是产业结构优化理论的形成时期。第二阶段：产业结构优化理论发展完善时期（1970～1990年）。该阶段产业结构优化相关研究数量增长速度加快，主要涉及产业结构优化的具体化问题。第三阶段：产业结构优化理论研究爆发期（1990～2010年）。该阶段产业结构优化相关研究数量出现井喷式增长，主要原因在于产业结构理论在世界范围内的应用以及全球经济危机带来的对产业结构的关注。第四阶段：产业结构优化理论研究稳定期（2010年至今）。在上一阶段该方面的研究得到了更加广泛和深入的研究，该阶段主要涉及不同视角、不同事件下的产业结构优化研究。虽然相关研究文献数量有大幅回落，但是在经济学中的地位仍然极为重要，随着新一轮经济波动，研究数量又有攀升趋势。

　　从研究视角方面反映国外学者对产业结构优化研究的概况，具体统计结果如图2-3所示。通过对现有文献的统计，以"产业结构优化"为研究主题的文献关键词共有18个。从经济发展、低碳经济、工业三个视角对产业结构优化进行的研究较多，尤其是经济发展以及低碳经济视角，较为突出。这与当前低碳经济发展理念和经济波动等现实情况相吻合。

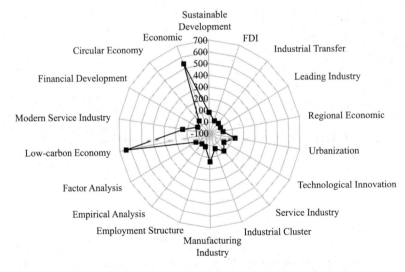

图2-3　国外产业结构优化研究视角概况

二、产业结构理论研究现状

产业结构是指产业间的技术经济联系与联系方式。产业结构理论是人们将经济分析深入产业结构层次，在进行"产业结构"分析和"产业结构政策"实践过程中逐步形成的。产业结构理论主要为解决产业结构与经济发展关系问题，产业结构理论的思想渊源可追溯至 17 世纪，英国经济学家配弟发现了世界各国收入水平的差异和经济发展的不同阶段的关键原因在于产业结构不同，该研究成为产业结构理论的重要思想来源之一。当今产业结构理论体系可以划分为产业结构理论形成和理论发展两个阶段，对应前面统计划分的第一、第二两个阶段，具体内容综述如下。

（一）产业结构理论形成阶段

20 世纪三四十年代是现代产业结构理论的形成时期。随着人们对产业结构与经济发展关系认识的不断加深，该时期大批专家学者在产业结构理论方面做出较多突出的贡献，其中典型的代表人物有赤松要、库兹涅茨和克拉克等。从威廉·配弟最早注意到经济增长与产业结构变动之间存在关联后，专家学者对产业结构的研究逐渐深入，但是受到时代特征的限制，当时的研究并未发现人均产值高增长率与生产结构的高变换率之间的内在关系。克拉克在威廉·配弟研究的基础上，从劳动力视角，通过比较整理 40 多个国家及地区不同阶段的投入产出资料，总结出了产业结构与经济发展之间的规律：随着时间推移和经济发展，劳动力会从农业依次向工业、服务业转移。由此，形成了配弟—克拉克定理，以揭示经济发展过程中产业结构变化的规律。与此同时，赤松要在 1935 年提出了产业发展的"雁行形态理论"，可视作产业结构政策理论的雏形。随后库兹涅茨通过考察总产值变动和就业人口结构变动规律，揭示了产业结构变动的方向，将产业结构演变研究进一步深入。库兹涅茨研究发现三次产业比重呈现农业下降、工业和服务业上升的趋势，从而形成了库兹涅茨法则。以上经济学家和学者从最初的实证分析逐步转到理论研究方面，促进了产业结构理论的形成。

（二）产业结构理论发展阶段

产业结构理论在 20 世纪五六十年代得到长足发展。该阶段是对产业结构理论内容的深化和扩展阶段，在前期产业结构与经济发展关系研究的基础上，对产业关联、产业结构演化、产业结构效应、产业结构优化、产业结构研究方法和主导产业选择等进行了深入研究和扩展。这一时期对产业结构理论研究有突出贡献的代表人物包括里昂惕夫、刘易斯、赫希曼、罗斯托、钱纳里、霍夫曼等人。其中，里昂惕夫在原有研究的基础上对产业结构进行更加深入的研究，并出版了《投入产出学》（1966 年），建立了投入产出分析体系，对后续产业关联理论的发展奠定了方法基础；美国经济学家刘易斯则关注于发展中国家产业结构研究，并提出了用以解释发展中国家经济问题的理论模型——二元经济结构模型，对产业结构进行了更为深刻的研究探讨；与此同时，赫希曼突破早期发展经济学家限于直接生产部门和基础设施部门发展次序的狭义论证，而代之以对国民经济计划制定是否优先、重点发展某些部门的广义探讨，并提出了"关联效应理论"，该理论主要从研究对象的"前瞻效应""回顾效应"和"旁侧效应"三个方面进行考察。其在判定主导产业时，产业关联相关研究为主导产业选择等研究以及对前后向产业的发展具有巨大的促进作用。但是，由于产业关联理论本质是基于二元关系来研究产业关联的，导致产业关联理论仍然存在一些缺陷，它存在信息过于集中或分散的特点，且不能充分利用产业网络上提供的结构信息，对产业结构优化升级等难以给出合适的建议和指导。在赫希曼准则基础上，美国经济学家罗斯托提出了著名的主导产业扩散效应理论和经济增长阶段理论，他认为在经济发展中要充分重视发挥主导产业的扩散效应。美国经济学家钱纳里在库兹涅茨等人的研究成果基础上，把人口和人均 GDP 作为外生变量，得出了产业结构合理化的标准模式，提出了著名的"发展型式"理论，研究结果如表 2 - 1 所示。之后，国外研究学者对产业结构合理性进行研究时，绝大部分采用该模式进行比较分析。但是由于钱纳里选取样本的局限性导致该模式难以用于与样本国家资源条件差异很大的国家，导致该模式具有一定的局限性。

表 2 - 1　　　　　　　　　　钱纳里三次产业价值结构模式

人均 GDP （1980 年美元）	第一产业 （％）	第二产业 （％）	第三产业 （％）
<300	81.0	7.0	12.0
300	74.9	9.2	15.9
500	65.1	13.2	21.7

续表

人均 GDP （1980 年美元）	第一产业 （%）	第二产业 （%）	第三产业 （%）
1000	51.7	19.2	29.1
2000	38.1	25.6	36.3
4000	24.2	32.6	43.2
>4000	13.0	40.0	47.0

之后，德国经济学家霍夫曼把产业结构研究细化到工业层面，把结构型变量引入需求方程，依据 20 多个国家的时间序列数据，分析了制造业中消费资料和生产资料之间的比例关系随经济发展的变动规律，进而形成了霍夫曼定律。该定理表明，工业化程度越高的国家，霍夫曼比例（消费资料工业的净产值与生产资料工业的净产值之比）越低，并根据不同发展阶段确定了相应的霍夫曼比例（见表 2 - 2）。

表 2 - 2　　　　　　　　　　　霍夫曼比例

工业化阶段	霍夫曼比例	
	常规表示法	值域表示法
第一阶段	5（+/-）	[4，6]
第二阶段	2.5（+/-）	[1.5，3.5]
第三阶段	1（+/-）	[0，2]
第四阶段	1 以下	（0，1）

到 20 世纪 70 年代，专家学者发现当前理论难以展现产业间的结构信息，为此开始致力于研究产业关联网络的描述和建模问题，并利用图与网络的有关参数研究产业关联的拓扑性质。产业网络将产业或者产品看成节点，产业节点间通过一定规则建立联系网络。然后根据网络的复杂性特征，运用图与网络理论、复杂网络理论的概念和方法构建了产业网络理论。基于产业网络理论，专家学者开展了大量关于关键性产业判别、产业网络结构、区域经济发展政策制定等方面的研究。

随着专家学者研究的不断深化和发展，目前，产业结构理论的研究边界和基本体系已经形成，并达成普遍共识。产业结构理论以产业之间的技术经济联系及其联系方式为研究对象，产业结构理论的基本体系主要由产业结构形成理论、产业关联理论、产业结构演变理论、产业结构影响因素理论、产业结构效应理论、产业结构优化理论、产业结构政策理论、主导产业选择理论以及产业结构研究方法组成。

三、产业结构优化研究方法研究现状

从 20 世纪 60 年代开始，经济学家们就开始运用定量方法研究产业结构优化问题，其中代表人物有里昂惕夫、弗里希、丁伯根等。他们主要开发或首次运用定量研究方法来解决产业结构优化问题，所用的主要方法包括：投入产出法、经济计量模型、模糊数学法、系统动力学仿真模型等。

在以上方法中，投入产出法是应用最为广泛的方法。投入产出分析模型是由里昂惕夫建立的，用于反映各个生产部门之间产品的流向，是研究国民各部门之间的数量依存关系和进行经济预测的一种方法，该方法的建立对产业结构研究具有重要意义。他利用该方法分析研究了经济体系结构与各个部门在生产中的关系以及经济动态发展对经济的影响。经济计量模型是研究经济活动的定量研究方法，是建立在事实基础上，用数理统计方法研究经济规律的科学。该方法由于可以综合考虑多种因素，因此能够描述客观经济现象中的复杂因果关系。模糊数学法是在建立模型框架的基础上，对于观测数据的不确定性进行处理的方法。近年来，具有自学习和自组织能力的模糊辨识和控制方法在产业结构优化研究中越来越受到重视，并开始进行模糊仿真。系统动力学方法是经济数学的一个分支，在 20 世纪 50 年代由福瑞斯特（Jay W. Forrester）教授所创立的用于研究复杂系统的学科。国外学者将系统动力学应用于产业结构优化研究上取得了大量研究成果。一些学者（D. G Mayer and J. A Belward et al.）以农业系统作为研究对象，对其结构系统的优化模型进行分析，提出相关建模方法及适用范围。克斯托多罗和维拉赫斯（Christodouloul and Vlahos）开发了一种变结构的产业系统模型，研究了单个企业进入、退出产业的方式，为产业演化经济学提供了新的研究思路。Jakub Gutenbaum 和 Michal Inkielman 基于波兰的 3 ~ 10 年经济发展数据，建立了包含 800 个动态平衡方程的经济仿真模型，为上层经济决策者提供了产业结构优化的依据。Berends 和 A. G. L. Romme 以造纸业为研究对象，建立了仿真模型对工业周期性波动的内生性因素进行研究，并提出产业结构优化策略。以上研究方法的开发与运用，使产业结构优化研究更加科学、合理和准确。同时，不同研究方法的开发，使对不同类型的产业结构优化问题得以有效解决。

在掌握产业结构优化的方法之后，如何实现产业结构最优，即产业结构调整路径研究成为专家学者进一步关注的重点。

四、产业结构调整路径研究现状

西方国家最早开始对产业结构进行研究，并形成了诸多产业结构理论，在前期理论研究的基础上，国外对产业结构调整路径的研究多集中在政府与市场谁主导产业结构调整以及微观研究层面，研究内容偏具体，主要包括资源型城市产业结构转型路径以及税收、技术进步、对外直接投资等因素对产业结构调整的作用路径。具体研究成果综述如下。

（一）产业结构调整主体的争论

政府与市场在产业结构调整中的主体地位之争，一直备受专家学者的关注。因此，也形成了两大阵营。其中认为政府主导产业结构调整的代表人物为筱原三代平，其观点主要以美国经济学家弗莱德·泰勒和波兰经济学家奥斯卡·兰格的研究为理论基础；认为市场主导产业结构调整的代表人物为查默斯·约翰逊，其论点主要以奥地利学派代表人物路德维希·冯·米塞斯的研究为理论基础。后续相关研究综述如下。

主张政府调整产业结构的学者强调政府直接干预型产业政策对经济发展的积极意义。爱丽丝和罗伯特等（Alice Amsden and Robert Wade et al.）通过对日本、韩国以及中国台湾产业升级和经济发展关系的考察，一致认为政府主导的产业政策是其经济快速发展的重要原因。随着"市场失灵"理论的进一步深化和"战略性贸易政策"理论的提出，政府干预产业结构调整得到了更多的理论支持。斯蒂格兹等（Stiglitz et al.）进一步分析了金融"市场失灵"的 7 个方面，为政府干预提出了理论依据。之后，相关学者（Hausmann，James Brander and Paul Krugman et al.）对战略性贸易理论做了进一步深化研究。

但是，仍有部分学者对政府干预产业调整提出强烈质疑。奥地利学派认为，在新古典经济学分析框架下推出的"市场失灵"理论实际上是对真实市场运行的误解。其中一些学者（Charles Schultze，Hobbs，Haines and Powell）分别就"市场失灵"进行了理论性反驳。虽然争论一直未停止，但是该争论却为产业结构调整政策的制定提供了重要的参考价值，直至今日，产业调整政策的有效性论断的争论仍然集中于该问题的冲突之中，但是政府干预的有效性逐渐被专家学者所接受。该争论能够时刻提醒认同政府干预的经济学者在研究过程中要尊重市场规律，才能制定合理、科学、有效的产业结构调整路径和政策。以下资源型地区产业结构调整路径研究同样根据市场与政府主导问题产生了不同的研究结论。

（二）资源型地区产业结构调整路径研究

资源型地区产业结构调整相关研究最早可追溯到 20 世纪 30 年代，主要以特定的资源型城市为研究对象，最早展开相关研究的代表人物有：欧费奇力格、布拉德伯里。两者均以澳大利亚矿业城市为研究对象，运用实证研究方法提出了矿业城市的转型对策。到 20 世纪 50 年代，德国鲁尔区的转型成功引发了专家学者对资源型城市产业转型和产业结构调整等研究的热潮。目前，国外学者对资源型地区产业结构调整路径存在争议，具体综述如下。

其中一些学者主张资源型地区的产业结构调整应依靠技术创新推动。21 世纪以来，Slocombe 认为技术创新对资源型产业转型发挥重要支撑作用，能够促进产业的规模化、资本化运作，使产业发展逐渐呈现资本密集和技术密集型特征。Tanya 和 Sorensen 的研究主要侧重于资源型城市转型发展的策略和产业发展路径问题。

而另一种观点认为，资源型地区单一的产业结构存在诸多的转型障碍，单独依靠市场机制实现产业结构的调整几乎不可能，因此众多学者指出政府应在资源型地区产业结构调整中发挥重要作用。Bradbury 基于依附理论，从国际化视角进行研究后认为，资源型城市对资源有着高度依赖性，经济发展基础十分脆弱，政府能够对资源型城市的转型起到一定的引导和推进作用。Mc Mahon、Remy 的研究表明，要保证社区能够积极参与资源型地区的转型，政府应该在其中起协调作用，构建　个多方协调机制，为资源型地区的可持续发展提供保障。该部分研究是继产业结构调整主题争论的深化和具体化研究，专家学者根据不同的理论，研究得出了不同的调整路径。而其他关于产业结构调整的研究则多关注于宏观层面，且研究更加具体，主要侧重于税收、技术、投资等视角。

（三）税收政策视角下产业结构调整路径研究

关于通过税收政策进行产业结构调整的研究一直备受专家学者的关注，

该研究通过现有手段的追溯，最早可以追溯至 20 世纪 50 年代，其代表人物为：日本经济学家筱原三代平。他提出通过政府主动介入产业经济活动，尤其对后起国家来说，通过政策手段加速产业结构优化的进程，能够实现对发达国家的赶超。在其观点的基础上，专家学者开始探索税收政策对产业结构调整的作用路径。

Salinger 和 Summers 通过对道琼斯 30 家企业数据的调查研究，发现采取税收优惠政策、减轻企业税收，够有效地促进企业进行自主投资。一些学者（Larry Willmore，Dagmar Rajagopal，Glenn R.，Fong and Martin Feldstein et al.）对税收影响产业结构调整的效应做出了一些探索。Larry Willmore 以巴西产业集中度为例进行研究，认为影响产业集中度的重要因素之一是关税保护。Dagmar 在对巴基斯坦的税收产业政策研究后认为税收优惠有助于实现产业结构优化。Martin Feldstein 的研究表明了税收政策在产业结构转型中能够发挥重要作用。Howell H. Zee 指出发展中国家更广泛地将税收激励政策运用于各种产业政策中促进产业发展。Ren 利用 CGE 模型分析了硫税的征收对辽宁省产业结构产生的影响，认为硫税可以改变消费者对化石能源的需求，流动资本和劳动向第三产业的转移，有利于产业结构的调整。

（四）技术融合视角的产业结构调整路径研究

技术创新与产业结构调整的相关研究一直是研究热点。该类研究多以熊彼特创新理论为理论基础。随着研究的深入，专家学者开始从技术融合视角研究产业结构调整问题，其中的代表人物有 Rosenberg 等，他最早定义了技术融合的概念，并与产业结构调整进行了相关研究。

Rosenberg 在对美国机器工具产业演化详细考察后发现同一技术会向不同产业逐渐扩散，他把这种现象称为"技术融合"，进而指出研磨技术、钻孔技术和抛光技术等技术出现并替代自行车产业、火器产业和缝纫产业的技术是促进机器工具产业兴起的动因之一。Gains 将产业融合界定为以前技术不断被新技术替代的过程。Athreye 和 Keeble 认为产业融合是指不同产业分享共同知识和技术基础的过程。Lei 认为产业融合的产生在于当某一产业中竞争、产品和价值创造过程的本质被不同产业的技术一体化显著地影响或改变。Stieglitz 认为从技术上看，产业融合可以分为技术互补融合与技术替代融合，从技术视角看以前不相关的产业由于新技术的创新与扩散并替代以前不同的技术而变得相关，从而促进新产业的出现。Lind 认为，某些技术在相关产业中逐渐扩散并获得广泛应用就是产业融合，它会导致创新活动的发生。布兰堪（Blackan）认为技术融合或技术创新是产业结构调整的主要内容，能够改变传统产业的边界。

（五）外商直接投资视角下产业结构调整路径研究

有关外商直接投资对产业结构调整影响的相关研究，最早可追溯至 20 世纪 60 年代 H. B. Chenery 提出的产品生命周期理论和小岛清提出的边际产业扩张理论。自此，关于两者的研究不断增多，具体研究内容综述如下。

H. B. Chenery 认为东道国在资金不足及技术落后的情况下，可以通过引进外商直接投资解决资金不足及技术落后问题，进而推动其产业结构转换和经济增长。一些学者（R. E. Caves，Blomstrom and Persson et al. ）通过实证研究认为外商直接投资具有技术溢出效应，该效应能够有效促进东道国产业结构升级及经济增长。达斯（Das）从跨国企业视角研究认为跨国技术企业技术外溢是必然现象，其最终会导致东道国市场结构与产业结构不断调整优化；De Mello 研究认为外商直接投资通过增加东道国产品种类的路径推动其产业结构调整。Markusen 和 Venables 研究认为外商直接投资通过产业关联效应创造需求，进而对东道国的关联产业产生影响，并促进东道国的产业结构调整优化。Frank Barry 以爱尔兰、西班牙、葡萄牙和英国四国为研究对象，研究发现外商直接投资中高人力资本及出口导向型跨国企业对东道国产业结构影响显著。Lipsey 对发达国家的外商直接投资与产业结构关系进行了研究。Andreja Trtnik 通过对斯洛文尼亚的研究发现外商直接投资能够促进传统产业结构调整。Hunya 通过对罗马尼亚制造业研究发现，外商直接投资并未改变其传统产业的优势地位。Akbar 和 Bride 研究认为以市场为导向的外商直接投资有利于东道国的产业结构优化。而以资源为导向的外商直接投资不利于东道国产业结构调整。Gorg 和 Strobl 研究发现外商直接投资引致的劳动力流动有利于东道国产业结构的调整。Eva 认为外商直接投资的企业通过与东道国经济的关联效应能够促进其产业结构调整优化。

第二节 国内相关研究现状

国外专家学者首先对产业结构进行探究，之后以产业结构理论为基础逐渐延伸至产业结构优化的研究，进而延伸到产业结构调整方向。我国在 20 世纪 80 年代中后期引进产业经济学，对于产业结构优化的研究起步较晚。首先对此进行研究的是周振华教授等，之后国内学者开始对产业结构优化及其相关方面进行了深入的研究。该部分仍然按照基础理论、优化方法和调整路径三个层面进行综述。

一、国内研究现状概况

通过对 1985～2016 年以"产业结构优化"为研究主题的文献数量的统计（以中国知网为检索工具），对产业结构优化的研究概况进行描述，具体统计结果如图 2-4 所示。

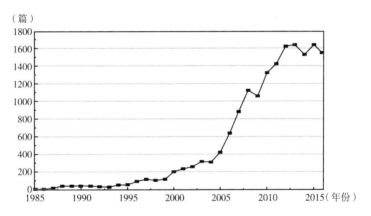

图 2-4 1985～2016 年产业结构优化相关研究文献发表概况

根据相关文献研究数量的变化情况可分为四个阶段。第一阶段：起步阶段（1985～1995 年）。从我国引进产业经济学到 1995 年，产业结构优化的相关文献较少，通过梳理文献发现，在这一期间，专家学者们主要在讨论是否认同"三次产业"分类法，并逐渐摒弃原有的理论，向"三次产业"方向发展。第二阶段：发展阶段（1996～2006 年）。该阶段发表的产业结构优化研究的文献数量相比之前，有小幅度上升。20 世纪 90 年代，我国经济发展陷入困难境地，产业结构矛盾随着经济发展的动荡更加凸显，因此，国内的专家学者加强了研究力度，对产业结构优化的研究进一步深入。在这一阶段，专家学者开始从经济发展的视角对产业结构优化进行研究。第三阶段：井喷阶段（2006～2013 年）。该阶段相关文献发表数量上升趋势明显，在 2008 年周围的曲线成为整段曲线最陡峭的部分，在 2013 年达到了近年来的最高点。2008 年全球经济危机爆发，我国经济发展也受到了相应的影响，反映在产业结构上，呈现第三产业迅速崛起、产业增加值占比越来越大、第二产业发展进程放缓的局面，产业结构发展新局面的出现使专家学者们普遍对产业结构优化展开了更加深入的新一轮研究。第四阶段：稳定阶段（2013 年至今）。该阶段文献发表数量虽出现小幅下降，但整体无较大波动，随着供给侧结构性改革的推进，优化产业结构，促进经济更好更快的发展逐渐成为落实改革的重要战略之一，相应地，产业结构优化的研究将持续保持高热度。

从研究视角方面反映国内学者对产业结构优化研究的概况，具体统计结果如图 2-5 所示。通过对现有文献的统计，以"产业结构优化"为研究主题的文献关键词共有 24 个，对其进行归类最后得到图中的 16 个关键词（其中，"可持续发展"包含关键词：可持续发展、循环经济、低碳经济；"服务业"包含关键词：服务业、生产性服务业、现代服务业、金融发展、金融支持；"城市化"包含关键词：城市化、城镇化）。

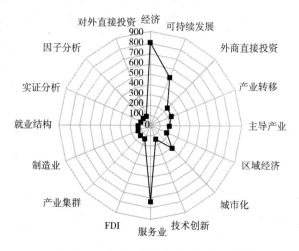

图 2-5 产业结构优化研究视角概况

如图 2-5 所示，从经济发展、可持续发展、服务业三个视角对产业结构优化进行的研究较多，尤其是经济发展以及服务业层面较为突出。

首先，产业结构是经济社会中各产业之间的分配关系，从国外学者最初研究产业结构优化时就得出，合理的产业结构能够推动经济持续发展。

其次，随着资源和环境等问题日益突出，可持续发展战略被纳入我国经济和社会发展的长远规划，此后，低碳经济、循环经济等相继出现，并成为今后经济发展的必然趋势。基于此的产业结构优化研究是当前研究的重点方向。

最后，我国的第三产业迅速崛起，在国民收入中所占比例逐渐上升，服务业的发展对我国产业结构优化的影响也越发明显，重视程度逐渐加强，同时，从服务业视角对产业结构优化进行的研究从这一时期开始也在逐步深入。

近年来的研究趋向于产业经济学、区域经济学和系统科学等多学科交叉，因此，对于产业结构优化的研究出现了以基础理论为基石，基于多个视角、多方面共同发展的局面。通过对现有研究成果的梳理，拟从理论基础、研究方法和调整路径三个方面对产业结构优化相关研究进行综述。

二、产业结构理论研究现状

我国在20世纪80年代从国外引进产业经济学以来，相关研究理论基础基本均来自西方产业结构理论。该部分主要综述我国专家学者在进行产业结构优化研究中依据的主要理论和研究视角。随着研究的不断深入，我国专家学者在西方价值链、供应链、产业关联等理论的基础上提出了产业链理论，依据该理论也进行了产业结构优化及调整的相关研究。在产业结构理论引进及研究阶段，主要代表人物有：周振华教授、苏东水教授等。通过对国内产业结构研究进行梳理，根据研究角度和理论基础不同，可将产业结构优化相关研究归纳为五类。这五类研究同时也表现了我国产业结构研究演进的历程。

第一，从经济发展与产业结构变迁角度进行研究，该类研究以配弟—克拉克定理为基础。例如，王吉霞理论分析了经济发展不同阶段与产业结构之间的关系，并得出当前我国产业结构不合理的现状；张唯实、胡坚等通过理论和实证分析，提出要缩小东西部经济差距和中国与发达国家之间的差距，必须打破产业结构演化路径依赖，跨越性发展服务业；张秀生、王鹏在经济发展放缓的新常态下，提出了产业结构优化的具体建议和措施。

第二，从各产业细分产业部门的优化角度进行研究，该类研究一般以霍夫曼定理为研究基础。例如，王光净、杨继君等运用博弈论的方法构建三次产业合作博弈模型，并以温州市为例进行了实证分析；贾立江、范德成等以低碳经济发展为背景，运用通径分析和面板协整模型分别对三次产业关系和第二产业细分产业的结构优化进行检验分析，揭示了在节能和碳减排约束下产业结构调整的特征；赵丽娟、杨辉等运用灰色关联模型对黑龙江省农业结构进行优化分析，并提出具体政策建议；马晓国、欧阳强基于碳排放视角对建筑业产业结构进行了优化调整。

第三，从劳动力与产业结构角度进行研究，该类研究一般以库兹涅兹法则为基础。例如，李文星分析了三次产业经济总量与就业总量之间的关系，并分区域分析了两者的区域异质性；黄向梅、夏海勇分析了产业结构优化与人口城市化之间的关系，得出了两者关联性较弱的结论；许庆明、胡晨光等通过对比中日韩三国人口集聚密度和产业结构历史变迁，得出了增加城市人口集聚密度有利于提升产业结构优化的结论；赵利、卢洁通过配第—克拉克定理到库兹涅茨法则、二元经济结构理论及其发展、多种理论观点的劳动力流动模型三个阶段的演变过程，揭示了产业结构和劳动就业之间理论演变和作用机理。

第四，从产业链整合与产业结构优化角度进行研究，该类研究以产业关联理论和产业链理论为研究基础。例如，王兆华等利用互联网思维研究了苹果产业链的重构和升级问题，为苹果产业链结构优化策略的制定提供了理论指导；沈凝从产业结构微观结构的视角构筑理论模型，分析在产业结构以产业体系进行划分的基础上产业结构与产业链之间的关联，通过研究发现，产业链的重组能够带动产业结构优化升级，其内在机制是产业链上核心企业推动产业链的变化，进而带动产业结构优化升级；白瑞雪、翟珊珊以产业链和产业结构理论为基础，通过分析"十二五"时期我国产业结构的调整方向，从整合产业链、延伸产业链以及加强政府支持等方面提出推进我国产业结构的优化升级的建议措施；周顺奎以产业链延伸为研究视角，提出了唐山市产业结构优化的具体路径；张雪梅通过对资源型城市主导产业关联度及产业链发展存在的问题及根源分析，探索了资源型城市主导产业延伸产业链的途径和方法，为资源型城市产业结构优化升级提出了政策建议。

第五，从产业网络结构角度进行研究，该类研究以产业网络理论为研究基础。李凤梧、王茂军利用 2007 年中国 30 个地区的投入产出表构建产业网络，根据整体网络特征值将 30 个地区的产业网络进行分类，然后结合 2007～2011 年中国 30 个地区的经济面板数据，研究了产业网络特征与经济发展之间的关系；郑红从产业网络的视角出发简述了产业网络的结构及参与主体，分析了产业竞争力的来源，最后以产业网络参与主体为构架提出了提升区域产业竞争力的策略；赵炳新等在投入产出模型和产业网络模型的基础上，建了产业赋权网络模型，将最大生成树称为产业基础关联树，产业基础关联树以最少的关联关系，最大限度地反映了产业关联结构的特征，为政府制订相应的产业政策、企业识别自身在产业链、产业网络中的位置提供了理论基础；刘静波在产业网络存在和演化的基础上，分析了当前产业结构的调整思路、政策及措施与产业网络的相互作用，进而研究了产业网络结构与经济发展之间的关系。

通过多角度综述我国产业结构理论的研究进展，发现当前的研究多为应用型研究、验证性研究，我国在产业结构理论研究层面长期以来都在应用西方专家学者提出的理论和法则，在理论创新方面严重不足。

三、国内产业结构优化方法研究综述

我国在 20 世纪 80 年代后期引进产业经济学，在早期我国的学者以理论与应用研究为主，近年来随着研究的深入，构建模型等定量化的研究逐渐增多，本书通过阅读大量文献后将定量化研究方法归纳为计量经济学、运筹学、系统动力学三类产业结构优化方法。

计量经济学方法是一种运用数学（计量）、统计学等方法，通过建立经济计量模型来定量分析研究中具有随机特性的经济变量之间关系的方法之一。其能够对产业结构合理化、高度化的测度以及在优化过程中的相互影响作用等研究进行定量分析，化抽象为具体，保证优化更具有说服力。例如，赵玉林、张钟方（2008）运用计量经济方法构建模型对高新技术产业的发展带来的影响从两个层面进行了研究，包括对我国三次产业结构变动的影响以及对工业结构变动的影响，为客观评价高新技术产业发展对产业结构优化的作用奠定基础；张程、张贤（2010）为探寻制造业的转移对产业结构优化的影响，运用计量模型动态面板数据模型，以长三角地区的产业结构为研究对象构建模型进行分析；冯芳芳、蒲建勇（2012）利用我国 2000～2008 年 30 个省区市的产业结构高度化变化值来反映我国当前的产业结构优化程度，通过分位数回归方法构建计量经济模型进行更为深入的研究，以使结果能够明确反映各因素对产业结构优化程度的影响程度；张晓悌（2014）构建了投入产出碳排放模型，并将减排目标、GDP 增长率和就业率作为优化投入产出碳排放模型的约束条件来对产业结构优化问题进行研究；龚毅、王铮等（2015）研究了受技术创新影响的产业结构优化问题，从微观和宏观两个层面建立了包括微观机制和内生创新机制两种机制在内的产业结构优化模型；王林梅、

邓玲（2015）运用泰尔指数（TL）测度了产业结构合理化，用 Moore 指数法变动指数对产业结构高度化进行测度；孙威、李文会等（2015）同样借助计量经济学方法对安徽省从节能和就业两个约束下的产业结构优化情况进行了分析，运用投入产出法和线性规划法在能源约束和就业约束下构建了指标体系，通过灰色关联分析方法确定了研究省份的产业结构优化度；王威、綦良群（2011）选取资源禀赋、科技创新、政府的支持等关键因素构建结构方程模型来研究区域装备制造业产业结构优化，弥补传统统计方法的不足之处；李云菲（2017）以霍夫曼定理为理论基础，对制造业以及其内部细分行业构建产业结构优化评价指标以及测度模型，利用熵权法赋予权重来对制造业产业结构优化加以研究。

运筹学方法是在决策时为管理人员提供科学依据，是实现有效管理、正确决策和现代化管理的重要方法之一，经常被学者用于解决现实生活中的复杂问题，且多为优化或改善系统的效率。因此，运用运筹学方法进行产业结构优化模型的构建和求解可以得到一个相对合理的优化结果，推动产业结构优化研究的进一步完善。马树才（2005）研究产业结构优化调整问题，采用多目标规划方法，构建具有实践意义和可算性的产业结构优化模型；黎志成、覃铭健（2005）对粮食流通产业结构优化构建博弈模型，探究了地方政府与中央政府在粮食流通产业结构优化中的博弈过程；王光净、刘仲英（2010）在一定程度上弥补了静态优化研究的不足，分析区域产业结构影响因素，运用博弈论，构建合作博弈模型，从宏观和动态的角度对区域产业结构优化进行更深一步的分析研究，将研究问题方向从产业结构优化转向合作博弈模型的核心求解之上，并提出了一种核心求解方法——Shapley 值法；张捷（2015）以广东省产业为研究对象进行了实证分析，为更好地对广东省产业结构进行模拟分析，运用投入产出方法测算广东省主要产业的经济关联和碳排放关联，在此基础上，利用多目标线性规划方法进行比较静态分析，模拟分析广东省 2012 年的产业结构设置的三种情景，以表现碳减排工作和经济的发展受到不同产业结构调整的影响过程；刘臣辉、唐超（2017）以生态文明建设为核心，运用线性规划的方法与产业结构优化进行融合，通过构建相关指标对工业结构优化进行定量研究，从而确定出最优的方案。

我国学者对产业结构优化的研究中多通过经济学方法来构建模型进行定量化研究，有部分学者专家通过仿真模型进行优化模拟实验研究产业结构优化问题，但数量较少且范围狭窄。张立厚、陈鸣中等（2000）研究了计算机系统仿真及仿真模型的构建，对石龙镇产业结构优化的研究在缺乏历史数据的前提条件下，运用生产函数仿真模型进行了系统仿真分析；李玉凤（2009）结合系统动力学与计量经济学，通过优化外生调控参数对产业结构系统进行仿真分析，构建仿真模型，设计仿真模拟方案，对黑龙江省产业结构系统进行仿真研究。

综上所述，我国在产业结构优化方法的创新和应用上，已经有较多研究成果，随着我国关于优化方法研究上的深入，产业结构调整方面的研究逐渐进入学者的视线。

四、产业结构调整研究现状

现代经济快速发展主要通过产业结构优化升级来实现，而产业结构调整是实现产业结构优化升级的主要手段。调整产业结构需要通过调整影响产业结构的决定因素来实现。影响我国产业结构调整的因素主要有社会需求结构、资源供给结构、科学技术进步、制度因素、国际贸易因素等。分析和总结这些影响因素对我国产业结构调整作用的规律，有助于我们进一步把握规律，确定相关政策。该部分主要从产业结构调整的路径以及产业结构调整的扩展效应进行综述。

（一）产业结构调整路径研究

纵观产业结构调整路径的相关研究文献，专家学者从不同视角和不同层面展开了差异化研究。具体综述如下。

1. 不同层面下的产业结构调整路径

（1）国家层面。黄亮雄、安苑等通过研究发现，在调整路径上，我国的产业结构调整在2004年前模仿以往先进经济体的方向与路径，2004年后进入缓慢调整期，降低了与先进经济体的相似度，展开了新一轮产业结构调整的探索。在该过程中，专家学者各自提出了相关的调整路径，其中，在2012年中国资源型产业升级和产业结构调整学术研讨会上，众多该领域专家学者阐述了产业结构调整的观点，其中金碚认为产业结构调整的关键在于工业转型升级，实现工业转型升级，发展现代产业体系是我国产业结构调整的关键路径；另外，中国人民大学宏观经济分析与预测课题组研究认为，从产业结构的生成机制和外部环境两个方面，寻找我国产业结构特征及问题的内生驱动和扭曲因素以实现两者的兼容，才是合理确定我国产业结构调整基础与政策取向的关键所在。

（2）区域层面。随着产业结构调整相关研究的不断深入，针对具体区域的相关研究不断增加，为产业结构调整政策的制定提供了更加细致的参考和指导。其中，王积超以西部民族地区企业为研究对象，建议通过建构研发体系，加大技术创新力度，利用主体功能区布局及产业调整带来的机会，优化企业内部管理，构建循环型生态园区等措施来革新、优化和延长企业生态产业链，发展循环经济，推进产业结构优化升级。黄亮雄、王贤彬等则从中央对地方政府激励的角度进行研究，发现中央对下级地方官员的政治激励是地方产业结构调整的区域互动的重要驱动力。李力行、申广军研究发现设立经济开发区可以有效地推动城市制造业内部的产业结构变动，并且当设置的目标行业符合当地的比较优势时，经济开发区的积极作用尤为明显。黄南则以南京产业结构为研究对象，研究提出了提高产业自主创新能力，提升产业整体效益；加快现代服务业发展，促进产业结构不断升级；积极发展高新技术产业，提高附加值环节延伸等是产业结构调整的关键路径。王涛、石丹基于一个内生增长模型研究了区域产业结构调整路径。齐讴歌、王满仓等基于空间集聚视角对产业结构调整进行分析发现，产业结构调整的关键在于促进技术创新、中小企业成长以及产业空间集聚。

（3）产业层面。统计发现，资源型产业、制造业、服务业和农业等产业的优化升级是当前研究重点。诸多专家学者从不同领域、不同视角展开了大量相关研究，并取得了丰硕成果。其中，薛军以资源型产业为研究对象，总结得出资源型产业结构调整与升级的基本路径主要有两条：一种是线性的升级或循序渐进的升级，从附加值低的环节逐渐转换到附加值高的环节，逐步实现连续的、渐进式的产业升级；另一种是非线性的升级，跃迁式的升级，从价值低的环节跨越到价值高的环节，或者从一条产业链跃迁至另一条附加值更高的产业链，而实现产业升级。魏杰、杨林提出新常态下服务业、战略性新兴产业和现代制造业升级和培育是产业结构调整的关键路径，并提出相应的保障措施。赵昕东、王勇研究认为，第一产业的调整，重点是通过城镇化和土地集中，降低农业人口在社会总人口中的比重，推进农业本身的现代化程度；第二产业的结构调整必须以先进工业为主体，加快培育发展战略性新兴产业，放开政府的行政管制，使产业市场化，推动技术创新，提高第二产业的技术含量；第三产业要依托信息技术和现代管理，发展知识相对密集、技术含量高、人力资本含量高、附加值高、资源消耗低的现代服务业。胡建绩、祁杭峰探究了物联网产业对产业结构调整的带动作用。

2. 不同视角下产业结构调整路径

（1）低碳视角。随着低碳经济的不断发展，专家学者开始从低碳视角研究产业结构的调整路径。其中，张恪渝、杨军等研究了在绿色低碳背景下中国产业结构最优调整方案，并提出根据部门间碳强度的不同进行调整，作为中国产业结构调整的逻辑主线，然后从生产的角度提出产业结构调整必须全面向服务业转型，尤其是加大生活服务业类部门的产出量；张燕提出低碳经济视角下应通过优化产业结构、发展新兴产业、提升能源效率等路径实现产业结构调整目标；董理在低碳视角下探讨了产业结构调整路径，并提出了六项调整措施。

（2）宏观政策视角。产业结构调整离不开宏观政策调控，针对税收、财政、环境规制、信贷等视角的产业结构调整路径研究比较丰富。其中，罗富政、罗能生以税负为研究视角，构建了基于税负层次和规模的产业结构调整模型，在理论和实证上分析了宏观税负、产业税负和生产要素税负对产业结构高级化和合理化的影响路径及其区域化差异，探讨了宏观税负的最优区间。储德银、建克成以财政政策为研究视角，首先理论诠释财政政策促进产业结构调整的作用机制，然后从总量与结构效应双重视角实证考察我国财政政策对产业结构调整的实际影响。研究表明，在总量效应方面，税收政策有利于产业结构调整，财政支出政策却阻滞产业结构升级；在结构效应方面，政府投资性支出和行政管理支出不利于产业结构调整，教育支出和科技支出对产业结构调整存在正向促进作用。钟茂初、李梦洁等从环境规制视角，提出加强地区环境规制强度，采取因地制宜的环境规制政策，推动环保措施从"末端治理"向"源头治理"转变，充分发挥环境规制对于产业结构调整的倒逼效应，是实现产业结构调整的有效路径。李强依据 Baumol 模型研究了环境规制对产业结构调整的影响，模型分析表明环境规制的存在会提高服务业部门相对于工业部门的比重，从而促进产业结构调整。原毅军、谢荣辉则研究发现正式环境规制能有效驱动产业结构调整，因此可将环境规制作为产业结构调整的新动力，非正式规制强度指标总体上与产业结构调整正相关，同时他们研究发现污染减排政策可通过影响企业的行为选择驱动产业结构的自发调整，污染减排政对产业结构调整的倒逼效应符合倒"U"形关系。张强、韩俊莹研究了中国信贷政策对产业结构的影响效应，研究表明信贷政策对产结构调整的影响存在显著的门限效应。

（3）金融投资视角。在金融投资方面研究，主要包含金融创新、金融空间集聚、对外直接投资和产业投资基金等视角的研究：李媛媛、金浩、张玉苗探析了金融创新对产业结构调整的作用原理和机制，分别从直接路径和间接路径进行理论与实证研究，结果表明随着金融机制创新能够有效推进产业结构调整步伐。张晔林研究发现，在全国范围内，金融集聚对中国产业结构有显著的影响，但是具体到不同的区域，两者之间的关系存在一定的差异。陈菲琼、巧爽从投资目的导向入手，以融资类和并购类两种模式为分析起点，从投融资匹配程度角度探究产业投资基金对产业结构调整的影响路径。结果显示，并购类基金通过提升产业专业化影响产业结构调整，阻碍产业多样化的发展；相对地，融资类基金通过提升产业多样化影响产业结构。霍忻研究发现，对外直接投资与产业结构调整之间存在着紧密的关联，我国对外直接投资对产业结构调整起到了积极的促进作用，并且在劳动密集型和技术密集型行业这种效应更为明显。我国应大力开展对国外特别是发达国家技术密集型行业的对外直接投资，通过这一途径我们可以获得国外先进的技术、管理和组织经验进而提升我国的技术水平，促进国内产业结构的升级换代并为国内经济转型创造有利的内部条件；同时，汤婧、于立新考察了我国对外直接投资对国内产业结构的调整效应，并建议国家应鼓励企业进行对外直接投资，以带动国内整体产业结构的升级。陈菲琼、李飞等通过微观效应和宏观效应两个方面探讨了产业投资基金促进产业结构调整的影响机理与路径，研究表明，产业投资基金在微观层面对价值创造和研发投入有正影响，进而推动产业结构调整，在宏观层面上则不显著。

（4）路径选择视角。产业结构调整路径选择的相关研究较少，主要有赵伟、田银华构建了产业结构调整路径的选择模型，并分析了产业结构调整与节能减排之间的关系。罗仁会、侯萍从动态系统的角度，对产业结构调整过程进行研究，建立了产业结构调整过程优化决策模型。

（5）其他视角。除以上主流研究外，部分专家学者还就人口老龄化产业结构调整问题以及金融危机、创新战略等视角展开相应研究。例如，谢虔针对目前江苏老龄产业发展存在的问题，提出了基于人口老龄化的产业结构调整策略。李丰乾在金融危机视角下提出了走新型工业化道路、加快现代服务业发展、加快科技创新、引导产业集群发展以及大力发展循环经济等产业结构调整路径。王晓红、陈范红提出通过实施创新驱动战略，培育特色产业集群，坚持低碳发展模式等路径推动产业结构调整。

综上所述，基本确立了国家层面、产业层面和区域层面的产业结构调整路径，以及技术、政策、低碳、金融、产业创新与集聚等因素对产业结构调整的驱动路径，为产业结构调整路径的制定提供了前期准备工作。但是，产业结构调整路径的制定还要充分考虑方案实施对社会、经济、环境的影响作用。为此，专家学者对产业结构调整进行了相关扩展研究。

（二）产业结构调整扩展研究

产业结构调整涉及领域广泛，产业结构的变动必然会引起经济、社会、环境等各个方面的变化，因此，掌握产业结构调整与以上各个方面的关系，有利于在产业结构调整过程中全面考虑系统变化，制订科学合理的调整方案。专家学者在产业结构调整路径研究的基础上，进一步探究了产业结构调整对城镇化、生产效率、节能减排、经济发展等方面的作用和影响，具体研究成果综述如下。

1. 产业结构调整与城镇化

目前产业结构调整与城镇化的相关研究主要涉及城镇用地、城乡收入等方面。陈利根、陈会广等实证研究了产业结构调整与城镇建设用地规模之间的关系，结果表明产业结构调整能够促进城镇用地集约化水平。杨晓锋、赵芳研究了产业结构调整对城乡收入差距的影响机理，认为产业结构调整在短期与城乡收入差距负相关；在长期产生缩小城乡收入差距的正面效应。马远、龚新蜀研究认为，城镇化、农业现代化、产业结构调整三者之间具有长期的均衡关系，城镇化、农业现代化与产业结构调整之间具有明显的相互促进作用。

2. 产业结构调整与效率

产业结构调整与能源效率、绿色发展率和生产效率相关性研究备受关注。其中，于斌斌认为推进产业结构调整才是提高能源效率最重要、最现实的途径，并从调整幅度和调整质量两个维度分析了中国产业结构调整与能源效率变化的演变特征和相互关系，实证检验了产业结构调整对能源效率影响的空间溢出效应。赵领娣等研究了产业结构调整对于绿色发展效率的作用方向与影响力度，产业结构调整的两个维度—产业结构高级化与产业结构合理化在全国层面与东、中部均表现出改善绿色发展效率的态势。于斌斌运用动态空间面板模型对产业结构调整和生产率提升的经济增长效应进行了实证检验。

曾国平、彭艳等研究了产业结构调整与全要素生产效率的关系，得出两者互为因果的关系，并指出全要素生产效率对产业结构调整促进作用大于产业结构调整对全要素生产效率的结论。

3. 产业结构调整与节能减排

该部分研究主要集中在环境污染、能源消耗、碳排放等方面。其中，李鹏主要研究产业结构调整与环境污染之间的关系，结果表明环境污染排放总量与产业结构调整之间存在倒"U"形曲线关系。靳景、许嘉钰等研究了北京市产业结构调整与节能的动态关系。肖挺、刘华从产业结构均衡化和产业结构优化两个层面展开研究，结果显示产业结构均衡化对于工业硫排放有着明显的限制作用，但产业结构优化除了对东部地区人均排放量有所抑制之外，根本呈现的是加剧节能减排问题的严重性。吴常艳、黄贤金以江苏省细分行业为例，用投入产出生命周期评价方法对江苏省产业的直接和间接碳排放进行测算，并构建碳减排潜力模型模拟产业结构调整引起的减排潜力。徐成龙、任建兰等研究了产业结构调整对山东省碳排放的影响，结果发现，与 2010 年前产业结构变动导致碳排放量增加的情形相反，之后产业结构的调整有助于减少碳排放。钱争鸣、刘晓晨从区域空间关联性出发，分析环境管制、产业结构调整和地区经济发展三者的关系发现，环境管制能够通过筛选效应、内部技术溢出和外部技术溢出，使绿色经济效率形成"扩散效应"和"极化效应"，进而影响地区产业结构调整和产业升级，促进地区经济发展。王文举、向其凤研究了中国产业结构调整及其节能减排潜力，研究发现产业结构调整对实现中国碳强度目标的贡献率最高可达 60% 左右。黄亮雄、王鹤、宋凌云等研究认为我国的产业结构调整存在"损人利己"效应。丁志国、程云龙研究发现产业结构调整是中国在控制碳排放规模的同时保证经济增长，实现哥本哈根气候大会减排承诺目标的关键策略选择。李姝通过研究发现，产业结构调整与废气污染之间呈现负相关，与污水污染之间呈现正相关。

4. 产业结构调整与经济发展

该部分在产业结构理论中已有综述，该处不在过多综述。其中，李青、黄亮雄研究了中国的产业结构调整与全球经济失衡的相关关系，研究表明两者呈现倒"U"形关系。渠立权、张庆利等研究分析了江苏省各市产业结构变化对经济增长的贡献程度及其空间差异，结果表明产业结构调整对经济增长的贡献率空间分异现象明显。

5. 其他方面

茅锐、徐建炜研究了劳动力结构与产业结构调整之间关系，结果显示产业结构调整将在需求面和供给面上引导劳动者在产业间转移。王鹏、赵捷研究了产业结构调整与区域创新互动关系，研究表明两者存在互相促进的关系。李从容、祝翠华等研究发现产业结构调整对就业弹性影响显著，并认为基于技术创新的产业结构升级、优化和经济增长方式转变，是促进就业的重要途径。

第三节　产业链、产业网络与产业结构优化研究现状

通过前述研究综述，已经摸清产业结构优化研究的基本脉络，由于本书研究的需要，该部分将对产业链、产业网络与产业结构优化相关研究进行单独综述，进而为后面的相关研究奠定基础。

一、产业链与产业结构优化研究

产业链的理论渊源虽然可以追溯到亚当·斯密关于分工的论断以及马歇尔关于企业间协作的观点，并且西方的价值链理论和供应链理论也从微观层面和价值创造、企业管理的视角阐述了产业链价值增值的机理和企业间协作的内容，但产业链是具有中国特色的经济学概念，产业链提出最早可追溯至20世纪八九十年代。据蒋国俊考证最早提出"产业链"一词的是我国学者姚齐源、宋武生 1985 年在《有计划商品经济的实现模式——区域市场》一文中提出将产业链规划作为实现区域经济发展目标的战略重点。而据李心芹、李仕明考证最早提出"产业链"一词的是我国学者傅国华于 1990～1993 年在研究海南热带农业发展课题中，受到海南热带农业发展的成功经验的启迪而提出来的。随后，以郁义鸿、蒋国俊、简新华、刘贵富为代表的专家学者对产业链理论进行了完善与拓展。总之，产业链理论是中国学者提出并得到广泛研究。起初产业链理论研究主要存在于产业组织理论范畴，随着研究的不断深入，越来越多的专家学者将产业链应用到产业结构研究方面。通过对国内外相关文献检索查阅，当前运用产业链理论进行产业结构优化研究的均为国内学者，国外主要从价值链、供应链角度进行研究。因此，该部分主要对国内研究情况进行梳理综述。

随着研究的不断深入，关于产业链延伸与产业结构优化的相关研究不断涌现，其中区域视角下产业链延伸推动产业结构优化的研究已经较为全面和深入，主要涉及全国、省域、资源型区域、县域等。例如，白瑞雪、翟珊珊研究认为，产业链反映产业层次、产业关联程度和资源加工深度等方面产业结构的特性，从产业链角度研究我国产业结构升级，具有重要的理论和现实意义；同时提出通过延伸产业链实现我国向高端产品、环保产业和自主品牌的产业结构优化升级。周顺奎以产业链延伸为研究视角，提出了产业结构优化路径：治理、改善生态环境，大力发展循环经济；选择和培育主导产业链，适度延伸主导产业链；大力发展现代服务业产业链；加快产业集聚，推进优势、特色产业集群的发展；加快技术创新步伐，助力产业链经济的发展。刘明志研究认为，我国应该力争发展有比较优势、有利于提升产业地位的关键节点，通过承接产业转移掌握核心技术和发展自主品牌，提升我国在世界产业链条中的地位，实现产业结构优化升级。麦强盛、孙东川以广东省为研究对象，研究认为向产业链高端延伸有助于推动广东省产业结构优化升级，实现由"广东制造"向"广东创造"的跨越。孔晓宏研究认为，发展循环经济不仅可以有效促进产业结构合理化和生态化，而且能够实现产业结构高度化，是产业结构优化调整的有效途径，而循环经济的发展实际是生态型产业链的延伸，间接证明了产业链延伸促进产业结构优化的论断。赵丽敏以山东省为例，研究认为产业链延伸能促进产业集群发展，优化产业结构，并提出山东省可通过前后延伸产业链、打造产业链竞争优势促进山东省产业结构的优化和升级的建议。张雪梅以资源型城市为研究对象，认为延伸主导产业链有助于推动资源型城市产业转型及产业结构优化升级。卢萌、聂延庆在低碳经济视角下，提出以生态工业园为载体的产业链建设来推进县域产业结构优化的政策建议。赵磊、夏鑫等在旅游产业链延伸视角下研究了县域旅游业的产业结构优化配置和旅游地演化。

在区域产业结构优化研究的基础上，我国对具体地区的具体产业的结构优化也进行了深入研究，这些领域主要集中在制造业、粮食产业、创意产业、旅游产业、资源型产业以及电子信息产业等。例如，张程、张贤以长三角地区为研究对象，研究认为改变长三角地区制造业在产业链中的底部现状，向制造业产业链中上游发展延伸能够有效推动长三角地区产业结构优化升级。赵予新以粮食产业为研究对象，提出粮食产业链优化应以加快转变发展方式为主线，实施全产业链整合，规模化发展，产业化积聚，先进科技引领，加工业带动。董红杰以创意产业为研究对象，研究认为创意产业自身拥有"马太效应"，而创意产业的"马太效应"导致产品宽度不断扩张，产业链不断延长，产业结构不断优化。陈淑兰、刘立等以河南省旅游产业为研究对象，认为用创意拓展旅游产业链，能够有效促使旅游产业结构优化升级。白云朴、李辉以资源型产业为研究对象，研究认为通过技术创新延伸产业链是资源型产业结构优化的重要路径之一。江曼琦、刘晨诗以京津冀地区电子信息产业为研究对象，研究认为京津合作加强核心环节建设，推动产业向价值链高端发展，错位布局制造业发展方向是电子信息产业结构优化的有效措施。

除以上研究以外，部分专家学者从产业链重组和产业链整合角度出发，对产业结构优化调整进行了研究，进一步深化了产业链在产业结构优化中的调整作用。例如，沈凝从产业结构微观结构的视角构筑理论模型，分析产业结构与产业链之间的关联，进而阐述产业链重组对产业结构调整的影响及效果。刘明宇、芮明杰研究认为产业链重组是我国打破"瀑布效应"实现产业结构优化的重要举措之一。王发明以动漫产业为例，从产业经济学产业链理论角度，提出产业链整合能够有效促进我国动漫产业在全球价值链上的升级。

在上述研究中，所得研究成果对产业结构优化以及经济发展战略制定均具有重要作用。但产业链仅仅是在一定程度上从产业关联角度研究了产业结构优化问题，产业链自身存在信息过于集中或分散的特点，难以充分利用产业网络上提供的结构性信息，为此专家学者开始运用产业网络理论对产业结构优化展开相关研究，以弥补产业链的不足与缺陷。

二、产业网络与产业结构优化研究

随着经济全球化与网络信息技术的迅猛发展，产业间的依赖关系与制约关系不断加强，产业间的相互关联与分工对各个区域发展的作用日益凸显。区域经济的网络特征及在经济网络中的地位已经成为构成区域竞争力的重要因素。次货危机引发的全球性经济危机表明，须对经济系统结构和动态过程有一个新的、根本性的认识。而现有的经济学理论对此无能为力，因此，从20世纪90年代起，从网络角度研究产业内部及产业间的关系及它们对经济主体的影响成为产业经济学中的重点研究内容。

（一）国外研究综述

产业网络理论是对产业关联理论的拓展和延伸。实际上，早在 20 世纪 70 年代，国外一些学者开始使用图与网络的相关概念和方法，对产业关联结构问题进行了积极探索和研究。其中主要的代表人物有：Campbell、Slater、Fidel Aroche 等。其中，坎贝尔（Campbell）较早采用度、节点路长与距离、强子图等图与网络概念研究产业结构增长极问题；斯莱特（Slater）则采用子图分割强、弱成分的概念来研究产业结构；菲德尔（Fidel Aroche）运用最大生成树概念构建了产业网络的基础结构。以上研究对产业网络的提出与构建奠定了理论基础。后续研究主要集中在两个方面。

1. 产业网络理论及结构研究

（1）基本理论与结构研究。在前期专家学者研究基础上，20 世纪 90 年代，Håkansson 提出产业网络的概念，最早研究了产业网络的演化过程，1998 年和 1999 年，Watts 和 Barabási 等人分别提出了小世界网络和无标度网络，掀起复杂网络的研究热潮，开创了对复杂系统新的研究方向，为复杂科学添加了新的研究工具。在 Campbell 研究基础上，一些学者（Czayka and Krauch；Schnabl and Holub，Holub and Schnabl；Schnabl et al.）均以产业为顶点，依据中间投入建立关联弧构建产业网络模型，通过对产业网络的深层次分析，分别得到进一步描述产业关联结构的指标。Aroche-Reyes 在以上研究基础上，进一步提出了基础经济结构树的概念，用最大权树表示基础经济结构，充分利用中间投入信息表达网络扩散路径，同时得到产业层级概念。

（2）产业网络演化研究。自此，专家学者从产业网络模型构建以及产业结构调整方面展开了大量研究，并取得了大量有益成果。其中，Luis Araujo 等提出了产业网络演化模型，在此基础上，Wilkinson 提出了产业网络变化的动态结构模型；Carlos Melo Brito 研究了产业网络的动态组织结构理论，Christer Karlsson 从管理角度研究了产业网络的发展演变。

2. 产业网络升级研究

20 世纪 90 年代初期，在经济地理学界，新区域主义学术思潮迅速发展。其研究的内容主要集中在以下三个方面：地方产业网络升级研究中的全球联系框架分析、区域产业网络升级路径研究、区域产业网络升级的实例研究。

（1）区域产业网络升级中的全球联系框架分析。其中，以 Dicken、Gereffi 和 Scott 为代表，他们从全球产业网络、商品链和价值链角度研究了跨国企业分散到世界不同地方产业网络的经济现象，并提出地方产业网络必须融入全球产业网络中以实现持续升级。其研究为后续全球产业网络、区域产业网络研究指明了方向。在此基础上，一些学者（Humphrey，Schmitz and Wood et al.）看到在全球竞争中，有些地方产业网络在持续升级，而有些地方却出现衰退现象，该研究引发了专家学者对区域产业网络研究的热潮。专家学者均期望找到区域产业网络在全球产业网络范围内实现持续升级的有效路径。

（2）区域产业网络升级路径研究。价值链治理研究是地方产业网络升级研究的重要内容之一，也是探讨区域产业网络升级的可能路径。Humphrey 是该领域的主要代表。其中 Dolan 和 Humphrey 分析研究了产业网络嵌入全球产业网络出现不平衡的原因；Humphrey 和 Schmitz 首次提出了区域产业网络嵌入全球产业网络实现产业网络升级的四中类型，为后续实证研究奠定了理论基础。

（3）区域产业网络升级的实例研究。在前期理论研究的基础上，专家学者开始对具体行业展开区域产业网络的实例研究。其中一些学者（Leite M.，Bazan L.，Lizbeth Navas-Alemán，Roberta Rabellotti）以不同产业为研究对象，分别对汽车产业、塑料产业、制鞋行业以及医疗器械行业等地方产业网络进行了实证研究。

3. 产业网络与产业结构研究

以 Gereffi 为代表的专家学者，以美国零售商为研究对象，对全球产业网络下发展中国家产业结构升级问题进行了研究。Ernst 和 Gerhard 分别以网络旗舰企业和德国医疗器械产业集群演变为例，研究了全球产业网络与区域产业结构升级问题。Sturgeon 和 Lee 研究了全球产业网络与产业结构升级路径问题。卡普林斯基从实证研究角度研究了全球产业网络与产业结构升级问题。

（二）国内研究现状

截至目前，国内关于产业网络的研究还处于探索阶段，主要集中在产业网络基本理论及结构演化、产业网络对经济发展影响、产业网络与产业结构优化、产业网络与企业发展等四个方面的研究。根据本书的需要，仅对产业网络基本理论及结构演化、产业网络在产业结构优化方面的研究进行综述。其主要代表人物有庄晋财、赵炳新、张丹宁、曾刚、朱英明等，他们在产业网络基本理论、演化机理、运行机制、模型构建以及应用方面取得较多研究成果。

1. 产业网络基本理论及结构研究

从复杂性和系统论的角度对产业网络进行研究已经成为产业经济学领域的一个新视角和新热点。当前研究主要从纯理论角度研究产业网络基本理论和结构，主要包括产业网络形成机理、运行机制、演化机制、结构效应等内容。

（1）产业网络形成机理及运行机制研究。杨雪锋从循环经济发展视角，对循环型产业网络概念、特征进行界定，然后在此基础上对循环型产业网络的演化机理、形成动因与路径和治理策略进行了研究。张丹宁、唐晓华在网络理论分析的基础上，从主体、行为、资源三个网络要素出发，构建了产业网络的组织分析框架，并对产业网络的分类标准进行了研究。李守伟、钱省三以中国半导体产业为例，通过构建产业网络的宏观和微观系统动力学模型，对产业网络的复杂性进行了实证研究。廖列法、陈志成等基于组织学习的视角，研究了区域产业网络的惯性突破机制。李守伟、钱省三等构建了产业网络上的"技术创新雪崩"扩散模型，对产业网络的创新扩散机制进行了研究。

（2）产业网络演化机制研究。杨晓耘、王敬敬在复杂网络视角下，研究了产业网络理论的提出与建构，最后分析了产业网络的演化过程。周荣、喻登科从场理论视角构建产业网络演化模型，研究了产业网络演化的机理和相互作用，为中国产业网络建设和转型升级提供理论借鉴。郭南芸研究认为产业网络演进就是在企业生命周期发展轨迹的作用下，发生的不断由旧稳态结构向新稳态结构的渐变与突变过程。刘永俊、张晟义从创新与互补性资产视角，研究了产业网络的成长范式，即企业之间根据不确定性组建产业网络，依靠互补性资产和持续创新实现产业经济的永续发展。李东华、郭金光通过对全球产业网络的构成进行分析，并研究推动区域产业网络演变的机制，以探求区域产业网络发展不同阶段的主要推动力。李守伟、程发新以企业进入与退出为研究视角，研究了产业网络演进机制。黄守坤、李文彬在考夫曼关系模型的基础上，对产业网络中的关系及其变化进行了研究，构建了产业网络关联模型，提出了产业网络演变的模型和其他几种演变模式，对处理产业网络中的各种关系的战略和政策及其应用作了研究。

（3）产业网络结构特征及测度方法研究。唐晓华、张丹宁以沈阳汽车产业为例，在传统产业组织、SCP范式的基础上，结合网络三要素理论，构建了产业网络"AARS"分析框架，研究了产业网络的"节点复杂性""结构复杂性"和"进化复杂性"。陈效珍、赵炳新等构建了产业旁侧关联网络，以描述产业部门之间的旁侧关联以及分析旁侧效应提供了方法。赵炳新、陈效珍在产业网络的基础上，研究了描述产业间循环的产业圈度及其内涵，并设计了计算产业圈度的算法。杨晓耘、王敬敬等将复杂网络的思想和方法与经济学有机结合，构建了产业网络理论及数学模型，全面刻画了产业系统的结构及其运行过程。刘益平、施红星结合复杂网络理论，构建了一种基于资源流动的产业网络模型。该模型将资源交换和共享所引起的产业发展当作一种互补性资源的合作生产，并考察不同网络结构下资源流动对产业发展的影响。赵炳新、陈效珍等在投入产出模型和产业网络模型的基础上，构建了产业赋权网络模型，借鉴最大生成树概念提出产业基础关联树，然后以 Kruskal 算法为基础设计了确定产业基础关联树的算法。王茂军、柴箐以北京市为例，研究了产业网络的结构特征及调节效应。方爱丽、高齐圣等从拓扑和加权两个角度，给出复杂网络的聚集性和相关性的度量方法，并分别比较了在这两个角度下度量值之间的相互关系。雷志梅、王延章等将知识工程的思想和方法与产业经济学相结合，从知识层面构建产业知识元，利用产业知识元及知识元间的关系来描述产业本质属性及产业间的本质关联关系。邓智团在着重探讨产业网络内涵的基础上，对产业网络组织进行解构以及产业网络类型划分，最后通过成本收益的分析探讨产业网络存在的效益空间。

2. 产业网络与产业结构优化研究

由于产业网络弥补了产业链对结构表达不完整的缺陷，产业网络成为产业结构研究的新工具。该角度的相关研究主要集中在产业网络与产业转型升级、产业结构调整两个方面研究，具体综述如下。

（1）产业网络与产业转型升级。相雪梅、赵炳新通过研究产业网络核的空间效应及其评价指标体系，为产业政策制定提供了新的视角，有利于产业转型升级和竞争力的提升。兰文巧研究了产业网络组织紧密程度与产业集群竞争力之间的关系，研究结果表明，紧密型产业网络组织较之松散型产业网络组织的产业集群竞争力更强。郑红从产业网络的视角出发简述了产业网络的结构及参与主体，分析了产业竞争力的来源，然后以产业网络参与主体为构架提出了提升区域产业竞争力的策略。姚志毅、张亚斌以全球生产网络为背景，构建了产业结构升级的指标体系；然后通过因子分析方法，以中国为研究对象，从整体和省域两个层面对产业结构升级进行了测度，比较分析了不同省域的产业结构升级差异。

（2）产业网络与产业结构调整。刘静波集中探讨了在产业网络框架下的产业结构调整问题，并提出了具体的调整思路和政策措施。王铜安针对当前产业结构研究的局限和不足，以社会网络为研究视角对产业结构总体特征进行研究，提出了一种全新的、基于"关系"和"结构"视角的产业结构研究方法。杜华东、赵尚梅构建了产业结构网络模型，基于中国 9 个年度的投入产出表分析了中国产业结构 20 年的变化。邢李志从复杂网络的理论出发，通过投入产出理论建立起反映区域产业结构演化的复杂网络模型，并借用度分布、权分布和网络路径长度等概念对产业结构网络拓扑结构进行分析，为后续产业结构演化研究奠定了方法基础。刘刚、郭敏等以产业为节点、产业间供需关系为连接边，建立中国产业结构网络，将开放条件下外资产业并购和进口商品倾销对产业结构的冲击，分别看成是对产业结构网络的节点、连接边的去除，以网络全局效率度量产业结构网络在不同冲击下的变化。

第四节　研究现状评述

一、产业结构优化调整研究恰逢其时

前面从时间序列角度对产业结构研究的脉络进行了梳理，发现产业结构研究主要划分为三个阶段：第一阶段主要回答了为什么要研究产业结构的问题，主要从产业结构与经济发展的关系入手，证明了产业结构的演化能够促进经济发展，该研究已经达成共识；第二阶段主要回答了什么是最优产业结构的问题，主要从产业结构优化方法研究入手，不断实现产业结构优化研究从定性分析向定量分析的转变，当前主要有运筹学方法、系统动力学方法、模糊数学方法等，基本满足了不同条件下的产业结构优化问题；第三阶段主要回答实现产业结构最优的调整路径是什么的问题，当前主要运用产业链延伸、产业链融合、产业链重组、产业网络优化等理论和方法提出产业结构优化的调整路径。通过综述具体研究内容发现，当前产业结构优化调整研究呈增加趋势且理论体系有待进一步完善，并且我国正处在转变经济增长方式、推动产业结构优化的关键时期，研究产业结构调整既符合理论研究的发展规

律又符合我国的现实需求，具有重要的理论和现实意义。

二、产业结构调整路径的确定过程在可行性讨论和系统性思考存在不足

关于产业结构调整路径的研究多是从单一因素出发，研究其对产业结构调整的作用路径，并提出相对应的调整措施及方案。但是，不同因素在产业体系中的传导会互相影响、互相作用，从单一方面研究所得结果容易被放大或缩小，从而难以得到实际的作用效果，进而导致制定的对策或方案在实施中大打折扣。另外，在现有产业结构调整相关研究中，当制订调整方案时，主观性较强，进而导致制定的方案难以具体化。

三、产业链理论、产业网络理论在产业结构优化调整中均有不足之处

产业结构理论表明任何一个产业都不能孤立存在，专家学者以供求关系及社会分工为出发点，提出产业链理论，其作为理论基础，为产业关系研究提供了方法。但产业链主要是以某个核心产业为基点，以供求关系为线索，对上下游按分工所形成的线性产业关系进行了分析研究，对由于其他原因所形成的产业分枝关系没有进行研究，不能反映产业之间的实际关系；而产业网络的理论虽然反映产业关系的本质，但由于产业网络无边界、产业之间存在多种资源相向、多向流动等，现有数学工具还无法在结构调整、优化、资源流动配置等方面提供研究工具，并开展相关研究，仅能够反映产业网络的"结构"特征。

四、树状产业结构的优化调整鲜有涉及

通过文献综述发现，当前产业结构的优化调整主要从两个方面展开，一是运用产业链理论从微观层面研究具体产业的结构优化调整问题；二是运用产业网络理论从宏观层面研究产业体系的结构优化调整问题。两者虽然涉及了不同区域、不同产业以及不同因素的作用路径，但是对树状产业结构的优化调整问题鲜有关注。我国有部分地区的产业体系是在某一产业的基础上，

通过不断的产业链延伸、产业集聚形成的。该种产业体系具有同源性，产业体系成树状结构，可视为由多条同源产业链有机组合形成，高度关联和同源性是该类产业体系的鲜明特征，研究该类产业体系的产业结构优化问题，需要产业链与产业网络的有效融合。当前鲜有对于该类产业结构优化问题的专门研究。

综上所述，产业结构优化调整理论与方法研究恰逢其时，在我国转变经济发展方式、推动产业结构优化调整的关键时期，本书在简化产业网络、丰富产业链结构的基础上，提出了产业树的方法，以求为树状产业结构的优化调整问题提供系统、合理并且易于操作的研究方法。

第三章 相关理论基础及产业树概念体系研究

根据前面梳理的研究现状、设计的研究内容和技术路线，本章将从相关理论基础、产业树概念界定、产业树相关概念研究以及产业树与当前供应链、价值链、产业链、产业网络和产业基础关联树等相似概念和理论进行辨析，以求明晰产业树提出的合理性以及产业树的概念、内涵、作用和目的，明确产业树研究的理论边界。

第一节 相关理论基础

一、产业经济相关理论

产业是一种社会分工现象，它随着社会分工的产生而产生，并随着社会分工的发展而发展。而产业经济理论就是研究具有某些相同特征的经济组织集团（产业）的发展规律及其相互作用的理论。产业经济相关理论主要包含产业组织理论、产业结构理论、产业布局理论、产业发展理论等。根据本书研究的需要，本章主要介绍其中的产业结构理论和产业发展理论。

（一）产业结构理论

产业结构理论最早可以追溯到 17 世纪配弟对工业与农业收入的比较，他首次发现了产业结构的差异是各国人民收入存在差距、经济发展水平不一的关键因素。随后产业结构理论得到快速的发展和完善，在该时期做出突出贡献的代表人物有里昂惕夫、库兹涅茨、刘易斯、赫希曼、罗斯托、钱纳里、霍夫曼、希金斯等。纵观产业结构理论发展，可以将其划分为两个阶段：产业结构理论形成阶段、产业结构发展阶段。其中，在产业结构理论形成阶段主要从多视角探究了产业结构与经济发展的关系，而在产业结构发展阶段主要对产业关联、产业结构演化、产业结构效应、产业结构优化、产业结构研究方法和主导产业选择等进行了深入研究和扩展。

产业结构理论以产业之间的技术经济联系及其联系方式为研究对象，其基本体系由产业结构形成理论、主导产业选择理论、产业结构演化理论、产业结构影响因素理论、产业结构效应理论、产业结构优化理论、产业结构分析理论、产业结构政策理论、产业结构研究方法论以及产业关联理论等几部分构成。

产业结构理论研究的基本内容包括产业结构的演变及其规律、产业结构变动的影响因素等。首先，产业结构演变是同经济发展相对应而不断发展变动的，其表现为产业结构由低级向高级演进的高度化和产业结构横向演变的合理化过程。这种结构的高度化、合理化过程推动着经济发展水平的提高。其具体表现为：产业结构逐渐由第一产业占优向第二产业、第三产业占优转变；三大产业内部逐渐由劳动密集型产业占优向资本密集型、知识密集型产业占优转变。在产业结构演变研究中，专家学者总结归纳了配弟—克拉克定理、库兹涅茨法则、主导产业扩散效应、工业化阶段理论和霍夫曼定律等产业结构变动规律或机理。其次，产业结构变动的影响因素主要划分为供给因素、需求因素以及其他因素等三类。其中，供给因素包含自然条件、资源禀赋、人口因素、技术进步、资金供应、原材料供应等；需求因素包含消费需求、投资需求等；其他因素主要包含国内环境因素、国际贸易、投资等环境因素。

产业结构理论对于产业树的提出、构建以及结构分析具有重要的指导意义，冠系产业子系统和根系产业子系统的层级划分、产业组成等均是根据产业结构理论中的产业关联理论进行分析确定的。同时，产业结构理论在本书产业树传导路径、动力分析等章节的研究中具有指导意义。

（二）产业发展理论

产业发展理论与产业结构理论同步产生，同样可以追溯到 17 世纪配弟的研究。产业发展是指产业的产生、成长和进化过程，既包含单个产业的发展过程，也包含产业群的发展过程。产业发展理论就是研究产业发展过程中的发展规律、发展周期影响因素、产业转移、资源配置、发展政策等问题的理论。产业发展规律主要是指一个产业的诞生、成长、扩张、衰退、淘汰的各个发展阶段需要具备一些怎样的条件和环境，从而应该采取怎样的政策措施。

对产业发展规律的研究主要包含产业周期性规律、产业发展与经济发展的关系、产业发展模式、产业发展趋势等内容，有利于决策部门根据产业发展各个不同阶段的发展规律采取不同的产业政策，也有利于企业根据这些规律采取相应的发展战略。其包括二元经济发展模式论、平衡增长与不平衡增长理论。

刘易斯在 1954 年发表的《无限劳动供给下的经济发展》论文中，提出了二元经济发展模式。刘易斯认为发展中国家并存着农村中以传统生产方式为主的农业和城市中以制造业为主的现代化部门，由于发展中国家农业中存在着边际生产率为零的剩余劳动力，因此农业剩余劳动力的非农化转移能够促使二元经济结构逐步消减。此后费景汉、拉尼斯修正了刘易斯模型中的假设，在考虑工农业两个部门平衡增长的基础上，完善了农业剩余劳动力转移的二元经济发展思想。

平衡增长理论形成于 20 世纪 40 年代，其核心是主张发展中国家为了摆脱贫困，应在各个工业部门或国民经济各部门全面地、大规模地投资，使各部门按同一比率或不同比率全面增长，以此来实现工业化，推进国民经济的发展，该理论包含三种流派：极端的平衡增长理论、"温和的"平衡增长理论和完善的平衡增长理论。而不平衡增长理论，由赫希曼提出，认为发展中国家应集中有限的资本和资源，重点发展一部分产业，并以此逐步扩大其他产业的投资，带动其他产业的发展。

产业发展理论对于下面研究产业树调节的过程和结果的分析具有理论指导作用，同时根据产业发展理论中的产业发展规律可以为产业树的进一步应用奠定基础。

二、创新理论

创新具有三层含义：更新、创造新的东西、改变。创新就是利用已有的事物创造新事物的手段。创新理论的形成最早可以追溯到 1912 年，由著名经济学家熊彼特在《经济发展概论》提出。

（一）熊彼特创新理论

熊彼特认为："创新就是将新的生产要素和生产条件的'新组合'引入生产体系"，创新是引起经济发展和增长的根本原因。熊彼特创新理论主要包含五方面内容：（1）引入一种新产品；（2）采用一种新的生产方法；（3）开辟新市场；（4）获得原料或半成品的新供给来源；（5）建立新的企业组织形式。学者将其归纳为五个创新，依次对应产品创新、技术创新、市场创新、资源配置创新、组织创新，而其"组织创新"也可以看成是部分的制度创新。

熊彼特之后，创新理论主要沿着两个分支展开研究。一是以埃德·温曼斯菲尔德、南希·施瓦兹、理查德·纳尔逊、克里斯托夫·弗里曼、伦德瓦尔等为代表的技术创新学派，他们强调技术创新和技术进步在经济发展中的核心作用，着重研究包括技术扩散、转移和推广在内的技术创新体系，建立技术创新扩散、创新周期等理论模型。二是以道格拉斯·诺思和兰斯·戴维斯等为代表的制度创新理论，他们把熊彼特的创新理论与制度学派的制度理论相结合，以此研究了制度安排对国家经济增长的影响。

（二）技术创新理论

目前关于技术创新的定义很多，如罗斯托、曼斯菲尔德和弗里曼等，他们从企业产品生产、销售和效益等方面把技术创新定义为创造价值的全过程，本书着重介绍经济"起飞"六阶段理论。

美国经济学家华尔特·惠特曼·罗斯托首次提出技术创新成立的两个条件，即新思想来源和以后阶段的实现发展，并于 1960 年在《经济成长的阶段》中提出了"经济成长阶段论"，并于 1971 年在《政治和成长阶段》中将一个国家的经济发展过程分为六个阶段，即传统社会阶段、准备起飞阶段、起飞阶段、走向成熟阶段、大众消费阶段和超越大众消费阶段。其阶段特征如下：

（1）传统社会是在生产功能有限的情况下发展起来的，是围绕生存而展开的经济，而且通常都是封闭或者孤立的，生产活动中采用的技术是牛顿时代以前的技术，看待物质世界的方式也是牛顿时代以前的方式，社会似乎对现代化毫无兴趣。

（2）准备起飞阶段是摆脱贫穷落后走向繁荣富强的准备阶段，它的特征是社会开始考虑经济改革的问题，希望通过现代化来增强国力并改善人民的生活。这一阶段的重要任务是经济体制改革，为发展创造条件。这一阶段的主导产业则通常是第一产业或者劳动密集型的制造业，这一阶段要解决的关键难题是获得发展所需要的资金。

（3）起飞阶段是经济由落后阶段向先进阶段的过渡时期。罗斯托认为，经济起飞必须具备4个条件：①生产性投资率提高，占国民收入的比例提高到10%以上；②经济中出现一个或几个具有很高成长率的领先部门；③发明和革新十分活跃，生产过程吸收了科学技术所蕴藏的力量；④适宜的政治、社会以及文化风俗环境。在起飞阶段，随着农业劳动生产率的提高，大量的劳动力从第一产业转移到制造业，外国投资明显增加，以一些快速成长的产业为基础，国家出现了若干区域性的增长极。起飞阶段完成的标志是国家在国际贸易中的比较优势从农业出口转向了劳动密集型产品的出口，开始出口大量的服装、鞋、玩具、小工艺品和标准化的家电产品。

（4）走向成熟阶段是指一个社会已把现代化的技术有效地应用到了它的大部分产业的时期。在这一阶段，国家的产业以及出口的产品开始多样化，高附加值的出口产业不断增多，厂家和消费者热衷新的技术和产品，投资的重点从劳动密集型产业转向了资本密集型产业，国民福利、交通和通信设施显著改善，经济增长惠及整个社会，企业开始向国外投资，一些经济增长极开始转变为技术创新极。

（5）大众消费阶段，在这一阶段，主要的经济部门从制造业转向服务业，奢侈品消费向上攀升，生产者和消费者都开始大量利用高科技的成果。人们在休闲、教育、保健、国家安全、社会保障项目上的花费增加，而且开始欢迎外国产品的进入。

（6）超越大众消费阶段的主要目标是提高生活质量。随着这个阶段的到来，一些长期社会困扰问题有望逐步得到解决。

在罗斯托的经济成长阶段论中，第三阶段即起飞阶段与生产方式的急剧变革联系在一起，意味着工业化和经济发展的开始，在所有阶段中是最关键的阶段，是经济摆脱不发达状态的分水岭，罗斯托对这一阶段的分析也最透彻，因此罗斯托的理论也被人们称为起飞理论。

（三）制度创新理论

兰斯·戴维斯和道格拉斯·诺思在1970年发表在美国《经济史杂志》（*The Journal of Economic History*）的《制度变革与美国经济增长》（*Institution-*

al Change and American Economic Growth：*A First Step Towards a Theory of Institutional Innovation*）一文中提出了制度创新理论，制度创新是指经济的组织形式或经营管理方式的革新。诺思认为，历史上的经济增长并不是由技术进步决定的，技术进步只是伴随着经济增长的一个现象或结果。

制度变革决定性影响技术创新。制度创新是经济长期增长和人类社会进步的原因。诺思与其合作者设计出一个有关制度创新变革的经济模式，从产权制度、法律制度以及其他经济结构的变革与创新等角度进行了深入研究。诺思认为，新技术、新工艺发展的社会收益率总是高的，因此，在找到提高发展新技术和新工艺的私人收益率的手段之前，产生新技术和新工艺的进展一直是缓慢的，直到近代创新发展出一整套产权制度。到 1624 年通过了垄断法令，英国才有了一项专利法。无限的好奇心或"边干边学"固然也能引起我们在整个人类历史上所见过的那种类型的技术变革，但是坚持不懈地为改进技术做出努力——如我们在现代社会所看到的——则只有靠提高私人收益率来激励。在创新缺乏产权的情况下，技术变革的速度基本上受市场规模的影响。其他情况相同，创新的私人收益率随市场扩大而增加。以往技术变革速度的增长与经济增长的时代有关。因此，按照诺思的观点，制度创新决定技术进步，虽然技术创新对制度创新有重要的作用，例如，技术创新可以降低某些制度安排的操作成本，增加制度创新的潜在利润，但制度创新对技术创新起着决定性的作用。

创新理论对于以下展与汇的扩张与收缩研究起到了理论指导作用，由于创新的存在导致不断有新产品的产生、要素新功能的发现，进而导致新产业的产生。

三、系统理论

系统是指由若干要素以一定结构形式联结构成的具有某种功能的有机整体。其中要素与要素、要素与系统、系统与环境三方面的关系是系统论关注的重点。

系统思想源远流长，但成为科学的系统论最早可以追溯到 1932 年理论生物学家 L. V. 贝塔朗菲提出的"开放系统理论"，"开放系统理论"是目前公认的系统论的起源。L. V. 贝塔朗菲在 1937 年提出了一般系统论原理，奠定了系统论的理论基础。其在 1968 年发表的专著："*General System Theory*：

Foundations, Development, Applications"被公认为是这门学科的代表作。我国系统理论最早是由钱学森院士倡立的。系统论是研究系统的一般模式、结构和规律的学问，它研究各种系统的共同特征，用系统理论知识定量地描述其功能，寻求并确立适用于一切系统的原理、原则和模型，能够从整体上系统地思考和分析问题，是具有逻辑和数学性质的一门新兴的科学。

随着世界对复杂性的发现，在科学研究中兴起了建立复杂性科学的热潮。系统科学的发展可分为两个阶段：第一阶段（20世纪前半叶）以第二次世界大战前后控制论、信息论和一般系统论等的出现为标志，主要着眼于他组织系统的分析；第二阶段（20世纪后半叶）以耗散结构论、协同论、超循环论等为标志，主要着眼于自组织系统的研究。

系统要素之间的相互作用是系统存在的内在依据，同时也构成系统演化的根本动力。系统内的相互作用从空间来看就是系统的结构、联系方式，从时间来看就是系统的运动变化，使相互作用中的各方力量总是处于此消彼长的变化之中，从而导致系统整体的变化，其中系统内的相互作用决定了系统演化的方向和趋势。系统演化的基本方向和趋势有两个：第一，从无序到有序、从简单到复杂、从低级到高级的前进上升的运动，即进化，其主要发生在开放性系统中。第二，从有序到无序、从高级到低级、从复杂到简单的倒退下降的方向，即退化，其主要发生在封闭系统中。

系统理论是产业树思想形成的理论基础，在系统思想的指导下，通过分析产业链对结构信息反映的不足提出了产业树的概念，并构建了产业树的结构模型。系统思想始终贯穿于本书的始末，是产业树研究的重要理论基础之一。

四、自组织理论

自组织理论是在没有外部指令条件下，系统内部各子系统之间能自行按照某种规则形成一定的结构或功能的自组织现象的一种理论。自组织理论最终形成于20世纪60年代末期，但自组织思想的萌芽却可以上溯到东西方的古代先贤。以《易经》《道德经》和古希腊米利都学派为代表的古代朴素自组织思想，认为世界处于不断演化的过程之中，而推动演化的动力则产生于自然系统内部，这是最早的关于自组织思想的认识。最先明确提出"自组织"这一概念的是著名哲学家康德，他站在哲学的角度提出自组织的事物应该具有相互作用的特征。自组织理论是系统理论的一种，它的研究对象主要是复杂自组织系统的形成和发展机制问题，即在一定条件下，系统是如何自动地由无序走向有序，由低级有序走向高级有序的。它主要由耗散结构理论、协同学、突变论三个部分组成。

1. 耗散结构论

主要研究系统与环境之间的物质与能量交换关系及其对自组织系统的影响等问题。建立在与环境发生物质、能量交换关系基础上的结构即耗散结构，如城市、生命等。远离平衡态、系统的开放性、系统内不同要素间存在非线性机制、系统的涨落是耗散结构出现的四个基本条件。远离平衡态，指系统内部各个区域的物质和能量分布是极不平衡的，差距很大。

2. 协同论

主要研究系统内部各要素之间的协同机制，认为系统各要素之间的协同是自组织过程的基础，系统内各序参量之间的竞争和协同作用是系统产生新结构的直接根源。涨落是由于系统要素的独立运动或在局部产生的各种协同运动以及环境因素的随机干扰，系统的实际状态值总会偏离平均值，这种偏离波动大小的幅度就叫涨落。当系统处在由一种稳态向另一种稳态跃迁时，系统要素间的独立运动和协同运动进入均势阶段时，任一微小的涨落都会迅速被放大为波及整个系统的巨涨落，推动系统进入有序状态。

3. 突变论

它建立在稳定性理论的基础上，突变过程是由一种稳定态经过不稳定态向新的稳定态跃迁的过程，表现在数学上是标志着系统状态的各组参数及其函数值变化的过程。突变论认为，即使是同一过程，对应于同一控制因素临界值，突变仍会产生不同的结果，即可能达到若干不同的新稳态，每个状态都呈现出一定的概率。

自组织理论认为无序向有序演化必须具备四个基本条件：第一，产生自组织的系统必须是一个开放系统，系统只有通过与外界进行物质、能量和信息的交换，才有产生和维持稳定有序结构的可能。第二，系统从无序向有序发展，必须处于远离热平衡的状态，非平衡是有序之源，开放系统必然处于非平衡状态。第三，系统内部各子系统间存在着非线性的相互作用。这种相互作用使各子系统之间能够产生协同运动，从而促使系统由无序变成有序。第四，系统只有通过离开原来状态或轨道的涨落才能使有序成为现实，从而完成有序新结构的自组织过程。

自组织理论对于分析产业树的驱动机理具有指导作用，产业树是由目标产业为核心的均有紧密关联的多个产业有机形成的开放产业系统，运用自组织理论能够有效分析产业树的自组织特性以及主要驱动力和驱动机制，同时自组织理论在产业树调节过程研究中同样起到理论指导作用。

五、产业链理论

产业链是具有中国特色的经济学概念，产业链提出最早可追溯至 20 世纪八九十年代。据蒋国俊考证，"产业链"一词是我国学者姚齐源、宋武生于 1985 年在《有计划商品经济的实现模式——区域市场》一文中提出的，并将产业链规划作为实现区域经济发展目标的战略重点。而据李心芹、李仕明考证，"产业链"一词是我国学者傅国华于 1990 ~ 1993 年在研究海南热带农业发展课题中，受到海南热带农业发展的成功经验的启迪而提出来的。随后，我国专家学者对产业链理论进行了完善与拓展。从 EBSCO 和 Web of Science 数据库检索来看，国外学者侧重于用"供应链""企业网络"这些术语，从企业的角度研究企业的纵向整合或者企业跨组织资源组合问题，几乎就没有出现"产业链"这个词，也没有将产业链作为一种单独的经济组织层次，而是将它严格地分解到企业和产业这两个层次中。因此，产业链完全是中国特色的经济学概念。

产业链作为新提出的经济学概念，其概念的界定一直处于争论之中，并未有统一的观点。通过梳理当前专家学者对产业链概念的相关研究，可以发现大家对产业链的界定主要根据研究对象可以分为三种观点。第一种观点：是对企业生产工序为链节，将产业链作为产品链进行定义研究，如周新生、芮明杰、郁义鸿等专家学者；第二种观点：以企业为链节，将产业链作为介于企业和产业之间的特殊经济组织层次，如蒋国俊、刘贵富等专家学者；第三种观点：以产业为链节，将产业链作为产业关联的一种特殊形式，如简新华、杨公朴、鲁开垠、卢明华、龚勤林等专家学者。这三种观点分别从微观层面、中观层面和宏观层面表达了产业链的内涵。

根据产业链节点的表示对象进行划分，可以进一步对三种视角的产业链类型归纳总结为两种形式：第一种为以企业为节点的产业链；第二种为以产业为节点的产业链。两种形式的产业链功能和作用不同，前者侧重于企业竞争力、运行效率的研究，后者则侧重于产业关联、产业结构优化的研究。本书主要关注后者。

在综述当前对产业链内涵研究现状的基础上，考虑本书研究对象的需要，将产业链重新定义为：产业链是各产业之间以及产业各部门之间以供需关系为基础，产业关联关系为纽带，以产业为节点组成的链式产业结构，如图3-1所示。

图3-1　产业链结构

资料来源：刘贵富. 产业链基本理论研究［D］. 长春：古林大学，2006. 有改动。

六、产业网络理论

自20世纪90年代起，从网络角度研究产业内部及产业间的关系及它们对经济主体的影响成为产业经济学中的重点研究内容。根据当前的相关研究，产业网络包括产业关联网络和产业组织网络两种类型。其中产业关联网络研究产业与其他产业之间的关联关系；产业组织网络研究产业群下不同行为主体之间的关联关系。综上所述，可将产业网络视为产业关联网络和产业组织网络耦合而成的复杂网络。本书所指的产业网络专指产业结构网络，是以产业关联为基本研究对象，运用投入产出模型和图与网络模型等研究产业关联的内涵、特征、变动规律以及产业关联效应等基本理论问题。

在以产业为基点的产业网络的相关研究中，主要关注的概念有产业关联度、前向关联网络、后向关联网络、产业网络核以及产业支撑网络等，以上概念及相关研究为产业树的研究提供了理论基础和结构划分基础。

第二节　基于产业链、产业网络的产业树概念界定

根据对产业结构理论发展脉络的梳理和产业链、产业网络在产业结构调整中的应用研究综述发现，当前对树状产业结构优化调整的研究鲜有涉及，本书在产业链、产业网络等理论方法的基础上，依据树状产业结构的基本特征以及面临的基本问题，提出产业树分析方法，以求运用产业树来反映并分析树状产业结构。

一、树状产业结构的基本特征与基本问题

树状产业结构是一种特殊的产业系统结构，与产业网络描述的产业系统存在一定差异。树状产业结构存在一个核心产业，其余产业均是在该产业的基础上进行的上下游延伸和产业拓展，其向下游延伸目的是实现该产业产品的价值增值；其向上游延伸是为实现生产要素的垄断和升级；产业拓展是通过开发产品新的属性或开发新的产品实现的新产业的产生或加入，树状产业结构如图 3-2 所示。

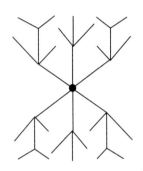

图 3-2　树状产业结构示意图

（一）树状产业结构基本特征

如图 3-2 所示，树状产业结构是产业网络中的一种特殊形式，树状产业结构可视为连通的无圈产业网络。同时，树状产业结构也可视为由以核心产业为"源点"的多条同源产业链组成，致使其具有与众不同的特征。

呈树状形态。由于其产生是由一个产业向上下游逐渐延伸、分化形成，核心产业犹如自然树中的树干，下游产业群犹如自然树中树冠，上游产业群犹如自然树中的树根，因此其具有鲜明的树状形态。根据 SCP 理论，该种特殊的结构也决定了树状产业结构具有特殊的行为特征和功能。

具有纵向强关联特征。如图 3-2 所示，树状产业结构中的上下游产业具有依存关系，核心产业的上下游产业均依附于核心产业存在，整体上呈现纵向强关联的特征。每一个产业的变动会对其上下游产业产生较大影响，甚至直接导致产业的淘汰。

分支产业无关联特征。如图 3-2 所示，分支产业之间均是通过旁侧关联

效应产生影响，并未产生直接关联，这导致树状产业结构稳定性相对较弱，任一产业的变动均会引起整个产业系统相对较大的波动。

（二）树状产业结构基本问题

树状产业结构优化调整重点关注两个问题：一是如何判断选择产业链延伸方向；二是如何制订相关产业规制促进树状产业结构的自我调节、优化，实现产业结构的合理化、高级化。其中，解决第一个问题需要在摸清树状产业结构的基础上，选择适当的分析方法判定产业链延伸方向的可行性和合理性；解决第二个问题需要在弄清树状产业结构自我调节机理的基础上，依据其自身发展规律制订相关产业政策以实现助推其转型升级的目的。

以上问题的解决最重要的是树状产业结构的产业关联关系的分析，产业关联关系既包括产业间的结构信息又包括产业间的要素信息，因此，选取或构建一种能够反映树状产业结构的基本分析方法具有重要意义。

二、产业树概念界定

通过对树状产业结构的分析可知，从产业链视角看，树状产业结构可视为由多条同源产业链组成的产业系统；从产业网络视角看，树状产业结构可视为一种特殊的、具有边界的产业网络。因此，本书为提供分析树状产业结构优化调整的方法，借鉴产业链、产业网络等方法提出的过程，将树状产业结构抽象为产业树，即产业树均是指能够反映树状产业结构的产业系统。

依据生物学中树的组织结构及复杂网络的相关理论，从资源流动（资源指物质、信息、科技、资本、劳动力）角度对产业树进行定义：产业树是在社会分工的基础上，依据系统运行的原理，通过集成方法，以某一个或多个产业为核心，把与其存在资源正向流动关系的关联产业有机集成在一起的树状产业系统。产业树是运用系统理论思想，以多个产业为研究对象，以资源流动为纽带，社会分工为基础，满足社会需求为目的，实现利益最大化为核心，科技发展为导向，产业结构高级化和合理化为手段而开展相关研究的。产业链是产业树的起源，产业树可视为由多条同源产业链组成；产业网络是产业树的基础，产业树可视为一种特殊的产业网络。产业树以纵向关系研究为主体，是一个相对概念。不同的产业树在组成、结构、大小、规模上的差异是随着研究对象、产业体系边界、产业波及范围以及关联度等的变化而形成的，这是由于不同的研究对象对其他产业的波及与关联程度不同，波及范围较大的产业，其产业树可划分的层次较多，波及范围较小的产业，其可划分的层次较少。

产业树的研究主要按照从根系到干系进而到冠系的顺序进行，并根据资源正向流动为线索开展相关的分析论证。鉴于研究的方便性与规范性，排除次要因素干扰，使研究抓住主要矛盾、解决关键问题，有效反映树状产业结构的基本特征，特做如下假设：

（1）不考虑根系产业、干系产业对外交换资源的问题。以便有效确定产业树的结构边界，便于分析产业树的自我调节机理。

（2）不考虑根系产业之间、干系产业之间、冠系产业之间的横向资源交换问题。该假设能够有效排除产业间的资本借贷、信息共享等产生的非生产关联关系，进而主要关注以生产资源流动为纽带的产业关联关系。

（3）仅考虑根系产业、干系产业、冠系产业之间资源的正流向问题。由于现实产业之间多存在资源的双向流动，大大增加了研究难度。为抓主要矛盾，本书主要按照资源深加工方向考虑资源流动。

前面分析已经对产业树的客观存在性进行了证明，为进一步对产业树运行、发展、变化等机理开展研究，摸清产业树发展的规律和原理，在对概念进行界定的基础上，需要进一步对相关概念体系进一步研究，以明确产业树的内涵、主要研究内容和理论研究边界，从而为产业树的结构、功能等进行界定与分析理清思路。

三、产业树类型划分

产业树是一个相对概念，是为研究以目标产业为核心的产业体系而确立的产业关联系统，其结构、边界、大小等都会因研究对象的不同而产生变化。产业树作为一个为弥补当前产业结构优化调整方法的不足而构建的分析模型，必然需要适应不同类型的产业结构优化调整研究。产业结构是指国民经济各产业部门之间以及各产业部门内部的构成，当前产业结构优化调整研究主要集中在区域产业结构调整、细分产业结构调整、产业集群结构调整、产业内部结构调整四个方向。为适应产业结构调整的各类研究，产业树类型可以存在不同的划分方法。

第一，在区域产业结构调整视角下，产业树可以根据行政区划或地域范围进行划分。根据行政区划可分为国家层面产业树、省域层面产业树、市域层面产业树等；根据地域范围可分为东部地区产业树、中部地区产业树、西部地区产业树等。还可以根据其他研究目的进行相应的区分，该种类型的划分方法不仅可以对相应地区进行产业结构调整外，还可以通过对比不同地区的产业树，判断区域产业的发展方向。

第二，在细分产业结构调整视角下，产业树可以根据国际标准产业分类的方法将产业树划分为17个类型，该类产业树主要用来研究产业部门内部的细分产业结构优化问题。

第三，在产业集群结构调整视角下，产业树可以以产业集群的核心产业为干系产业构建划分，例如资源型地区形成的产业集群可以划分为：煤基产业树、石油基产业树等。

第四，在产业内部结构调整视角下，产业树可以根据研究对象进行划分，如煤炭产业树、电力产业树、冶金产业树、建筑产业树等。但该类产业树非本书讨论重点。

在以上四种划分的标准下，根据研究需要还可以对四类产业树进行组合，如具体区域内细分产业结构调整、具体区域内产业内部结构调整等。总之，产业树的类型需要并且可以根据研究目的、研究对象以及研究范围的不同，进行相应的划分与构建，即产业树构建过程是在研究对象、研究目的明确的基础上，确定并选择冠系产业和根系产业的过程；同时产业树研究的对象是以目标产业为核心构建的产业体系，与经典产业体系有视角上的差异。

第三节　基于图与网络的产业树相关概念研究

产业树以产业为节点，产业节点间通过一定规则建立联系。产业树一般可以包含两个层面的联系：第一层面，是反映产业之间的关联关系；第二层面，反映产业树的网络特征。本书产业树相关概念主要依据图与网络的相关概念提出，产业树概念体系包括冠系产业（子系统）、根系产业（子系统）、干系产业（子系统）、产业层级、产业簇、展、汇等。

一、图与网络的相关结构性指标

运用图与网络来描述和拓扑现实的产业系统，需要通过一系列的指标来反映现实产业系统，进而通过图与网络的方式反映并了解现实产业系统的结构。其中，常用刻画图的指标有度、路径、连通性、树、独立圈、余圈等，由于本书所构建的产业树为无圈连通图，因此，本书对独立圈、余圈等相关概念、指标不做介绍。

其中，度是描述图与网络的重要指标，常用来表示节点在图与网络中的重要性，在有向图中，又分出度和入度两类，分别表示向外指出和向内指出的边的数目。路径是指一个节点到另一个节点所经过的节点与边的交替序列，所经过节点的个数即路径的长度。连通是指图中任意两个节点之间均有连通路径，否则为非连通。树是图与网络中非常简单但又极为重要的图，是连通无圈图。在有向树中，入度为 0 的为根，出度为 0 的为叶。

根据以上图与网络的相关结构指标以及产业网络中的相关概念，本书构建并研究产业树的相关概念体系。

二、产业树相关概念体系研究

（一）产业关联强度

在产业经济学中，图与网络的边表示产业网络中的关联关系。产业树是树状产业结构的抽象表达方法，产业树中的边表示产业之间的关联关系，而产业关联强度表示这种关联关系的强弱。借助产业网络中产业关联关系的测算方法，产业树中产业之间的关联强度可以根据研究需要通过投入产出法计算其直接投入系数、分配系数等表示。

（二）产业树结构——冠系产业、根系产业、干系产业

产业体系的形成，尤其是产业之间存在着的集聚、集群等运行特征，是由产业之间的资源流动而引起的。在产业网络中，根据资源的供给需求角度，将顺着产业链方向形成的下游产业的需求结构视为前向关联网；将逆着产业链方向形成的上游产业的供给结构称为后向关联网。而产业树是以某一产业为核心，通过对上下游产业链的不断延伸扩展形成的树状产业结构，因此，本书将核心产业定义为干系产业，由其组成的系统称为干系产业子系统。然后依据产业网络中的前向关联网与后向关联网的概念，将干系产业下游产业群形成的需求结构称为冠系产业子系统，其内部的产业均称为冠系产业；将干系产业上游产业群形成的供给结构称为根系产业子系统，其内部的产业均称为根系产业。

（三）产业层级

根据图与网络中的路径以及路径长度等概念，本书从产业树的基本结构出发提出了产业层级的概念。在冠系产业子系统中直接利用干系产业产品的产业为冠系产业子系统的第一层级冠产业（本书也称为主枝产业），直接利用第一层级产业产品的下游产业称为冠系产业子系统的第二层级冠产业（本书也称为侧枝产业），以此类推，直至出度为 0 的产业，称为冠系产业子系统的第 $\bar{n}$ 层级冠产业（本书也称为末枝产业）。同理，在根系产业子系统中直接供给干系产业生产要素的产业为根系产业子系统的第一层级根产业（本书也称为主根产业），直接为第一层级根产业提供生产要素的产业为第二层级根产业（本书也称为侧根产业），以此类推，直至入度为 0 的产业，称为根系产业子系统的第 $\underline{n}$ 层级根产业（本书也称为末根产业）。产业树的总层级数为 $n = \bar{n} + \underline{n} + 1$。其中，$\bar{n}$ 表示冠系产业子系统的层级数，$\underline{n}$ 表示根系产业子系统的层级数。产业层级的大小直接反映了产业树规模、竞争能力的强弱。

（四）展与汇

度是描述图与网络中节点属性的基本概念之一，分出度和入度之分。根据产业树研究的需要，本书根据图与网络中出度和入度的概念和内涵，在产业树中提出展与汇的概念，并运用展度与汇度来描述展与汇。

产业树的展与汇形成的客观依据来源于资源本身的特性：主要是由产品多样性和同种资源的多种属性、用途以及资源之间存在互补、替代、组合关系等所引起的。由于一个产业能够生产多种资源，并且同一资源具有多种用途，因此，以一个产业为出发点，能够为多个不同的产业提供资源，从而引起一个产业向多个产业供给资源的现象，本书把这种产业分支的现象称为展（Z），如图 1-1 所示。由于生产产品需要不同的资源组合来实现，资源之间存在组合、互补、替代等利用方式，因此，一个产业要完成生产的目的就需要多个不同的产业为其提供资源，这种多个产业向一个产业提供资源的现象就称为汇（H），如图 1-2 所示。

根据图与网络中出度与入度的概念，本书将一个产业的直接前向关联产业数量定义为展度，将一个产业的直接后向关联产业数量定义为汇度，通过展度与汇度的大小表达该产业在产业树中的重要性，通过展度与汇度的变化表现产业树结构的变化。

综上所述，根据图与网络的相关概念界定了产业树的概念体系，为以下产业树研究的研究边界确定以及相关概念辨析奠定了基础。

第四节　相关概念辨析

一、产业树与供应链

供应链是个管理学概念，产业树是个经济学概念，同时也是一种研究框架。供应链是从供应角度考察上、下游企业之间关系的，产业树的研究对象则是不同的产业。产业树虽然是对产业网络的简化，但其客观存在，而供应链不构成供应关系就不存在。供应链是产业树中的一个组成部分，产业树中每一条产业链均有供应链存在。产业是通过企业和企业的产品来表现的，即产业树有企业集和产品集两个节点，而供应链只有企业一个节点。供应链是一个微观概念，主要研究具体企业之间的物流供应、竞合关系等。而产业树是一个中观概念，以产业为研究对象，主要分析产业结构、主导产业选择、产业链延伸以及产业转型等。因此，总的来说，产业树的价值分析侧重于从"体系"角度分析，而供应链的价值分析则习惯以"个体"为着眼点。

供应链与产业树又有相似的部分，产业树中的每一个分支（产业链）与供应链都离不开具体的物流、资金流、信息流等，都是顾客价值的提供链，也是一条增值链，两者主要都是由市场需求拉动的，而且随着市场的变化而不断发展企业间的竞争，实质上是产业链间的竞争，也是供应链间的竞争。产业树由多条同源产业链组成，产业链决定供应链，供应链服务于产业链。供应链只是产业链的一种表现形式，在产业树中更是一个小的组成部分。

综上所述，产业树注重宏观、战略、定性与定量并用等方面的研究和应用，供应链则更注重微观操作、运行管理、定量等方面的研究和应用。

二、产业树与价值链

价值链（value chain）是迈克尔·波特（1985）研究企业时，用企业活动的价值增值过程来说明企业如何创造价值，特指企业在一个特定产业内的各种活动的组合。它反映企业所从事的各个活动的方式、经营战略、推行战略的路径以及各项活动本身的根本经济效益，因此，价值链同样属于微观概念，研究对象为企业内部或企业间的活动。产业树是在产业链的基础上，依据系统原理对其扩展而成，主要以中观层面的产业、产业结构等为研究对象，属于中观概念。它是以某一产业为核心，根据产业之间相互存在着投入产出关系而形成的一种"投入—产出"产业链条集成体系，产业树是一个更综合的概念。

从以上的概念界定来看，产业树强调的是产业配套与较强的分工性，价值链更多地体现价值的分层性。概括来说，价值链主要是相对于一个企业而言的，针对企业经营状况开展的价值分析，其目的是弄清楚企业的价值生成机制，分析价值链条的构成并尽可能优化，进而促进企业竞争优势的形成。产业树是相对于某一产业为核心形成的产业体系而言的，针对产业的前后关联而展开的产业结构分析，其主要目的是优化产业结构、产业选择、产业链延伸以及产业转型等研究。

三、产业树与产业链、产业网络

产业树是在产业链的基础上，从系统角度对其进行的扩展。当前产业链根据研究对象的不同存在两个阵营，即以产业为研究对象和以企业为研究对象。本书产业树是以产业为研究对象，是对前者产业链理论的扩展，是产业链与竞合关系、旁侧关联等理论的整合。产业网络是用来描述产业体系的理论体系，主要以产业结构为研究对象。从结构角度看，产业树是有目的地对产业网络的合理简化。

通过上述界定与分析，产业链、产业网络与产业树组成节点相同，均以产业为节点；同时产业间的关联关系均是投入产出关系；并且三种均是产业不断细化、分工不断明确而产生的。除以上相同点之外，三者也存在诸多差异。产业链是研究产业前后向关联的分析工具，但是对产业链之间的旁侧关联、系统结构难以体现；产业网络则能高度反映产业之间的各类关系（前后关联、旁侧关联），能够有效研究产业系统结构，但是由于其自身的复杂性，仅能够反映产业的中心性、关联度等结构概念，难以有效开展具体产业的定量研究；产业树是以某一产业为核心形成的产业体系，是由多条同源产业链有机集成形成的树状结构，能够有效研究产业链延伸、主导产业选择以及结构优化等问题。

综上所述，产业链、产业树和产业网络的组成节点是相同的，不同之处在于三者的简化程度不同，进而导致研究目的不同、功能不同。

四、产业树与产业基础关联树

产业基础关联树，简称关联树，是产业网络中的一种最小结构，它嵌于产业系统中，以最少的关联将产业联结起来，是产业体系每个产业与其他产业之间最显著的关系。换言之，在一个产业网络中，对每一个产业，比较其所有的关联关系，从中找出最大关联，代表产业与产业系统的联系，形成产业关联关系框架，即为关联树。

从图与网络角度看，将产业系统视为产业网络，节点代表产业，连线代表产业间的关联，连线的权重代表关联系数，那么可将产业网络中的最大权树视为关联树，从该角度出发，即可得到产业基础关联树的构建方法。产业基础关联树的算法主要参照 Kruskal 法寻找，权重由最小改为最大。而产业树的构建方法是根据研究的需要，从产业体系（产业网络）中，以目标产业为核心，以投入产出为纽带，简化而成的。

在表达关联树时，根据关联系数大小进行排序，建立产业间的关联等级。将具有最高关联等级的产业置于最上方，依此向下等级递减，产业间的关联系数决定了它在树中的相对位置，进而反映它的重要程度，次序越靠上的产业，在产业系统中的位置越重要。而产业树是根据投入产出确定产业的位置，根据研究对象确定干系产业，与产业基础关联树不同。

产业基础关联树的根和叶。其根是产业系统中在投入产出模型计算中消耗系数最大的产业。如果一个产业与多个比自己次序低的产业关联，关联数目可表达其在产业系统中的重要地位，而如果产业不与任何比自己次序低的产业相关联，则产业为叶产业。在产业树中，根是为干系产业提供资源的产业群，而叶（冠）是依靠干系产业提供资源的产业群。

第五节 本章小结

本章主要论述了本书研究的相关理论基础、产业树提出的合理性和产业树与相关理论的异同，通过理论分析阐明了产业树提出的理论研究和应用价值。首先，论述了本书研究的主要理论基础：产业经济相关理论、创新理论、系统理论、自组织理论、产业链理论和产业网络理论；其次，基于产业链和产业网络理论对产业树概念进行了界定，进而根据图与网络对产业树的概念体系进行了研究；最后，将产业树与供应链、价值链、产业链、产业网络以及产业基础关联树等理论概念进行了辨析，弄清了各自的研究内容和差异，明确了产业树理论研究的边界，为产业树模型的构建及产业树调节机理的相关研究奠定了基础。

第四章 产业树结构分析及经济总量分析模型构建

本章主要在前面产业树界定、内涵辨析等研究的基础上，进一步阐明产业树结构划分的依据、产业树的结构组成、产业树各个部分的主要作用功能和相互关系，并构建产业树基本理论模型；然后根据产业树的结构组成构建产业树经济总量分析模型，为产业树的调节机理研究奠定基础。

第一节 产业树整体结构划分

一、产业树结构划分依据

（一）理论依据：产业关联理论

产业关联是指产业间以各种投入品和产出品为连接纽带的技术经济联系。本书所指的投入品和产出品是技术、原材料、劳动力、资本以及信息等的各类组合形式，既包含实物形态的技术经济联系，也包含价值形态的技术经济联系。在产业树构建过程中，以目标产业为核心，逐层识别与目标产业存在产业关联的产业。在进一步确定产业树边界时，可以根据遴选产业与目标产业的技术经济联系强弱再做取舍。

在现实经济体系中，产业关联方式多种多样，根据研究需要可以有两种关联方式的划分方法。第一种，根据投入产出方向划分，可以将关联方式划分为单向关联和双向关联。其中，单向关联是指先行产业部门为后续产业部门提供产品，以提供其生产时的直接消耗，但后续产业部门不会反向为先行产业部门提供生产时所需产品；双向联系是指先行产业部门为后续产业部门提供生产所需产品时，后续产业部门也会反向为先行产业部门提供生产时所需产品。第二种，根据产业之间是否直接关联划分，可以分为直接关联和间接关联。其中，直接关联是指两个产业部门存在着直接的提供产品的关联；间接关联是指两个产业部门本身不存在直接的生产技术联系，而是通过其他产业部门的中介才产生联系。在实际产业运行过程中，以双向关联居多，但为了简化模型复杂程度、提高其可操作性，产业树体系中的产业关联均视为单向关联，为干系产业提供产品的产业部门为根系产业，接受干系产业提供产品的产业部门为冠系产业。借鉴第二种产业关联划分方式，能够为主根产业——侧根产业—末根产业、主枝产业—侧枝产业—末枝产业的划分提供理论依据。

（二）方法依据：投入产出法

里昂惕夫创立的投入产出法有效地揭示了产业间技术经济联系的量化关系，因此，投入产出法成为产业关联关系的基本方法。在产业树结构划分和边界确定过程中，与目标产业存在直接关联和间接关联的产业数量较多，因而根据研究目的选择关联性较大的投入产出产业、简化模型复杂程度，需要定量的研究方法。

产业树层级结构可简化为"末根产业—侧根产业（可分多个层级）—主根产业—干系产业—主枝产业—侧枝产业（可分多个层级）—末枝产业"，该层级结构的确定需要定量的研究方法。以便快速、有效、准确地确定前后向关联产业，进而确定产业树结构的层级数量。而利用投入产出法测算各个产业之间的投入产出系数、感应度系数以及影响力系数则可以解决以上问题。

二、产业树组成结构及功能分析

在产业体系中关联产业之间存在资源的流动，相互交流形成一种网状关系。按照产业无边界的理论，产业网络也应该是无边界的，从而导致在对产业体系进行产业结构调整和优化时，由于考虑因素过多而过于繁杂，难以开展相关研究，因此，在假设条件下，将产业体系的网状结构简化为树状结构，将其主体分为根系产业子系统、干系产业子系统、冠系产业子系统三大组成部分，对产业树的结构组成及作用分析如下。

（一）干系产业子系统结构及功能分析

干系产业子系统为产业树的核心，可以由一个产业，也可以由多个产业构成，其结构比较简单。产业树是以干系产业为主体、以资源流动为纽带而形成的，其会随着环境和研究目的的变化而调整。在产业树中，干系产业子系统有以下主要功能：第一，利用根系产业提供的资源，进行生产加工，形成中间产品；第二，向冠系产业提供生产终极消费产品所需的资源；第三，接收来自冠系产业的需求信息和根系产业的技术导向信息，在产业树的结构改善或调整中处于核心地位，是产业树构建的主要研究对象；第四，干系产业是产业树的核心，起到维护整个产业树稳定的作用，干系产业的淘汰就意味着以其为核心的产业树的死亡；第五，干系产业的发展对根系产业的发展起到"倒逼"作用，当干系产业的生产方式、技术、产品等发生变化时，根系产业必须随之进行调整，否则会因为所提供的资源不符合干系产业的需要而被淘汰；第六，干系产业对冠系的产业发展有反作用，当干系产业发生变化时，其提供的资源就会发生变化，作为利用资源的冠系产业也需要依据变化而变化，否则，会因为没有合适的资源可利用使自身发展受到影响，甚至被淘汰；第七，干系产业是维持冠系、根系产业关系的纽带，起到资源周转的作用；第八，在产业树的关联产业中起到支撑作用，产业树是由关联产业结合在一起的产业群体，这些产业之所以能够聚集在一起，是由于共享、互助、溢出、协同等规律在发生作用。这些规律发挥作用就需要一个或部分产业发挥吸引、支撑、纽带等作用，承担这一功能的产业就是干系产业。干系产业的发展情况受根系产业和冠系产业的双重影响，是在不断调整适应中运行发展的。

（二）根系产业子系统结构及功能分析

根系产业子系统主要由主根产业、侧根产业和末根产业组成，其中，主根产业为直接向干系产业提供技术、材料、信息、服务、能源、人力、设备、设施等资源的产业群；侧根产业为向主根产业提供技术、材料、信息、服务、设备、设施等资源的产业群，依此原理层层递推，直到直接利用自然资源的末根产业；其层级的确定可以根据研究对象的不同和研究目的的不同而具体确定。侧根产业群聚集于同一主根产业的现象称为汇，同理主根产业群聚集于干系产业的现象也称为汇，这是产业树理论应用的关键之处——提供了产业树分析的路径。根系产业的主要作用有：第一，向目标产业（干系产业）

提供技术、服务、材料、设备、信息等资源；第二，通过技术创新，对干系产业乃至产业树的发展提供导向作用，不断促进产业的转型升级；第三，对干系产业有直接反作用，对冠系产业有间接作用，就是当根系产业提供的资源发生变化时，干系、冠系产业也要随着变化，否则，发展将受到影响。

（三）冠系产业子系统结构及功能分析

冠系产业子系统由主枝产业、侧枝产业和末枝产业组成，其中，主枝产业为直接吸收利用干系产业所提供资源的产业群；侧枝产业是吸收利用主枝产业所提供源的产业群，依此原理层层递推，直至直接向社会提供终极产品的产业为止，其层级的确定可以根据研究目标的不同和研究目的的不同而具体确定。与汇机理相类似，主干产业侧生多个主枝产业及主枝产业侧生多个侧枝产业的现象则称为展。冠系产业的主要作用有：第一，吸收干系产业提供的资源，为社会提供终极消费品；第二，通过对消费市场的反馈，倒逼干系产业乃至产业树的升级发展；第三，对干系产业、根系产业发展起拉动和引导作用，生产的目的是满足社会需要，冠系产业是直接向社会提供消费品的产业，当社会需求发生变化时，冠系产业生产产品就会发生变化，因此对资源需求也会发生变化，进而促进干系、根系产业适应变化，提供新的资源，或改变生产方式等；第四，为产业树维持和发展壮大提供资金。产业是由企业构成，企业生产的目的是获得利润。产业的维持、发展壮大离不开资金，而在基本假设中冠系产业是唯一对外交易的产业，因此，整个产业树发展的资金由冠系产业通过对外销售产品而获得。

根据前面对产业树结构及功能的分析，构建产业树基本分析模型如图4-1所示。

三、产业树内部结构耦合度分析

耦合是物理学概念，是指两个系统之间通过特定的作用方式产生协同作用，并使整个系统从无序向有序演化。产业树主体部分包含冠系产业子系统、根系产业子系统和干系产业子系统三个组成部分，组成要素之间存在着复杂的相互关联和耦合关系，有效分析并测度产业树中冠系产业子系统、根系产业子系统和干系产业子系统之间的耦合情况，能够为产业树体系的稳定发展、宏观调控政策的制定等提供参考。但如何定量分析和测度这种关联和耦合程

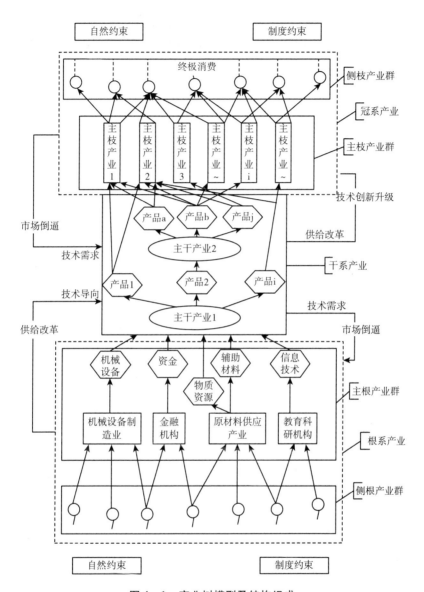

图 4 - 1 产业树模型及结构组成

度，必须借助具体的定量分析方法对其进行分析和测评。

（一）产业树子系统发展水平评价

产业树主体包含冠系产业子系统、根系产业子系统和干系产业子系统三个组成部分，并且冠系产业子系统、根系产业子系统分别与干系产业子系统存在紧密的投入产出关系，因此，选择各个子系统发展水平主要从它们的规模、结构和增长速度三个方面进行评价，构建产业树子系统发展水平评价指标体系如表4-1所示。

表4-1   产业树子系统发展水平评价指标体系

干系产业子系统发展指标层	权重	冠（根）系产业子系统发展指标层	权重
干系产业子系统规模	ω_{11}	冠（根）系产业子系统规模	ω_{21}
干系产业子系统产品结构	ω_{12}	冠（根）系产业子系统产业结构	ω_{22}
干系产业子系统增长速度	ω_{13}	冠（根）系产业子系统增长速度	ω_{23}

本书主要运用模糊综合评价方法确定各个指标的权重，并测算产业树冠系产业子系统、根系产业子系统和干系产业子系统的发展水平，为以下干系产业子系统与冠系产业子系统、干系产业子系统之间的耦合度模型构建及测算提供支撑。由于干系产业子系统与冠系产业子系统、干系产业子系统之间均存在直接投入产出关系，而冠系产业子系统与干系产业子系统之间不存在直接投入产出关系，因此本书主要测算干系产业子系统与冠系产业子系统、根系产业子系统之间的耦合度，不考虑冠系产业子系统与根系产业子系统之间的耦合关系。

（二）耦合关系测度模型构建

干系产业子系统与冠系产业子系统之间的关系本质上属于前向关联关系，干系产业子系统与根系产业子系统之间的关系本质上属于后向关联关系，以上关联关系的确定均是以干系产业子系统为核心进行判断的。冠系产业子系统、根系产业子系统与干系产业子系统在规模、结构以及增长速度之间必然存在相关关系。两者之间的耦合关系强弱主要取决于两个子系统发展水平综合评价结果的离差。根据表4.1测算所得干系产业子系统和冠（根）系产业子系统的发展水平综合评价结果，分别用 W_1 和 W_2 表示。从统计学意义上讲，两者之间的耦合关系与 W_1 和 W_2 之间的离差呈反比关系。因此，本书通过计算 W_1 和 W_2 之间的离差，来反映干系产业与冠（根）系产业子系统之间的耦合程度。测算模型如下：

$$f = \frac{2S}{W_1 + W_2} = \sqrt{2\left(1 - \frac{W_1 \times W_2}{\left(\frac{W_1 + W_2}{2}\right)^2}\right)} \tag{4.1}$$

其中，f 表示 W_1 和 W_2 之间的离差系数；S 表示 W_1 和 W_2 的标准差，由于 W_1 和 W_2 的耦合度与其离差呈反比例关系，因此，本书选用 $\dfrac{W_1 \times W_2}{\left(\dfrac{W_1 + W_2}{2}\right)^2}$ 表示 W_1 和 W_2 的耦合度，记为 D，则有：

$$D = \frac{W_1 \times W_2}{\left(\dfrac{W_1 + W_2}{2}\right)^2} \tag{4.2}$$

根据耦合度测算公式可知，$D \in [0, 1]$，当 $D = 1$ 时，干系产业子系统与冠（根）系产业子系统之间为良性共振耦合；当 $D = 0$ 时，表示两个子系统之间无关联。为进一步细致描述两者之间的耦合关系，本书采用中值分段法将两者的耦合关系划分为四个区间：低度耦合区间，此时 $D \in (0, 0.25]$；中度耦合区间，此时 $D \in (0.25, 0.5]$；高度耦合区间，此时 $D \in (0.5, 0.75]$ 和完全耦合区间，此时 $D \in (0.75, 1]$。

产业树子系统间的耦合程度能在一定程度上反映产业树的稳定性，通过对产业树子系统间耦合关系测度分析，可以根据子系统间的耦合程度判断产业树发展状态，并能够为产业树调节过程和调节方向的选择提供参考。而产业树内部子系统之间的耦合程度本质上取决于各个子系统的内部细分结构，因此，研究产业树子系统细分结构更显必要。

第二节 产业树子系统细分结构及边界确定

产业树是由现实产业组成的、反映产业间结构关系的客观体，即产业树是客观存在的；产业树又是根据研究目的，通过一定的假设和简化抽象出的产业结构表述形式，即产业树又是抽象的。因此，产业树兼有客观与主观的双重属性，为保证产业树构建的科学性、合理性，需要清楚地阐明产业树的内部细分结构以及边界，从而避免构建的产业树因过于简单造成难以反映现实产业结构或过于复杂造成难以操作而失去应用价值等问题。

一、干系产业选择

（一）干系产业的选择原则

产业树是根据研究目的，以目标产业为核心构建的产业体系，因此，干系产业的确定是产业树构建的前提，也是保证产业树构建合理性的基础。干系产业的选择应遵循以下原则：

第一，强目的性原则。产业树是根据研究目的而构建的，而干系产业又是产业树的核心，致使干系产业的确定必须根据研究目的理性选择，充分体现产业树构建需要解决的核心问题。即仅当干系产业严格依据研究目的进行选择时，才能保证产业树构建的有效性。

第二，科学性原则。干系产业选择的科学性是产业树构建的理论价值和现实价值的基石。依据研究目的，运用科学的分析手段，确定干系产业的组成单元及结构，能够保证研究结论的科学性和合理性。

第三，可操作性原则。干系产业的类型、数量的选择和确定直接决定产业树的复杂程度，即决定着冠系产业和干系产业的产业数量和层级结构。如何在保证研究结果准确性的基础上，确定最简单的产业树，也是干系产业选择时需要遵循的重要原则。

（二）干系产业确定步骤与方法

在以上原则的基础上，干系产业的选择与确定需要经历以下四个步骤，具体步骤及选择路径如图 4 - 2 所示。

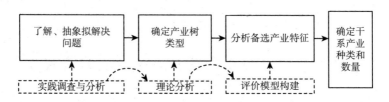

图 4 - 2　干系产业确定步骤及方法示意

首先，干系产业的确定要紧紧围绕研究目的展开，因此，了解拟解决的问题、抽象出问题的学术表达是确定干系产业的第一步。该步骤主要通过实践调查与分析的方法进行分析和解决。其次，确定产业树类型。产业树根据研究目标不同可以有多种划分方法，具体划分类型在前面已阐述。再次，在明确拟解决问题的基础上，通过理论分析确定需要构建的产业树类型。最后，在理论分析的基础上，初选几个或多个备选产业及组合形式，通过对备选产业的评价比较，确定干系产业的种类和数量。

（三）干系产业子系统结构的数学表述

干系产业子系统一般由一个或几个产业组成，是研究的目标产业。产业树体系的构建是基于干系产业的生产要素需求和供给结构形成的。其中，向干系产业直接提供各类生产要素的产业及其关联产业群统称为根系产业；以干系产业产品为直接生产要素的产业及其关联产业群统称为冠系产业。为构建产业树体系整体的数学表达模型，此处将干系产业的数学表达设计如下：

设干系产业子系统为 $V(M，U，W)$，其中，M 表示干系产业的生产要素集，令 $M=(m_i)$，m_i 表示干系产业生产所需的第 i 类要素；U 表示干系产业的产出集，包含主产品、副产品、废弃物等，令 $U=(u_j)$，u_j 表示干系产业的第 j 类产出品；W 为供给权重，即某产业对干系产业供给量占干系产业总需求量的比例，该值可以根据投入产出表计算求得。

二、根系产业子系统细分结构

（一）根系产业子系统细分结构理论分析

根系产业子系统细分结构主要是在产业关联理论的指导下，依托干系产业的辐射范围以及研究目的，运用投入产出模型进行确定。由于在产业树模型中不考虑资源的横向流动，根据产业间的前向关联和后向关联主要将根系产业子系统划分为多个层级，层级数目主要根据干系产业的辐射范围和影响力大小进行科学判定。在根系产业子系统中，把直接与干系产业相关联的产业定义为第一层级根产业，第一层级根产业数量与干系产业运行所需的生产要素数量相关；同理，把直接与第一层级根产业相关联的产业定义为第二层级根产业，第二层级根产业的数量与第一层级根产业运行所需的生产要素数量相关；依此类推，逐渐延伸至第 n 层级根产业。为表述方便，将第一层级根产业定义为主根产业，最后一级根产业定义为末根产业，中间层级根产业统称为侧根产业，其细分结构如图 4-3 所示。从图 4-3 中可以看出，根系产业子系统的供给次序为末根产业→侧根产业→主根产业，并且由于每一个产业在生产过程中，需要多种生产要素，因此形成多个产业向同一产业供给生产要素的结构形式——汇，其基本结构如图 1-1 所示。图中圆圈圈定的点为汇集点，是汇结构的组成要素，它能够反映汇入产业的结构比例、产业数量等信息，本书在第六章专门对汇进行详细分析。从末根产业到侧根产业、侧根产业到主根产业均存在汇结构,因此,都存在着汇集点。汇的提出为后面分析根系产业的传导路径、调节方式、自我调节机制提供了理论基础和分析工具。

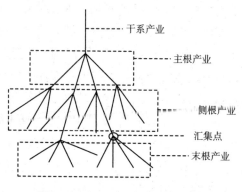

图 4-3 根系产业细分结构示意

(二) 根系产业子系统细分结构数学表述

根系产业子系统细分结构的形成是基于干系产业生产要素的多样性需求而形成的,如图 4-3 所示,干系产业生产需要要素集为 $M = (m_i)$,即干系产业需要生产要素 m_i 的产业作为其供给产业,将直接供给干系产业生产要素的第一层级根产业表述为 $\underline{S}_{a_1}$,其中,a_1 表示第一层级根产业的编号;将直接供给第一层级根产业生产要素的第二层级根产业表述为 $\underline{S}_{a_2}$,a_2 表示第二层级根产业的编号;依此类推,将直接供给第 $n-1$ 层级根产业生产要素第 n 层级的根产业表述为 $\underline{S}_{a_n}$,a_n 表示第 n 层级的根产业的编号;综上所述,根系产业子系统用 $\underline{S} = (\underline{S}_k)$ 表示,其中 $k = (a_1, a_2, a_3, \cdots, a_n)$,根系产业子系统中层级 n 根据研究目的和干系产业辐射能力相机确定,a_n 的取值根据 $n-1$ 层级根产业所需生产要素数量确定。综上所述,可以将根系产业子系统相邻层级的产业对应关系表述为第 i 层级的根产业群与第 $i-1$ 层级的根产业所需的生产要素呈映射关系,如图 4-4 所示(为表述方便,每个层级仅选取了一个产业)。

三、冠系产业子系统细分结构

(一) 冠系产业子系统细分结构理论分析

冠系产业子系统细分结构同样是在产业关联理论的指导下,依托干系产

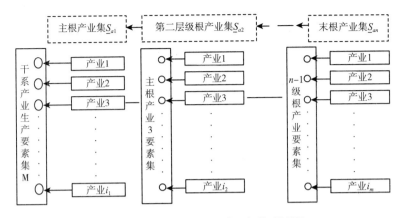

图 4 - 4　根系产业子系统层级关联模型

业的辐射范围以及研究目的，运用投入产出模型进行确定。其层级数目和复杂程度同样取决于干系产业的辐射范围和影响力大小。

在冠系产业子系统中，其细分结构的形成主要是基于产品的多属性和多类别，其划分标准与根系产业的层级划分标准基本相同，不同的是冠系产业是以干系产业的产品为生产要素。因此，将直接与干系产业相关联的产业定义为第一层级冠产业，第一层级冠产业数量与干系产业运行所生产的产品种类以及产品属性相关；同理，把直接与第一层级冠产业相关联的产业定义为第二层级冠产业，第二层级冠产业的数量与第一层级冠产业所生产的产品种类及产品属性相关；依此类推，逐渐延伸至第 n 层级冠产业。为表述方便，将第一层级冠产业定义为主枝产业，最后一级冠产业定义为末枝产业，中间层级冠产业统称为侧枝产业，其细分结构如图 4-5 所示，从图 4-5 中可以看出，冠系产业子系统的供给次序为主枝产业→侧枝产业→末枝产业，并且由于每一个产业能够生产多类产品或同一产品有多种属性用途，因此形成同一产业向多个产业供给生产要素的结构形式——展，其结构如图 1-2 所示。图中圆圈圈定的点为展开点，是展结构的组成要素，它能够反映展开产业的结构比例、产业数量等信息，本书在第六章专门对展进行详细分析。展的提出同样为后面分析产业树冠系产业的资源流动规律、传导机制和自我调节机制提供了理论基础和工具。

（二）冠系产业细分结构数学表述

冠系产业细分结构的形成是基于干系产业生产产品的多属性、多类别而

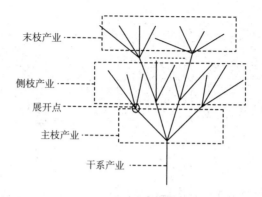

图 4 – 5 冠系产业细分结构示意

形成的，如图 4 – 5 所示。干系产业的产出集 $U = (u_j)$，即干系产业生产的产品可以供给多个产业生产使用，将直接需求干系产业产品的第一层级冠产业表述为 $\bar{S}_{a_1}$，其中，a_1 表示第一层级冠产业的编号；将直接需求第一层级冠产业生产产品的第二层级冠产业表述为 $\bar{S}_{a_2}$，a_2 表示第二层级冠产业的编号；依此类推，将直接需求第 $n-1$ 层级冠产业生产产品的第 n 层级冠产业表述为 $\bar{S}_{a_n}$，a_n 表示第 n 层级冠产业的编号；则冠系产业子系统 $\bar{S} = (\bar{S}_l)$，其中，$l = (a_1, a_2, a_3, \cdots, a_n)$，在冠系产业子系统中，层级 n 根据研究目的相机确定，a_n 的取值根据 $n-1$ 层级冠产业所生产产品数量及产品属性确定。综上所述，可以将冠系产业子系统相邻层级的产业对应关系可表述为第 i 层级的枝产业群与第 $i-1$ 层级的枝产业所生产产品呈映射关系，如图 4 –6 所示（为表述方便，每个层级仅选取了一个产业）。

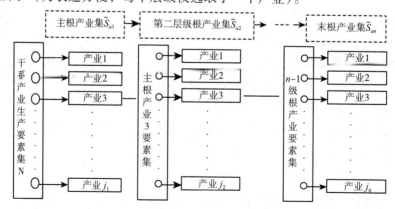

图 4 – 6 冠系产业子系统层级关联模型

四、产业树边界确定

产业体系本质呈现网络关系，互相联系、互相影响，为科学、有效、简单地把握产业树的主要关联关系，本书主要通过物质流动规律和投入产出模型确定产业树中根系产业和冠系产业的产业群组成及有效层级。

（一）产业群确定

产业树体系中产业间联系是以物质流动进行连接的，根系产业为干系产业提供生产所需的生产要素，干系产业为冠系产业提供生产所需的生产要素；在根系产业内部，末根产业为侧根产业提供生产要素，侧根产业为主根产业提供生产要素；在冠系产业中，主枝产业为侧枝产业提供生产要素，侧枝产业为末枝产业提供生产要素。产业树作为以干系产业为核心构建的产业体系，可根据物质流动规律，通过实地调研与文献分析，首先确定干系产业的前后向直接关联产业—主枝产业和主根产业；然后，确定主根产业的后向产业—侧根产业、主枝产业的前向产业—侧枝产业；依次类推，逐渐确定各个层级的产业群；从而形成产业树的产业群，为产业树的构建和层级确定提供备选集。

（二）产业树边界判定模型

根据产业网络的无边界特性，仅仅根据物质流动规律确定产业树中的产业，容易出现产业循环等现象，为了提高产业树模型的有效性和可操作性，根据研究目的确定产业树的有效结构具有重要意义。

由于产业的波及效应会随着产业网络距离的增大而出现减弱或增大的现象，通过干系产业的波及效应强弱能够有效确定产业树最优层级问题，该方法也能够反映以干系产业为核心的产业体系的整体结构关系。本书运用拉斯马森（1956）在里昂惕夫逆矩阵基础上建立的影响力系数模型和感应度系数模型来测量干系产业的完全前向关联和完全后向关联。影响力系数是指一个产业对其他产业的影响波及作用，它是根据产业的后向关联机制建立的，令 F_j 表示影响力系数，即产业 j 增加单位数量的最终产品和服务时，对其他所有产业所产生的生产需求波及影响程度，影响力系数用公式表示为：

$$F_j = \frac{\sum_{i=1}^{n} b_{ij}}{\frac{1}{n} \sum_{i=1}^{n} \sum_{j=1}^{n} b_{ij}} (i,j = 1,2,\cdots,n) \qquad (4.3)$$

感应度系数是指目标产业受其他产业影响的程度，它是根据产业的前向关联机制建立的，令 S_i 表示感应度系数，即其他产业增加单位数量的最终产品和服务时，对产业 i 的影响程度，感应度系数用公式表示为：

$$S_i = \frac{\sum_{j=1}^{n} b_{ij}}{\frac{1}{n} \sum_{i=1}^{n} \sum_{j=1}^{n} b_{ij}} (i,j = 1,2,\cdots,n) \qquad (4.4)$$

其中，b_{ij} 表示里昂惕夫矩阵的逆矩阵中第 i 行第 j 列的系数。b_{ij} 的测算根据表 4 – 2 计算得出。

表 4 – 2 一般价值型投入产出表

投入\产出		中间使用					最终使用				总产出
		产业 1	产业 2	...	产业 n	合计	固定资产	积累	消费	合计	
中间投入	产业 1										
	产业 2										
	...			x_{ij}		x_i	G_i	K_i	W_i	Y_i	X_i
	产业 n										
	合计										
最初投入	折旧			D_j							
	劳动			V_j							
	税利			M_j							
	合计			N_j							
总投入				X_j							

（三）边界确定

由于影响力系数和感应度系数分别是根据后向关联机制和前向关联机制建立的，因此，本书以干系产业为核心，依据冠系产业、根系产业与干系产业的前向和后向关联关系，确定运用影响力系数判定冠系产业子系统的有效层级、确定感应度系数判定根系产业子系统的有效层级。

1. 冠系产业子系统边界确定

首先，运用影响力系数模型测算干系产业在产业体系中的影响力系数 F_j；其次，依此计算干系产业对冠系产业子系统中主枝产业群备选集中各个产业的直接影响力 F；最后，根据研究目的，邀请相关行业专家确定影响力系数的下限值 F'。其中，$F' = \eta F_j$，η 为影响力相机确定系数，$0 \leqslant \eta \leqslant 1$，该值由相关行业专家进行确定，当 $F \geqslant F'$ 时，将产业 j 选入产业树主枝产业层级中；当 $F < F'$ 时，将产业 j 剔除产业树主枝产业层级。通过筛选最终确定产业树冠系产业子系统主枝产业。

依据此方法，计算主枝产业群中每一个主枝产业的影响力系数，依此确定每一个主枝产业的直接前向关联产业，即侧枝产业群。以此类推，直到选择确定末枝产业群为止。由于部分产业波及范围广，会与多数产业产生关联关系，在出现同一层级中不同产业均与某一个产业发生关联并且均被选中时，按照关联系数大的优先选择；不同层级产业均与某一个产业发生关联且被选中时，首先将其归入距干系产业近的层级。

2. 根系产业子系统边界确定

首先，运用感应度系数模型测算干系产业在产业体系中的感应度系数 S_i；其次，依此计算根系产业子系统主根产业备选集中各个产业对干系产业的感应系数 S（直接投入系数）；最后，根据研究目的，确定感应度系数的下限值 S'。其中，$S' = \mu S_i$，μ 为感应度相机确定系数，$0 \leqslant \mu \leqslant 1$，该值由相关行业专家进行确定，当 $S \geqslant S'$ 时，将产业 i 选入产业树主根产业层级；当 $S < S'$ 时，将产业 i 剔除产业树主根产业层级。通过筛选最终确定产业树根系产业子系统中主根产业。

同理，计算主根产业群中每一个主根产业的感应度系数，依此确定每一个主枝产业的直接后向关联产业，即侧根产业群。以此类推，最终确定末根产业群。在根系产业子系统边界确定过程中，同样会遇到同一产业与不同层级产业或同一层级不同产业同时关联的情况，其选择原则与冠系产业子系统一致，关联不同层级时，选择距干系产业近的层级；关联同一层级不同产业时，选择关联系数大的产业。

3. 有效层级确定

冠系产业子系统和根系产业子系统均有多个层级，层级越多越能够反映产业网络的真实情况，但同样会增加建模与分析的难度。因此，有效确定产业树的层级直接关系到产业树模型分析问题的准确性与可操作性。为此，本书提出两种解决方案，具体如下：

第一，定性确定方案。在产业树构建初期，根据研究目的通过定性分析直接确定产业树的有效层级。例如，通过对行业专家进行咨询、问卷调查等方式确定。

第二，定量确定方案。首先，根据投入产出模型计算干系产业与所有产业之间的关联系数；其次，根据研究目的确定关联系数的临界值（采用专家打分法）；最后，选取在临界值以内的产业进入产业树。在第九章煤基产业树构建过程中，即采用这一方法进行了产业选择。

在产业树整体结构分析的基础上，对干系产业的选择以及根系产业子系统、冠系产业子系统的细分结构进行了详细分析，然后提出了产业树边界的确定方法和思路，整体确定了产业树构建的方法。产业树结构分析为构建产业树经济总量的测算模型、分析产业树经济总量变化的影响因素等奠定了结构基础。为此，以下主要根据产业树基本结构构建产业树经济总量测度模型。

第三节　产业树经济总量分析模型构建

一、产业树经济总量计算模型构建

产业树的经济总量是以干系产业为核心的产业系统的一项重要衡量指标，其波动是该产业树荣衰的重要表现形式，成为衡量产业树运行的关键变量之一。因此，有效计算产业树经济总量并分析影响其波动的因素对于合理制订产业政策，推动产业树的规模扩张、演化升级乃至区域经济竞争力的提高均具有重要意义。

本节主要根据产业树产业结构划分，分别对冠系产业子系统、干系产业子系统和根系产业子系统的经济总量进行分别计算，最后形成产业树经济总量计算模型，具体分析如下。

（一）冠系产业子系统经济总量计算模型

根据前面对冠系产业子系统细分结构的划分，冠系产业子系统可根据供需关系划分为多个层级，整体分为主枝产业、侧枝产业（含多个层级）和末枝产业。假设干系产业产品数量为 u_1 种，则冠系产业子系统中主枝产业则有 u_1 个，并分别由 u_1 个主枝产业形成 u_1 个枝产业簇，令第 v 个枝产业簇规模为 $\overline{T}_{cv}$，$v \in [1, u_1]$，冠系产业子系统的产出总规模为 $\overline{T}$，则冠系产业子系统产出总规模为：

$$\overline{T} = \sum_{v=1}^{u_1} \overline{T}_{cv} \tag{4.5}$$

而枝产业簇是由一个主枝产业及其存在直接产品流的侧枝产业、末枝产业组成。由此可推，每一个枝产业簇的产出规模等于各个层级产业群的产出规模之和。因此，令 m_v 表示第 v 个枝产业簇的层级数量，$v \in [1, u_1]$，其第一层级为主枝产业层，第 m_v 层级为末枝产业层，中间第 2 至第 $m_v - 1$ 层级统称为侧枝产业，m_v 最大值为冠系产业子系统的层级数；令第 v 个产业簇中第 i 层级的产业群产出规模为 $\overline{T}_{di}$，其中，$i \in [1, m_v]$，则有第 v 个枝产业簇规模为：

$$\overline{T}_{cv} = \sum_{i=1}^{m_v} \overline{T}_{di} \tag{4.6}$$

进一步推论可知，在第 v 个产业簇中第 i 层级的产业群中存在多个产业，令 $\overline{n}_i$ 表示冠系产业子系统第 v 个产业簇中第 i 层级的产业群中的产业数量，$i \in [1, m_v]$；$\overline{S}_j$ 表示该产业群中的第 j 个产业的产业规模，$j \in [1, \overline{n}_i]$；则有第 v 个枝产业簇第 i 层级的产业群的产出规模为：

$$\overline{T}_{di} = \sum_{j=1}^{\overline{n}_i} \overline{S}_j \tag{4.7}$$

最后，每一个产业生产多种产品，每一个产业的产出规模由多种产品的产量、价格等决定。因此，令产业 j 的产品数量为 $\overline{l}_j$，每一类产品产量为 $\overline{Q}_h$，产品价格为 $\overline{P}_h$，价格指数为 K，$h \in [1, \overline{l}_j]$，则产业 j 的产出规模为：

$$\overline{S}_j = \sum_{h=1}^{\overline{l}_j} K \overline{Q}_h \overline{P}_h \tag{4.8}$$

根据式（4.5）~式（4.8）组合求解冠系产业子系统的产出总规模

模型为:

$$\bar{T} = \sum_{v=1}^{u_1} \sum_{i=1}^{m_v} \sum_{j=1}^{\bar{n}_i} \sum_{h=1}^{\bar{l}_j} K \bar{Q}_h \bar{P}_h \tag{4.9}$$

(二) 根系产业子系统经济总量计算模型

根据前面对根系产业子系统细分结构的划分,根系产业子系统可根据供需关系划分为多个层级,整体分为主根产业、侧根产业(含多个层级)和末根产业。同理,假设干系产业需要生产要素种类为 u_2 种,假设根系产业子系统共有 u_2 个根产业簇,则根系产业子系统中主根产业则有 u_2 个,并分别由 u_2 个主根产业形成 u_2 个根产业簇,令第 v 个根产业簇规模为 $\underline{T}_{cv}$,$v \in [1, u_2]$,根系产业子系统的产出总规模为 $\underline{T}$,则根系产业子系统总产出规模为:

$$\underline{T} = \sum_{v=1}^{u_2} \underline{T}_{cv} \tag{4.10}$$

而根产业簇由一个主根产业及其存在直接产品流的侧根产业、末根产业组成。由此可推,每一个根产业簇的产出规模等于各个层级产业群的产出规模之和。因此,令 m_v 表示第 v 个根产业簇的层级数量,$v \in [1, u_2]$,其第一层级为主根产业层,第 m_v 层级为末根产业层,中间第 2 至第 $m_v - 1$ 层级统称为侧根产业,m_v 最大值为根系产业子系统的层级数;令第 v 个产业簇中第 i 层级的产业群产出规模为 $\underline{T}_{di}$,其中,$i \in [1, m_v]$,则有第 v 个根产业簇规模为:

$$\underline{T}_{cv} = \sum_{i=1}^{m_v} \underline{T}_{di} \tag{4.11}$$

进一步推论可知,因为在第 v 个根产业簇中第 i 层级的产业群中存在多个产业,令 $\underline{n}_i$ 表示根系产业子系统第 v 个根产业簇中第 i 层级的产业群中的产业数量,$i \in [1, m_v]$;$\underline{S}_j$ 表示该产业群中的第 j 个产业的产业规模,$j \in [1, \underline{n}_i]$;则有第 v 个根产业簇第 i 层级的产业群的产出规模为:

$$\underline{T}_{di} = \sum_{j=1}^{\underline{n}_i} \underline{S}_j \tag{4.12}$$

最后,每一个产业生产多种产品,每一个产业的产出规模由多种产品的产量、价格等决定。因此，令产业 j 的产品数量为 $\underline{l}_j$，每一类产品产量为 Q_h，产品价格为 $\underline{P}_h$，价格指数为 K，$h \in [1, \underline{l}_j]$，则产业 j 的产出规模为：

$$\underline{S}_j = \sum_{h=1}^{\underline{l}_j} K Q_h \underline{P}_h \tag{4.13}$$

根据式（4.10）～式（4.12）组合求解根系产业子系统的产出总规模模型为：

$$\underline{T} = \sum_{v=1}^{u_2} \sum_{i=1}^{m_v} \sum_{j=1}^{\underline{n}_i} \sum_{h=1}^{\underline{l}_j} K Q_h \underline{P}_h \tag{4.14}$$

（三）干系产业子系统经济总量计算模型

由于干系产业子系统结构简单、产业数量较少，将其视为一个层级，其测算模型较为简单，仅通过产品数量及价格即可计算得出，本书将其规模定义为 T，测算模型如下：

$$T = \sum_{h=1}^{u_1} K Q_h P_h \tag{4.15}$$

（四）产业树经济总量计算模型

由于产业树主体主要由冠系产业子系统、根系产业子系统和干系产业子系统三部分组成，因此，令产业树经济总量为 T_t，则有 $T_t = \bar{T} + T + \underline{T}$；综上所述，根据式（4.9）、式（4.14）和式（4.15）可得产业树总产出经济规模测算模型为：

$$T_t = \bar{T} + T + \underline{T} = \sum_{v=1}^{u_1} \sum_{i=1}^{m_v} \sum_{j=1}^{\bar{n}_i} \sum_{h=1}^{\bar{l}_j} K \bar{Q}_h \bar{P}_h + \sum_{h=1}^{u_1} K Q_h P_h + \sum_{v=1}^{u_2} \sum_{i=1}^{m_v} \sum_{j=1}^{\underline{n}_i} \sum_{h=1}^{\underline{l}_j} K Q_h \underline{P}_h \tag{4.16}$$

根据式（4.16）所示，产业树总产出经济总量主要与产业树层级结构、产业数量、簇结构以及产品价格、产品产量等有关。为进一步分析产业树规模变动的原因，本书将进一步构建产业树规模变动模型，更加明晰地分析产业树发展变化的表现。

（五）产业树经济总量变动分析模型

假设，基期产业树规模为 T_{t0}，冠系产业子系统、干系产业子系统以及根系产业子系统产出规模分别为 $\bar{T}_0$、T_0、$\underline{T}_0$；报告期产业树规模 T_{tt}，冠系产业子系统、干系产业子系统以及根系产业子系统产出规模分别为 $\bar{T}_t$、T_t、$\underline{T}_t$。则有，产业树规模变动模型为：

$$\Delta T_t = T_{tt} - T_{t0} \tag{4.17}$$

将式（4.16）代入式（4.17）得：

$$\Delta T_t = \Delta \bar{T} + \Delta T + \Delta \underline{T} \tag{4.18}$$

其中，

$$\Delta \bar{T} = \sum_{v=1}^{u_1} \sum_{i=1}^{m_v} \sum_{j=1}^{\bar{n}_i} \sum_{h=1}^{\bar{l}_j} K \bar{Q}_h \bar{P}_h \Big|_t - \sum_{v=1}^{u_1} \sum_{i=1}^{m_v} \sum_{j=1}^{\bar{n}_i} \sum_{h=1}^{\bar{l}_j} K \bar{Q}_h \bar{P}_h \Big|_{t0} \tag{4.19}$$

$$\Delta T = \sum_{h=1}^{u_1} K Q_h P_h \Big|_t - \sum_{h=1}^{u_1} K Q_h P_h \Big|_{t0} \tag{4.20}$$

$$\Delta \underline{T} = \sum_{v=1}^{u_2} \sum_{i=1}^{m_v} \sum_{j=1}^{n_i} \sum_{h=1}^{l_j} K \underline{Q}_h \underline{P}_h \Big|_t - \sum_{v=1}^{u_2} \sum_{i=1}^{m_v} \sum_{j=1}^{n_i} \sum_{h=1}^{l_j} K \underline{Q}_h \underline{P}_h \Big|_{t0} \tag{4.21}$$

根据式（4.19）~式（4.21）所示，当报告期 v、i、j、h 与基期相同时，产业树规模变动仅与各个产业的产品产量和产品价格变动相关，仅表现为产出规模的变化，本书将其定义为产业树调节过程的量变阶段。而当报告期 v、i、j、h 与基期相比有一个或多个发生变化时，产业树产出规模变动将主要受到产业数量变动的影响，本书将其定义为产业树调节过程的质变阶段。该阶段会引起产业树簇结构、层级结构等发生变化，进而影响产业树的整体结构发生改变。

在产业树规模变动的质变阶段，产业树的产业数量、层级结构、簇结构以及三大子系统之间的耦合程度均会发生改变，而这些变化为什么会发生？发生的动因是什么？驱动因素在产业树中的传递路径是什么？产业树如何通过自我调节实现产业树的再平衡？这一系列问题的解答将有助于我们对产业树调节规律的把握，进而能够为产业结构的优化、产业布局、产业政策的制定等提供理论和方法指导。同时，还可以有效把握产业树中哪些产业需要淘汰、哪些产业需要鼓励发展，进而为地区产业转型升级方向的判定提供参考。为此，后面将逐一研究产业树发展变化的动因、产业树调节动力的作用方式、产业树调节动力的传导路径以及产业树自我调节的过程和结果等内容。

第四节　本章小结

本章主要研究分析了产业树结构组成和经济规模分析模型。首先，将产业树主体结构划分为干系产业子系统、根系产业子系统和冠系产业子系统三部分，进一步将根系产业子系统细分为主根产业、侧根产业和末根产业，冠系产业子系统细分为主枝产业、侧枝产业和末枝产业；并在结构分析过程中，提出并构建了产业树各子系统之间的耦合水平度量模型和子系统边界的判定模型。然后，根据产业树基本结构，构建了产业树经济总量测度模型和产业树经济总量变动模型。从整体上阐明了产业树的结构、功能，并为后面研究产业树调节动力机制、传导路径以及自我调节等内容奠定了基础。

第五章　产业树调节的动力研究

产业树会随着社会进步、技术发展、自然环境以及政策环境的变化而不断改变，始终处于一种动态调节的过程，在该过程中，上述外部环境的变化必然引起产品需求的变化，进而产品需求的变化会引起产业的规模、产业数量的变化，产业变化进一步引起产业树层级结构随之发生变化，最终导致其中的冠系产业子系统、干系产业子系统以及根系产业子系统之间的作用关系会不断发生各种变化，这就形成了产业树调节的驱动机制。由于产业树本身是一个动态发展的系统，具有开放性特点，与外界联系紧密，因此从系统视角可以将产业树调节动力划分为内部动力和外部动力。研究产业树调节动力，为深入理解产业树的调节机理、把握产业树的发展规律提供了有力的理论支持。

第一节　产业树发展的阶段特征分析

由第四章构建的产业树经济总量变动模型可知，产业树发展伴随着产品数量、产业规模、产业数量、层级结构等不同程度的变化，在产业链、产业网络等演化研究成果的基础上，综合考虑产品数量变动、产业规模变动、产业数量变动以及层级结构变动的逻辑顺序和因果关系，本书将产业树发展过程进一步细分为三个阶段：产业树调节初级阶段（产品规模扩张阶段）、产业树调节中级阶段（量变质变共存阶段）、产业树调节高级阶段（产业结构重构阶段）。不同阶段其产品结构、产业数量、产业结构、系统结构均具有不同的特征，了解产业树发展的阶段特征，有助于研究产业树的调节动力、动力演进过程以及作用机理。

（一）产业树发展初级阶段特征分析

产业树是以某一产业为核心，以资源流动为纽带形成的多层级、强关联的产业集成系统，其必然是在干系产业基础上不断演化形成的。产业树发展必然会经过产品数量、产业规模、产业数量、层级结构的扩张和调节过程。在产业树发展初级阶段，其产业数量较少，产品结构简单，进而导致产业树层级数量少，产业树结构简单。产业蜕变主要经历"产品蜕变—企业蜕变—产业蜕变"三个过程，产业发展初期产品供不应求、需求量大，产品利润空间大，导致企业不断进行产品产量的扩增，以实现利益最大化。在该过程，企业一般不会选择产品升级，产业数量以及产业树层级结构不会因此发生变化，但会实现产业规模的扩张，进而引起产业树经济总产出量的扩张。综上所述，产业树发展初级阶段基本表现为产品规模的扩张。

（二）产业树发展中级阶段特征分析

随着产品产量的不断增加，产品利润空间下降，通过技术创新实现产品优化升级、降低原材料成本、提高生产效率成为企业获取超额利润的途径。产品结构的改变必然会引起原材料结构的改变和下游需求产业的改变，进而导致新产业的进入或产生，最终导致产业数量的变化；同时，为降低原材料成本，核心企业会依据自身优势进行纵向一体化、横向一体化发展，提高产业间的联动关系，进而导致上下游企业在该地区集聚。在该过程，产业树由于产品结构的变化、产业向上下游的延伸，其包含的产业数量、产业层级结构等均发生相应变动，致使产业树结构日益复杂化、关联程度日益提高。综上所述，产业树发展中级阶段基本表现为产业联动，此时是产业树量变与质变共存的阶段。

（三）产业树发展高级阶段特征分析

企业竞争力最终取决于技术创新能力。随着产品规模扩张、产业关联性增强等阶段性发展对经济规模扩张推动力的减弱，进一步制约产业树产出规模扩张的因素即为技术创新能力。该阶段产业树主要通过技术创新能力提高自身的竞争优势，使核心产业通过技术进步掌握产业树内部议价权，进而获取超额利润，推动产业树的快速发展和保持产业树的竞争力。在产业树内部企业通过技术进步掌握议价权的过程就是产业树发展的高级阶段。在该阶段，核心企业通过占领产业链上技术制高点，不断进行产业融合和产业再划分，从而导致根系产业、干系产业和冠系产业的结构发生变化，逐步形成以其为核心的经济生态圈，此时的产业树的创新能力、竞争能力以及盈利能力均有大幅度提升，整体呈现规模和结构的高速扩张和优化。综上所述，产业树发展高级阶段特征表现为产业融合与产业再划分，是产业树产业结构重构的阶段。

在分析产业树阶段特征的基础上，我们基本明晰了产业树发展的规模和结构变化的基本方向。由于产业树是经济体系的组成部分，其发展过程必然与外部环境、内部结构紧密相关，判断产业树是否具有自组织特性，对于提取产业树调节动力具有重要指导作用，同时能够判定产业树能否通过自我调节实现从无序向有序、从低级向高级的自我演化。因此，我们对产业树自组织特性进行分析，为进一步的研究奠定基础。

第二节　产业树自组织特性分析

一、产业树子系统作用关系

根据第四章构建的产业树基本框架模型，产业树主体包含根系产业子系统、干系产业子系统和冠系产业子系统三部分，同时受到政策、制度、环境等外部因素的影响，由于产业树主体部分仅考虑了资源的流动和技术进步因素，为更加全面地分析其调节动力，将与产业树相关的外部环境因素纳入产业树中。即产业树由主系统和辅助系统组成，其中，产业树的主系统包含冠系产业子系统、干系产业子系统和根系产业子系统三部分；辅助系统由与产业树相关联的政府政策环境、社会文化环境和自然生态环境组成。综上所述，产业树可以视为由四个子系统分层交织而成的复杂网络系统，四个子系统之间相互作用和影响如图 5 – 1 所示。

二、自组织特征分析

自组织现象揭示了由多个子系统所组成的母系统中，在多种因素的作用

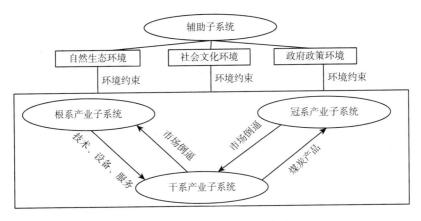

图 5-1　产业树内部作用关系

下，母系统中的各个主体之间可以自身组织起来，实现系统从无序到有序、从低级到高级演进的一般条件和规律。一个系统如果要具有自组织活动的能力，必须具备以下条件：系统是开放的、远离平衡态的、非线性的以及系统变化过程中存在状态的涨落。产业树本身符合这些条件，具体分析如下。

1. 产业树的开放性

产业树是对现实中以目标产业为核心的产业体系的抽象和简化，其在运行过程中持续不断地从外界环境吸收保证目标产业树正常运行所需的经济能量（物质、能量、技术、资金和信息等）。从信息交换角度，产业树外部环境的改变，如政策环境、市场环境以及技术环境的改变，均会对产业树的运行状态产生影响，同时，产业树的运行状态也会反作用于外部环境；从物质交换角度，产业树从外界吸收生产所需的初始原材料，并向外界输出最终产品。产业树通过与外部环境实施经济能量的互换实现产业树规模的扩张和发展，即一方面吸收外部环境原材料等生产要素；另一方面又将自身所生产的产品等经济能量输出到外部，而形成一个敞开的系统。综上所述，产业树具有开放性特征。

2. 产业树处于远离平衡态

远离平衡态即处于失稳状态，产业树始终处于社会发展以及技术进步等因素的影响下，一直处于不断向前发展的状态。产业树在该种环境的影响下，产业树内部某一产业规模时刻发生着变化（包含产业发生淘汰或新生），随即会打破其与上下游产业的原有平衡，进而产业树就会失去平衡而寻找新的平衡点，在该过程中，产业树会在较长时间内处于远离平衡状态，在非平衡态下保持自己作为产业树的相对平衡，由此可见，产业树大多数情况下会处于远离平衡态的状态，促使产业树始终向更高级的系统演进。综上所述，产业树具有远离平衡态的特征。

3. 产业树各子系统存在非线性相互作用

耗散结构的产生还要求系统内每一子系统间的彼此作用，树立并保持一种非线性机制。非线性机制指要素间保持非均匀的、非对称的彼此作用，是构成立体网格形式彼此影响的机制，是系统演化的内部基础。产业树的内部子系统非线性相互作用是指其组分之间相互作用的一种数量特征及其不可叠加性。产业树由干系产业、冠系产业、根系产业、外部环境等四个子系统组成，子系统间通过竞争与协作形成新的有序结构，在产业树调节过程中，由于系统内部产业存在直接前向关联、直接后向关联、旁侧协同关联、旁侧竞争关联几种类型（具体分析见第七章），因此，当某一产业或某一层级产业群发生变化后，其（产业或子系统）会对有的产业或子系统呈现正反馈加强作用，有的呈现负反馈削弱作用，整体表现为一种非线性关系。

4. 产业树变化过程存在状态的涨落

对于产业树，当其受到外界环境冲击时，来源于外部的干扰或涨落因子能够经过系统的自组织性自行减弱，不会致使产业树形态的改变。如果产业树形态变化产生以后，其自组织性会被损坏，系统中的细微涨落，将通过产业树各内部子系统的非线性影响而快速增大，出现产业树形态的"巨涨落"，进而致使产业树从无序向有序的平衡状态进行演化。根据第四章分析，在产业树自我调节过程中，在质变阶段存在产业的淘汰或新生，产业的淘汰或新生会导致产业树结构发生巨大变化，可能会引起簇结构的消失或产生，因此，产业树变化过程中存在状态的涨落。

根据以上分析，产业树是一个远离平衡态的开放性系统，具有自组织能力。因此，在产业树调节过程中，随着产业树内部与外部的不断联系，产业树的负熵值不断增加，产业树逐渐不断实现由简单到复杂、由无序变有序和由初级至高级的演变，产业树中主体之间也从相对独立逐渐走向了相互协作，逐渐从相对独立的分工关系向更高级化的模块化关系和联盟关系演进，总体呈现为螺旋式"初级—中级—高级"的演化过程，即从低水平的"初级—中级—高级"向高水平的"初级—中级—高级"演变。因此，分析产业树的动力机制，先应把握产业树主要动力的演变特征和驱动机理，在此基础上，才能识别出推动产业树演化发展的动力序参量，并摸清序参量与其他动力间的协同作用关系，从而构建产业树动力的演化模型，为相关政策的研究与制定提供理论依据。

第三节 产业树调节的主要动力

产业树是以目标产业为核心通过自我调节演化形成的，以煤炭资源型城市为例，其产业体系即以煤炭产业为核心演化发展形成，其上下游产业均围绕煤炭产业进行集聚发展，逐渐形成由与煤炭产业存在直接关联或间接关联的产业组成的结构系统。从系统理论的角度看，产业树的演化主要受三大动力的影响：一是宏观系统因素，主要包含宏观经济与社会环境的变化；二是中观因素，即产业树内部子系统之间及产业之间的相互作用与影响；三是微观因素，产业树内部主体行为影响集合。前面将产业树划分为主系统和辅助系统两部分，根据自组织理论，将以上三大因素划分为产业树演化的内生性动力（主系统）和外部激发性动力（辅助系统）。

一、产业树调节的内生性动力

（一）价值增值动力

产业树中的各个主体（产业）之所以能够相互协作构成一个整体，重要的原因之一就是对于利润的追求，即对产业树终端产品的价值增值的追求。产业树产品从原料到中间产品再到最终产品的销售，每一个环节都必须有价值增值的过程，无论哪个环节的价值增值出现问题都会导致产业树的中断，产业树的延伸与扩展的程度也会随着产业树产品价值增值的提高而进一步加深，别的产业会不断加入，产业之间的关系会更加复杂，产业集聚程度不断提高，产业树的升级也会更加迅速。因此，价值增值动力成为产业树调节的重要内生性动力。

价值增值动力演化特征。对价值增值的追求始终存在于产业树调节的整个过程，但是其价值增值的主导手段在产业树的不同发展阶段存在不同特征。第一，由市场争夺向技术争夺深化的过程。在产业树演化的初级阶段，各个企业通过提高产量、拓宽营销渠道、降低产品价格等手段提高市场占有率，以达到价值增值的目的，此时产业树表现为结构不变下的规模扩张；在产业树演化的中级阶段，企业逐步通过产业链横向一体化、产业链纵向一体化等方法实现价值增值，此时产业树表现为根系产业子系统和冠系产业子系统层级延长、规模扩张的结构与规模的双重扩张；而产业树演化的高级阶段，通过先进技术的研发打造以自我为中心的生态经济圈，成为企业价值增值的重要手段，此时，产业树除展现快速的规模扩张这一特征外，还表现出高稳定性、强竞争力特征。第二，由产品量的提升向个性化定制转变的过程。在产业树演化的初级阶段，企业以产品数量提升获取更高价值，产品均以初级加工制品为主，产品结构单一，产品质量低下；在产业树演化的中级阶段，企业以产品质量提升获取更高价值，产品要求逐步提高，产品结构多样化、产品质量高端化；在产业树演化的高级阶段，企业以客户需求进行个性化定制获取更高价值，产品样式、种类剧增，产品结构丰富化、个性化，在以上三个不同阶段，产业树结构和规模均呈现不断丰富和扩张的状态。

（二）自组织动力

自组织现象揭示了由多个子系统所组成的母系统中，在多种因素的作用下，母系统中的各个主体之间可以自身组织起来，实现系统从无序到有序的一般条件和规律性。前面通过分析，产业树满足系统是开放的、远离平衡态的、非线性的以及系统变化过程中存在状态的涨落等自组织特征，因此，产业树具有自组织活动的能力。

自组织动力演化特征。在产业树中，序参量的"竞争—合作—协调"是自组织过程的重要体现，同时也是产业树自组织动力的表现，持续引导着产业树调节和发展的方向。在自组织动力的驱动下，产业树整体呈现螺旋式由无序到有序、由低级到高级的发展过程，使其具有更大的稳定性、凝聚力和吸引力。因此，自组织动力演化特征表现为：第一，自组织动力呈现由小到大变化态势。在产业树演化初级阶段，系统涨落变化处于可控范围内，自组织动力相对较小；在产业树演化的高级阶段，系统涨落变化超出临界点，系统自组织动力增大，逐渐推动系统远离平衡态向新的平衡态演化。第二，自组织动力方向由拉力变为推力。在产业树演化初级阶段，当系统涨落变化在可控范围内，即低于系统临界点时，产业树的自组织动力呈现拉力状态，表现为维持原产业树稳定的方向；在产业树演化中级阶段，即系统涨落变化超过临界点，此时产业树的自组织动力呈现推力状态，表现为推动产业树向远离平衡态的更高级方向演进；在产业树高级阶段，自组织动力仍然呈现推力状态，直至使产业树达到新的平衡态。综上所述，产业树的自组织动力演化过程如图 5-2 所示。

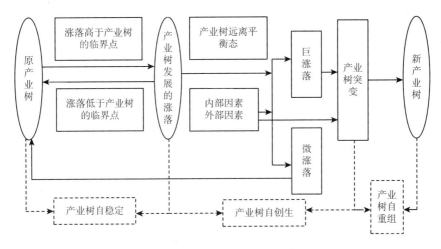

图 5-2 产业树自组织演化过程

（三）创新动力

熊彼特指出："经济的长期增长更多地依赖于创新活动冲击的创造性破坏和改变原有均衡的过程，而不是依赖于均衡本身光滑的运行。"在产业树运行过程中，创新同样发挥着重要的推动作用，主要从以下两种方式发挥影响：第一，通过创新能够提高产业树内部产业的生产效率，从而推动产业树的经济规模的扩张和发展，进而改变产业树内部产业结构的变化甚至是新产业的兴起；第二，通过创新能够产生新的消费方式、供给方式，并引起供需结构的改变，从而导致产业的兴起或衰亡，进而推动产业树的发展。

创新动力演化特征。本书创新专指技术创新动力，技术创新在产业树演化过程中主要呈现以下特征。第一，创新动力由修正型技术创新向颠覆性技术创新演变。在产业树发展初级阶段，干系产业子系统中产业产品处于供不应求的状态，此时的技术创新主要以修正型技术创新为主导，不断提高干系产业所生产的相关产品的投入产出效率、改善相关产品性能等；在产业树发展中级阶段，产品供不应求的市场基本饱和，为进一步提高竞争力，必须开展颠覆性技术的研发，以求开发新产品实现进一步的价值提升；在产业树发展高级阶段，产品处于供大于求状态，此时的技术创新主要以颠覆性技术创新为主导，不断发现原有产品的新的属性、新的利用方式等，导致新的产业的出现或旧的产业的淘汰。第二，创新动力由独立创新向协同创新演变。在产业树发展初级阶段，其内部结构简单，技术创新难度小，往往以核心企业为主进行独立创新；在产业树发展中级阶段，产业树内部各个产业关联性逐渐增强，独立的技术创新形式难以满足产业树发展的要求，开始探索分工协作、协同创新模式；在产业树的高级阶段，各个子系统的协同作用加强，联系更加紧密，多企业、多系统的协同创新更能符合现实需求，推动产业树的调节进程，并逐步形成协同创新模式。

二、产业树调节的外部激发性动力

（一）市场引导动力

本书所指市场是产业树主体系统外部市场，包含于辅助系统内部，是冠系产业子系统的产品消费市场。产业树的演进会随着市场需求的变化而变化。产业树终端需求的结构、方向和层次一旦有所改变，产业树内部的产业关系就会发生相应改变，部分旧产业会被淘汰，部分新产业也会加入产业树中，产业树的发展方向、结构也会发生改变。

市场引导动力的演化特征。市场引导主要通过供需变化、消费变化等影响产业树的调节。市场引导动力在产业树发展过程中，其具体演化特征分析如下：第一，呈现由供不应求向供大于求方向演变的态势。在产业树发展的初级阶段，干系产业及其延伸产业产品产出数量较少，难以满足社会的需求，处于供不应求的状态，此时，对于产业树的发展具有推动效应；在产业树调节不断升级过程中，系统内各个产业的规模、数量均出现快速增长，但随着供求关系的平衡，其增长速率降低，直到出现供大于求现象，各个产业开始进行技术改造或新产品研发，以降低成本或开拓新的市场。第二，消费者对产品类型的需求呈多样化、个性化态势。随着产业的相关技术进步，各个产业对干系产业相关产品的要求更加细致，对产品的性能或属性要求更加精确，以煤炭产业为例，随着技术的发展和环保要求的提高，电力产业出现了煤矸石发电厂、煤粉发电厂、水煤浆发电厂等，并且每个电厂因设备的不同，对煤矸石、煤粉和水煤浆的热值要求不同，这些要求的细化推动了煤炭洗选产业的迅速发展，同样推动了产业树内部相关产业的演化发展。第三，对干系产业及上下游产业相关产品的清洁化、绿色化、低碳化水平要求逐步提升。随着我国雾霾天气日益加重，人们的环保理念以及对低碳化、绿色化产品的要求开始逐步提升。当前产业树产业所生产的产品均呈现绿色化、低碳化态势。即在产业树发展初级阶段，干系产业及上下游相关产业的相关产品为技术含量低的高碳化、污染型产品；在产业树发展高级阶段，干系产业及上下游相关产业的相关产品为技术含量高的低碳化、清洁化产品，并且在沿这一方向逐步深入发展。

（二）政策引导动力

政府政策的变化会引起产业树外部环境的巨大变化，也会对产业树的各个产业产生影响，这些产业树内的产业可能会由于自身不符合政府政策的要求而退出；也会因为符合政府政策而得到政策支持和鼓励。产业树的核心——干系产业，一般均为某个城市、区域乃至国家的支柱产业或战略新兴产业，由于其在区域国民经济中的重要地位，一直会受到政府政策的强力调控，政策引导对于目标产业的发展起到关键性作用。因此，政策引导对于产业树的发展具有重要的影响。

政策引导动力的演化特征。政府一般通过行业政策、环境政策和税收政策等手段宏观调控经济发展。政策引导因国内国际环境的要求，政府会针对不同的产业制订不同的产业政策，同时也会根据产业的性质进行政策的制定。因此，针对不同的干系产业其政策的演化特征不同，本书为有效说明政策引导在产业树发展中的特征，选择以煤基产业树为例进行说明（煤基产业树在第九章中有详细界定）。政策引导在煤基产业树演化过程中呈现以下特征：第一，从鼓励性煤炭政策向压缩型煤炭政策转变。我国煤炭产业发展整体经历了三个阶段，扩产阶段—整合阶段—去产能阶段。每一个阶段均是由政府产业政策强制性完成，在煤基产业树发展初级阶段，煤炭产业产能不足，政府主要以鼓励性煤炭政策为主，鼓励乡镇煤矿、私有煤矿发展，实现了煤炭产能的迅速攀升；在煤基产业树发展的中级阶段，煤炭乱象导致市场混乱，以煤炭兼并重组为主导的产业政策为主，大型煤炭集团开始出现，煤炭企业竞争力不断增强，产业链延伸力度增大；在煤基产业树发展高级阶段，产能结构性过剩严重，政府以供给侧结构性改革相关政策为主，开始加大煤炭产业由劳动力和资本密集型向资本和知识密集型转变。第二，从粗放型环境政策向环保型环境政策转变（该处包含税收一同讨论）。煤基产业树内相关产业均属于高能耗、高污染型产业，因此，环境政策导向对煤基产业树调节作用明显。在煤基产业树发展初级阶段，是我国大力发展经济的阶段，国家环保政策薄弱，属于粗放型环保政策；在煤基产业树发展高级阶段，国家经济进入新常态，增长方式开始转变，新旧动能开始转换，环保型政策成为助推经济转型的重要手段，而税收政策则是环保政策的调节方式之一。

（三）组织网络动力

产业树各要素之间相互协作，呈现为一种网状结构，通过产业树不同价值要素之间的合作和竞争，满足用户不断变化的需求，进而更好地适应外部环境的变化。这种组织网络机制将产业树中的根系产业、干系产业、冠系产业等产业树要素结合在一起，全面提升产业树的稳定性和发展潜力。

组织网络动力特征。在产业树中，根系产业、干系产业和冠系产业等子系统内部以及之间的关联效应和稳定性等因素的演化直接影响产业树的调节过程，具体的演化特征如下：第一，组织网络中主体关联性（横向关联为主）增强。在产业树发展初级阶段，其组成主要以单一产业链为主，其他产业链发展不足，主体之间横向关联较弱；随着技术不断进步，产业不断细化、新兴产业不断涌现，以干系产业为核心的产业链逐渐增多；在产业树发展高级阶段，产业之间联系紧密，产业横向关联增强，复杂度提高。第二，组织网络的稳定性逐渐增强。随着产业树不断发展，系统内部关联增强，系统的自组织特性不断显现，对外部的抗干扰能力逐渐提高。

通过上述分析，产业树调节过程是内生性动力（价值增值动力、自组织动力、创新动力）和外部激发性动力（市场引导动力、政策引导动力、组织网络动力）协同推动的结果。前面提出产业树发展存在三个不同的阶段，为更好地采取措施调节推动每一个阶段的发展速度，厘清在每一个阶段发挥关键作用的内生性动力和外部激发性动力对于相关政策的指定具有重要的指导作用。因此，下面将对产业树不同发展阶段的关键动力进行识别，并分析产业树调节动力的作用过程。

第四节　产业树调节动力的演化过程分析

本节在前面对产业树发展阶段划分和主要动力分析的基础上，根据自组织理论对产业树调节动力的序参量（关键动力）进行识别分析，然后分析关键动力在产业树调节中的作用及演化过程。

一、产业树调节动力的序参量识别

以创新动力、自组织动力和价值增值动力为主的内生性动力和以市场引导动力、政策引导动力、组织网络动力为主的外部激发性动力是产业树调节的主要驱动因素，在分析各个调节动力的作用机理和演变特征之后，结合产业树发展不同阶段的特征，依据自组织理论识别产业树调节过程中的序参量对于论述产业树调节的驱动机制具有关键作用。内生性动力和外部激发性动力的协同作用正是调节并推动产业树由低级阶段向高级阶段发展的关键。

依据自组织理论，产业树调节的序参量是来源于系统内部的参考量，由于产业树由内部系统和外部系统耦合形成，在序参量选择时，是由内部系统动力和外部系统动力组成的二维序参量；由于在产业树调节的不同阶段，其序参量也会随之改变，即内外部驱动力的主导搭配形式在不同阶段存在差异性转变。整体而言，产业树调节的不断升级，其序参量的变化呈现"（价值增值动力，市场引导动力）→（自组织动力，政策引导动力）→（创新动力，组织网络动力）"的动态演变。

（一）内生性动力序参量识别

1. 产业树发展初级阶段内生性动力序参量

由于产业树是以干系产业为核心构建的产业系统，在产业树发展初级阶段，干系产业应处于产业生命周期成长期，在该时期，干系产业产品单一、模式简单，导致其根系产业子系统和冠系产业子系统内产业数量较少；该阶段的产业树无论其自组织能力和创新均处于弱势地位。而该时期，产业产品处于供不应求阶段，干系产业及相关联产业均以价值增值、资本积累为目标。由产业树经济总量变动分析模型可知，产业树初级阶段经济总量变动（ΔT_i）主要是产品产出量（Q_h）增加引起的产业规模扩张，而产品产出量主要取决于内部企业追求价值增值的动力。因此，笔者认为产业树发展的初级阶段的内生性动力序参量为价值增值动力，其在产业树发展初级阶段具有推动企业增加产品产出量，进而推动产业规模扩张的关键作用。

2. 产业树发展中级阶段内生性动力序参量

产业树发展中级阶段，干系产业处于生命周期稳定期，干系产业规模得到足够扩张，供不应求的卖家市场逐渐消失，干系产业开始向机械化、智能化方向发展，以提高干系产业的生产效率、降低生产成本，从低技术水平向高技术水平转变，技术研发、高端装备制造、电子信息技术等产业逐渐涌现，致使产业树中根系产业子系统的主体得以丰富；同时，干系产业为进一步提高其市场竞争力、产品附加值和消化过剩产品，开始不断开发产品属性、用途和应用领域，进一步推动了冠系产业子系统的规模扩张和结构优化。以煤炭产业为例，煤炭初期以发电、供热为主向煤化工、煤焦化、煤气化、矸石发电、矿井水综合利用、煤层气抽采等方向延伸扩展，实现了煤基产业冠系产业子系统的丰富和发展。在该阶段以产业链横向一体化、产业链纵向一体化为手段的产业结构优化成为产业树发展的关键路径，随着产业树结构日益复杂，自组织能力逐渐增强，其对产业树的调节作用逐渐超越价值增值动力成为关键动力。由产业树经济总量变动模型可知，在产业树发展中级阶段，由产业数量（n_i）变动引起的产业树内部结构合理化成为决定产业树经济发展规模的关键路径。同样说明自组织动力在产业树发展中级阶段的关键作用。因此，笔者认为产业树发展中级阶段的内生性动力序参量为自组织动力，其通过推动产业树的结构优化实现资源的最优配置，进而实现产业树经济总量的增长和效益的提升。

3. 产业树发展高级阶段动力序参量

根据产业结构优化与经济发展的关系，合理化与高级化是促进经济发展的关键路径。在自组织动力推动下，产业树结构合理化水平逐渐提高，其对产业树经济规模的扩张的推动作用逐渐减弱，同时为企业技术创新积蓄了足够实力，基于技术创新的产业高级化成为产业树经济规模扩张的关键路径。在产业树发展高级阶段，干系产业及相关产业的调节趋势已经从规模扩张、效率提升、结构调整等转变为以技术为主导的产业转型升级。传统的干系产业生产方式已经难以维持高利润空间，积极进行管理创新、技术创新和模式创新，推动干系产业的智能化、自动化生产是未来重要的发展方向。在该阶段，一般的修正型技术难以保证其核心产业的进一步发展壮大，颠覆性技术创新成为产业树结构高级化、核心产业获取定价权的关键路径。因此，笔者认为产业树发展高级阶段的内生性动力序参量为创新动力，其通过不断推动产业高级化掌握定价权，进而获取超额利润。

综上所述，产业树发展不同阶段，其内生性动力序参量呈现"价值增值动力→自组织动力→创新动力"动态演变过程。在不同内生性动力序参量主导下，外部环境系统中的外部激发性动力同样会发生相应演变，以配合内生性动力实现产业树持续、高速发展。

（二）外部激发性动力序参量识别

内因是事物发展的根本原因，外因是事物发展的必要条件。内生性动力在产业树发展过程中起到"发动机"作用，外部激发性动力主要起到"方向盘"的作用，其通过方向引导使内生性动力能够更好发挥其推动作用。

1. 产业树发展初级阶段外部激发性动力序参量

在产业树初级阶段，产业树结构简单、规模较小，产业树主体在价值增值动力驱动下，不断进行规模扩张。在该过程中，产业树主要处在供不应求的市场环境下，市场将需求信息反馈给产业树，引导产业树规模扩张的方向。即价值增值动力推动产业树不断扩大规模满足市场需求、获取利润，市场引导动力通过信息反馈调节产业树规模扩张的方向，两者共同推动产业树规模扩张。因此，笔者认为产业树初级阶段外部激发性动力序参量为市场引导动力，其通过配合价值增值动力而起到推动产业树规模扩张的作用。

2. 产业树发展中级阶段外部激发性动力序参量

在产业树发展中级阶段，系统的复杂性基本趋于收敛，自组织动力推动下的产业结构优化成为产业树发展的关键路径。由于市场具有逐利性，为保证经济效益、环境效益和社会效益的最大化，外部政策引导动力具有重要意义。例如，政策引导干系产业走循环经济道路、绿色发展道路，同样在干系产业机械化、循环化发展中起到了突出的推动作用。在产业树发展中级阶段，产业树调节的政策引导动力超越市场引导动力成为配合自组织动力的最优外部激发性动力。因此，笔者认为产业树发展的中级阶段的外部激发性动力序参量为政策引导动力，其通过引导产业结构优化的方向实现产业树的可持续发展。

3. 产业树发展高级阶段外部激发性动力序参量

在产业树发展高级阶段，产业结构日益优化，产业结构高级化成为产业树发展的关键路径，创新动力成为内生性动力的序参量。随着经济的不断发展，分工不断细化，当前的市场竞争已经由企业竞争转变为产业链竞争，创新从独立创新开始向协同创新演化，有效的创新合作模式成为保障创新动力的关键。因此，在技术创新的基础上，组织网络动力超越市场和政策引导成为产业树维持其稳定性和产业竞争力的重要因素。因此，笔者认为产业树发展的高级阶段的外部激发性动力序参量为组织网络动力。

综上所述，产业树发展不同阶段，其外部激发性动力序参量随着内生性动力序参量的演化呈现"市场引导动力→政策引导动力→组织网络动力"动态演变过程。

二、产业树调节动力的演化分析

根据前面分析，"（价值增值动力，市场引导动力）→（自组织动力，政策引导动力）→（创新动力，组织网络动力）"分别是产业树发展初级阶段、中级阶段和高级阶段的序参量，即主要驱动力，基于此，本书提出并构建了产业树调节动力演化模型，如图5-3所示。

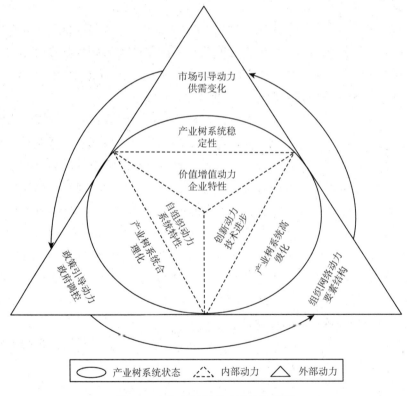

图5-3 产业树调节动力演化模型

在价值增值动力驱动下，产业树规模逐步扩大，产业树稳定性逐步增强；在自组织动力驱动下，产业树内部结构逐渐合理化、内部各个子系统之间的耦合程度逐渐增强；在创新动力驱动下，产业树逐步实现产业结构高级化，不断推动产业树转型升级。在内生性动力驱动过程中，产业树还会受到外部市场、政策的引导，并通过组织网络将引导力传递至产业树的每一个主体，与其内部驱动力共同推动产业树向系统结构合理化、高级化的稳态方向演化发展。

在产业树初级阶段，价值增值动力是推动产业树扩大规模的内在动因，市场引导动力通过供求关系引导产业树有效判断企业价值增值的能力。两者共同作用保留并推动具有价值增值潜力的产业不断扩张，进而不断提升产业树的稳定性。

在产业树中级阶段，自组织动力通过不断优化配置资源推动产业树结构优化，其优化方向的选择在一定程度上来源于政策的引导。自组织动力和政策引导动力共同推动产业树结构优化，并确定产业结构优化的方向和最佳比例。

在产业树高级阶段，创新动力推动产业树向高级化方向发展，组织网络动力不断优化调整产业树内部创新模式，两者共同作用并选择最优的创新发展路径推动产业树结构实现高级化。

通过对产业树调节动力的研究分析发现，为更好地调节并推动产业树不断由简单到复杂、由无序变有序和由初级至高级的发展，实现其结构的合理化、高级化和系统的稳定性，应该在产业树的不同发展阶段实施差异化的协同发展战略，着重关注产业树不同发展阶段的关键驱动力，以保障产业树健康稳定的发展。

第五节　本章小结

产业树调节主要受内部驱动力和外部驱动力推动，其中，内部驱动力包含价值增值动力、自组织动力和创新动力；外部驱动力包含市场引导动力、政策引导动力和组织网络动力；产业树调节动力序参量遵循"（价值增值动力，市场引导动力）→（自组织动力，政策引导动力）→（创新动力，组织网络动力）"的动态演化路径；产业树调节动力作用过程是以序参量为主导、以其余动力为辅助的协同作用过程，通过外部驱动和内部驱动的联合作用，推动产业树总体呈现为螺旋式"初级—中级—高级"的演化过程，即从低水平的"初级—中级—高级"向高水平的"初级—中级—高级"演变，并依此构建了产业树调节动力的演化模型。以上研究摸清了产业树调节的动力以及不同发展阶段的关键动力和作用，而调节动力是通过什么方式对产业树产生影响的，该影响在产业树内部是如何进行传导的便是研究产业树自我调节机理需要进一步关注的内容。

第六章　产业树调节动力作用方式研究

前面在分析产业树自组织特性的基础上，识别并研究了产业树调节的主要动力以及在产业树发展不同阶段的关键驱动力。为进一步摸清产业树调节机理，本章将对调节动力对产业树的作用方式进行研究，明晰调节动力是通过什么方式方法对产业树进行调节，进而推动产业树向更为有序、高级的方向螺旋式发展。本章主要在自组织理论的指导下，先从内部调节、外部调节两个方面研究产业树的调节模式，然后分析展与汇对产业树的调节方式。

第一节　自组织理论分析

自组织理论是在没有外部指令条件下，系统内部各子系统之间能自行按照某种规则形成一定结构或功能的自组织现象的一种理论。其主要研究系统从无序向有序、由低级向高级自我演化的过程和规律。自组织理论认为，系统具有自组织能力必须具备开放性、远离平衡态、内部子系统存在非线性相互作用以及存在涨落等四个特性。在第五章中，我们已经论证了产业树的自组织特性，表明可以运用自组织理论对产业树进行分析。

根据自组织理论，产业树在没有外部指令下，能够通过自身主体、结构、行为等相互作用逐渐实现产业树向有序、高级化方向发展。根据前面构建的产业树经济总量变动模型可知，产业树在自我演化过程中会存在产品产量（Q_h）、产品数量（l_j）、产业数量（n_i）、产业层级（m_v）等不同类型、不同层面的变化，这些变化均可作为产业树自组织过程中应对内外部动力作用下的反应。其中，产品产量和产品结构的变化在产业层面仅仅表现为规模的变化，属于量变范畴，而产业数量与产业结构的变化则表现为产业树质的变化，该部分研究将着重在第七章中展开。

在调节动力作用下，产业树为何会存在量变和质变两种不同的调节结果，在调节过程中是什么发挥作用并影响调节结果均是本章需要研究并解答的问题。以下将从产业树的调节模式以及展与汇的调节方式两个层面回答这一问题，并为后续产业树调节动力传导路径研究奠定基础。

第二节 产业树调节模式

所谓"模式"，是指某种事物的标准形式或使他人可以参照的基本样式，这种样式的表象描述却与事物或现象的本质特性和发展阶段有关。基于此，调节模式的划分根据不同的要求、目的以及划分手段，可得出不同的划分结果。以下将依据第五章产业树调节的动力类型进行划分。在第五章中，将产业树调节动力划分为内生性动力和外部激发性动力两类，本章按照产业树动力的类型划分将产业树调节模式划分为内部调节和外部调节两种类型。

一、内部调节模式

本书所指内部调节为自我调节，是产业树通过自身的自组织能力，自发性地从无序向有序、由低级向高级演化的过程。在第五章中已经分析了产业树的自组织特性，已经证明的产业树具有自组织能力，即能够通过自我调节的方法实现产业树从无序向有序、由低级向高级的演化。在自我调节过程中，产业树会根据其生存环境，运用资源优化配置、要素重新组合等方法，实现产品数量、产品种类的变化。通过量变积累，若引起巨涨落则引起产业树内部产业数量、层级结构的改变；若无法引起巨涨落，则产业树会通过自我调节完成各个产业间产出规模的再平衡。由于产业树主体由干系产业子系统、根系产业子系统和冠系产业子系统三个部分组成，因此，根据产业树调节起始端的不同，可以将其内部调节模式划分为三种类型。

1. 干系产业带动型内部调节模式

干系产业带动型调节模式是指以干系产业为起点的自我调节模式。根据产业升级路径理论，在价值增值、技术创新等内生性动力的推动下，干系产业会逐步经历工艺升级、产品升级等路径，干系产业的每一次升级或变化均会引起为其提供原材料或利用其产品的的主根产业、主枝产业发生相应变化，进而传递至产业树所有产业，引起产业树自我调节的行为。干系产业带动型自我调节模式根据干系产业升级路径的不同，会带动产业树其他产业主体发生变化，具体分析如下。

当干系产业工艺升级，即其生产效率得到大幅度提升时，在市场需求量一定的情况下，干系产业生产一定量产品时消耗的原材料数量减少，该过程导致干系产业对主根产业的产品需求量减少，致使主根产业面对供大于求的市场压力，进而倒逼其减产，主根产业的减产会导致侧根产业的减产，依此类推，直至影响到末根产业。干系产业工艺升级增加单位价值的平均产出量，会导致产品价格的下降，从而影响主枝产业、侧枝产业乃至末枝产业的产品价格下降。根据供需理论，末枝产业产品价格下降，会导致人们对末枝终端产品消费量的提高，进而倒逼侧枝产业、主枝产业增加产量。最终通过冠系产业子系统和根系产业子系统的变化和反馈实现产业树的再平衡。

当干系产业产品升级，即产品质量提高、产品结构优化时，产品质量提高必然会在短时间内导致产品价格提升，从而提高主枝产业生产投入量，为维持其利润空间，主枝产业大概率会提升产品价格，依此类推，直至影响到末枝产业，造成末枝产业产品价格的提高，在消费水平不变的情况下，终端产品消费量降低，倒逼末枝产业、侧枝产业和主枝产业减产，迫使干系产业新产品价格下降，实现新的平衡。另外，干系产业产品升级必然会引起其原材料的变化，可能是原材料配比发生变化，也可能是出现原材料的新增或删减。干系产业通过对原材料的需求变化，会导致主根产业生产规模的变化或者导致部分主根产业的新生或退出。由于工艺升级时已经分析了原材料需求规模变化对根系产业子系统的影响，该处不再赘述，该部分主要分析原材料种类的变化对根系产业子系统的影响。当原材料种类新增或减少时，会导致主根产业的新增或淘汰，从而会增加或减少根产业簇，影响干系产业子系统的规模和结构，最终实现产业树的再平衡。

2. 冠系产业带动型内部调节模式

冠系产业子系统由主枝产业、侧枝产业和末枝产业多个层级产业群有机组成，产业变化可能发生于主枝产业层、侧枝产业层或末枝产业层。但是，由于产业变化可在任一层级发生，其条件模式基本相同，因此，本书在冠系产业带动型自我调节模式分析中不再细分。冠系产业子系统经济规模变动主要受产品产量（Q_h）、产品数量（l_j）、产业数量（n_i）等因素的影响，而产品产量（Q_h）、产品数量（l_j）的变动主要表现为产业规模的变化，将产业变化归纳为规模变化和产业数量变化，两者所引起的产业树自我调节不尽相同，因此，本书将冠系产业带动型划分为两类。

当冠系产业子系统内部某产业规模发生变化时（以规模扩大为例），即 Q_h 和 l_j 发生变化，n_i 保持不变时，其对上游产业产品的需求量增加，为追求利润最大化，致使下游产业扩大规模。以末枝产业规模扩大为例，其通过市场倒逼，引起产业树内部侧枝产业、主枝产业规模依此扩大，进而引起干系产业规模扩大，该需求拉动力进一步传递至干系产业、根系产业，最终导致产业树规模的扩张。

当冠系产业子系统内部产业数量发生变化时，即 n_i 发生变化。冠系产业子系统内部新生一个产业，必然会引发该产业的上下游产业进入产业树，致使冠系产业子系统内部增加枝产业簇，同时导致冠系产业子系统规模的扩张，进而引起干系产业、根系产业规模的扩张。当冠系产业子系统内部某一产业被淘汰时，与其存在单独关联的产业将伴随淘汰或被迫转型，导致冠系产业子系统规模减小，进而引起干系产业、根系产业规模的收缩。

3. 根系产业带动型内部调节模式

根系产业带动型与冠系产业带动型有相似之处，不同之处在于冠系产业通过需求倒逼影响干系产业和根系产业，而根系产业带动型主要通过技术进步引起的供给变化，影响干系产业和冠系产业。根系产业子系统经济规模变动同样受产品产量（Q_h）、产品数量（l_j）、产业数量（n_i）等因素的影响，与冠系产业带动型内部调节模式类型划分一样，将根系产业带动型内部调节模式进一步细分为两类。

当根系产业子系统内部某产业的规模扩张（收缩）时，产品产量增加（减少），对根系产业来说原材料供大于求（供不应求），导致根系产业规模扩张（收缩）；根系产业规模的扩张（收缩），同样导致冠系产业规模的扩张（收缩）。由于供给方处于卖方市场（买方市场），导致产品价格不断下降（提升），进而导致最终消费量减少（增加），此结果反作用于根系产业，最终达到再平衡。

当根系产业子系统内部产业数量发生变化时，干系产业所需生产工艺或产品一般会出现升级现象。例如，煤炭产业初始阶段以炮采为主，炸药是必需品，随着综采设备的出现，炸药被逐渐取缔。根系产业作为原材料的供应方，在没有替代产业前，不会自我消失。综上所述，根系产业子系统中某产业淘汰原因有：第一，干系产业进行产业升级，所需原材料发生变化；第二，根系产业出现新兴替代产业，传统产业被替代出局。在根系产业带动型的调节模式中，只可能会出现第二种情况。新兴产业的出现必然会提高干系产业的生产效率和产业规模，进一步推动冠系产业规模的扩张，最终实现产业树升级与再平衡。

二、外部调节模式

外部调节是在自我调节基础上进行的，这也是本书研究产业树自我调节机理的目的，只有掌握了产业树自我调节的规律，根据其客观规律制定相应的外部调节措施，才能达到事半功倍的效果。否则，外部调节措施容易与产业树自我调节规律相违背，造成对产业树经济规模的制约。本书根据对产业树调节对象的不同，将外部调节模式划分为三类：市场拉动型外部调节模式、政府推动型外部调节模式以及组织网络影响型外部调节模式。

1. 市场拉动型外部调节模式

市场拉动型外部调节模式是在国家或区域以干系产业为核心形成产业树存在一定竞争力的基础上，企业为获得更加可观的利润，推动横向上更多的同类型企业不断集聚、纵向上原有产业链延伸新产业不断加入的过程。其主要通过市场的联动逐渐耦合形成更加稳定、更加有序、更有竞争力的产业树。

市场拉动型模式会使产业树冠系产业子系统、根系产业子系统产业层级增加，干系产业规模不断扩张，最终实现产业树整体规模的扩张及产业结构的调整。

2. 政府推动型外部调节模式

政府推动型外部调节模式是中央或地方政府以经济发展或产业结构优化等为目的，通过制定相应的产业政策或发展规划，鼓励或抑制某一个或某一类型产业的发展，引导产业树内部某个产业簇的扩张或收缩甚至淘汰，进而调节产业树产业结构的过程。该种模式主要用于推动产业转型升级速度、尽快适应国际产业转型升级趋势等。

政府推动型模式往往会对产业树内部干系产业产生较大影响，进而通过原材料需求的变化或产品结构的升级影响其上下游产业，最终实现对产业树的调节作用。

3. 组织网络影响型外部调节模式

组织网络影响型外部调节模式是在产业树发展到一定程度、组织网络作用开始凸显的基础上，为解决企业间的竞争活力和规模经济的冲突问题，外部经济体系促使产业树内部产业在规模、结构上不断做出调整的过程。该种模式主要产生于发展时间较长、规模较大、有一定市场影响力的产业树。其主要通过改变产业树的内部构造、企业行为等对产业树实现调节作用。

组织网络影响型外部调节模式有利于促进产业树内部整体结构、细分结构乃至产业组织的调整与优化，以适应外部产业体系的要求，维持产业树的竞争力和稳定性。

第三节　展与汇的调节方式

前面根据产业树调节动力来源的划分将产业树调节模式分为内部调节和外部调节两种模式。虽然，两种调节模式的实施者不同、动力来源均有差异，但其最终目的均是实现产业树的规模扩张、结构优化、产业升级。其调节结果可以从产品结构、产业规模、产业数量、产业结构、子系统耦合度等方面观测，该部分将在第八章中进行研究。而产业树在内外部调节作用下，其产品结构、产业结构、产业数量的变化是通过什么方式实现的，则是本节需要弄清的问题，只有研究清楚产品结构、产业结构、产业数量变化的调节方式，才能够为后面调节结果的度量提供理论指导。

我们在第一章产业树提出的依据中指出，展和汇是产业树子系统层级结构、产业分支的客观依据。本节主要从展的扩张与收缩、汇的扩张与收缩两个方面论述展与汇对产业树产品结构、产业结构、产业数量的调节作用。具体分析如下。

一、展的调节

（一）展的成因及内涵

根据前面分析，产业树展形成的客观依据来源于资源本身的特性（产品多样性、产品多属性）。由于一个产业能够生产多种产品，且同一产品具有多种用途，从而实现了一个产业与多个产业相关联的现象。以煤炭产业为例，煤炭产业主要以煤炭为产品，而在煤炭生产过程中，会伴生大量煤矸石、煤层气等。同时，随着洗选加工率的提高，煤炭产品进一步细分为原煤、精煤、煤粉、煤泥、水煤浆等，不同产品供给产业不同。因此，以一个产业为出发点，能够为多个不同的产业提供资源，在产业树中，引起一个产业向多个产业供给资源的产业分支现象称为展，产业展存在于产业树的冠系产业子系统中。

（二）展的结构指标

以某一产业为核心的产业体系在平面图上呈现树状形态，表明以某一产业为核心的产业体系是一个高度层次化的结构系统，这为产业树展的层次化剖析及其产业体系中的作用分析提供了理论基础。产业展的形成是同一产业所生产的产品多样性、产品用途多样性及产品要素的多样性共同作用的结果，因此，产业展在一定程度上能够进一步反映并调节产业树冠系产业子系统的产业结构、产业数量等调节指标。由于展反映的是一个产业向多个产业展开的情况，本书选取产业树中一个产业展关联多个产业的平均产业数量作为衡量冠系产业子系统结构的重要指标，用 $Z_{冠}$ 表示，则有：

$$Z_{冠} = \frac{\sum_{i=1}^{n} Z_i}{\bar{n}_z} \tag{6.1}$$

其中，Z_i 表示第 i 个展结构的展开产业数量，即展度；$\bar{n}_z$ 表示冠系产业子系统中展的数量。

$Z_{冠}$ 和 Z_i 的变化直接影响冠系产业子系统内部产业的数量、产业层级结构等。运用展的形成机理能够有效地分析在不同调节模式下，产业树驱动因素是通过什么方式调节冠系产业子系统规模和内部结构的。

（三）展的扩张与收缩

科技发展会使同一资源的属性增加、同一产业的产品种类更加丰富，展是因同一资源具有多种属性、同一产业具有多种产品而形成的，科技发展必然会通过增加资源属性和产品种类实现展的扩张。随着社会进步，人们对产品的需求不断升级，高污染、低质量产品逐渐失去消费市场，加之政府宏观调控，进而导致对应产业的淘汰，该过程又会造成展的收缩。因此，科技发展和社会进步共同影响着展的基本结构，即 $Z_{冠}$ 和 Z_i 同时受到科技发展和社会进步的影响。

在产业树中，展主要存在于冠系产业子系统，在内生性动力和外部激发性动力的作用下，通过展扩张与收缩的方式调节冠系产业子系统的产业数量和产业结构，以适应社会经济体系发展的需求。以下分别论述展通过扩张和收缩对冠系产业子系统的规模、结构进行调节的方式。

1. 展的扩张调节

首先，在科技发展的推动下，资源或产品的属性不断被挖掘，致使展不断扩张，进而导致同一个产业能够与下游更多产业进行直接关联。其次，随着我国生态治理力度的加大，循环经济、低碳经济和绿色经济发展模式不断涌现，逐步在原有产业体系的基础上，催生了以再利用、"三废"处理为主的新兴产业，同样推动了展的扩张。假设冠系产业 $\bar{S}_i$ 对应下游 $\bar{n}_i$ 个产业，在科技发展过程中，冠系产业 $\bar{S}_i$ 的产品种类或属性增加了 $\Delta \bar{n}$ 个，则此时 $Z_i = \bar{n}_i + \Delta \bar{n}$，即该产业的下游产业共有 $\bar{n}_i + \Delta \bar{n}$ 个。此时，新增的 $\Delta \bar{n}$ 个产业的下游产业也会被纳入冠系产业子系统中，相当于增加了 $\Delta \bar{n}$ 个主枝产业簇或侧枝产业簇。进而引起冠系产业子系统规模的扩张以及产业数量的增加，同时由于新产业的加入，干系产业流入的资源需要重新配置，进而导致冠系产业子系统产业结构的改变。由于某一个产业展的扩张导致新产业的加入后，该产业的下游产业或上游产业可能会进入产业树，实现产业树规模与结构的变动。

2. 展的收缩调节

首先，随着社会的不断进步，市场逐渐发展为买方市场，产品种类不断丰富、竞争不断增强，高污染、低质量的产品消费群体逐渐减少，其市场占有率逐渐被新兴的绿色、高质产品挤占。其次，地方政府为提高区域经济发展速度和质量，也会采用环境规制、产业政策、发展规划、财政补贴、税收等宏观调控方式加速新旧动能的转换，尽快实现新产业规模的扩张和"三高一低"产业的淘汰。而产业的淘汰会导致上游产业展的收缩，即上游产业产品的利用途径的减少。同样，假设冠系产业 $\bar{S}_i$ 对应下游 $\Delta \bar{n}$ 个产业，在社会进步过程中，冠系产业 $\bar{S}_i$ 的下游产业被淘汰 $\Delta \bar{n}$ 个，则此时产业 $\bar{S}_i$ 的下游产业共有 $\bar{n}_i - \Delta \bar{n}$ 个，即产业 $\bar{S}_i$ 的产品利用途径减少为 $\bar{n}_i - \Delta \bar{n}$ 种。此时，减少的 $\Delta \underline{n}$ 个产业的下游产业也会从冠系产业子系统中被剔除，相当于减少了 $\Delta \bar{n}$ 个主枝产业簇或侧枝产业簇。通过展的收缩调节，冠系产业子系统内部产业规模、产业数量以及产业结构会做出相应的变化。

由于冠系产业子系统往往具有多个产业簇、多个层级，在科技发展和社会进步过程中，产品属性的开发、新旧产业的交替通常是同时进行，即展的扩张与收缩会在冠系产业子系统中不同产业展中同时发生。因此，在分析冠系产业子系统产业规模、产业数量以及产业结构时，需要同时考虑所有展结构的收缩与扩张。

二、汇的调节

（一）汇的成因及内涵

《辞海》中，汇为聚集、整合之意。汇的现象存在于多个领域多个学科，有河流汇集、管路汇集、生产工序汇集等。本书借鉴客观存在现象，将汇引入产业系统当中，分析产业之间的关联关系。

从产业体系的构成现象分析，一方面存在一个产业向多个产业提供资源的现象，另一方面也存在多个产业向某一个产业提供资源的现象。该种现象主要源自同一产业生产需要多种类型的生产资料进行化学或物理形态的加工组合。以资源型产业为例，该类型产业以自然资源为开采对象，其生产过程所需的主要生产要素为人力、机械设备、水、电等；以服务型产业为例，该类型产业主要产品为虚拟产品（服务、技术）等，其生产过程主要的生产要素为人力（知识）、信息、技术等；以制造型产业为例，其生产过程所需的主要生产要素为原材料、机械设备、人力、电力等。因此，一个产业要完成生产的目的就需要多个不同的产业为其提供资源，在产业树中，这种多个产业向一个产业提供资源的现象就称为汇，产业汇存在于产业树的根系产业子系统中。

（二）汇的结构指标

产业树高度层次化的结构系统为产业汇的层次化剖析及其在产业体系中的作用分析提供了理论基础。产业汇的形成是由同一产业所需生产要素的多样性造成的，因此，产业汇在一定程度上能够进一步反映并调节产业树根系产业子系统的产业结构、产业数量等指标。由于汇反映的是多个产业向一个产业汇集的情况，因此，本书取汇入一个产业的平均产业数量作为衡量根系产业子系统结构的重要指标，用 $H_{根}$ 表示，则有：

$$H_{根} = \frac{\sum\limits_{i=1}^{n} H_i}{n_H} \tag{6.2}$$

其中，H_i 表示第 i 个汇结构的汇入产业数量，即汇度；n_H 表示根系产业子系统中汇的数量。

$H_{根}$ 和 H_i 的变化直接影响根系产业子系统内部产业的数量、产业层级结构等。同理，运用汇也能够有效分析在不同调节模式下，产业树驱动因素是通过什么方式调节根系产业子系统规模和内部结构的。

（三）汇的扩张与收缩

产业体系汇的结构往往随着技术进步而不断发生变化，主要原因有：第一，目标产业因技术进步致使其生产要素减量化或者生产要素被其他资源所替代；第二，目标产业因技术进步发生产品的升级或转型，进而致使其生产要素种类发生变化；第三，"汇入"产业技术进步致使其产品生产成本降低、产品性能上升等。

在以上一种或几种原因共同作用下，产业体系汇的结构会不断发生变化，导致其"汇入"产业数量、种类发生变化，即 $H_{根}$ 和 H_i 发生变化，进而影响根系产业子系统的产业规模、产业数量以及产业结构。在产业汇的扩张与收缩研究中，同样从科技发展和社会进步两个方面进行分析，具体论述如下。

1. 汇的扩张调节

产业之间关系是由于资源在产业之间流动而形成的，资源流动是由生产产品的需求而引起，生产产品需要多种不同的资源，而不同的资源是不同的产业生产的，因此，在产业树中存在产业汇集问题。而汇的扩张一般表现为目标产业生产产品所需要的原材料种类的增加，该种情形一般为由于科技进步致使目标产业产品升级，产品升级过程中需要加入新型原材料，从而在根系产业子系统中引入目标产业所需原材料的供应商，实现展的扩张。假设根系产业 S_i 对应上游 n_i 个产业，目标产业通过技术创新实现产品升级，目标产业 S_i 所需要的生产资料增加了 Δn 个，则此时 $H_i = n_i + \Delta n$，即该产业的上游产业共有 $n_i + \Delta n$ 个。此时，新增的 Δn 个产业的下游产业也会被纳入根系产业子系统中，相当于增加了 Δn 个主根产业簇或侧根产业簇。汇的扩张致使根系产业子系统产业数量增加、层级结构更加复杂，同时也扩大了根系产业子系统的产出规模。

2. 汇的收缩调节

资源利用存在组合利用，即任何生产活动都是由不同资源按照生产工艺、生产技术等要求，按照一定的比例，通过物理、化学、机械等几种方法组合生产出来。当原材料供给产业通过技术进步实现了产品升级，对原有产品具有替代作用，新产品能够保障目标产业在减少资源种类投入的情况下完成产品生产，此时便会产生汇的收缩现象。以煤炭产业为例，在炮采过程中需要炸药、木质支架以及大量劳动力，当其上游设备制造商完成产品升级，提供综采装备，炸药、木质支架生产商被取代，进而使煤炭产业的原材料供应商种类减少，即煤炭产业汇的收缩。除通过科技创新主动进行调节外，随着社会的进步，市场以及政府同样也会引导汇的改变。根据资源禀赋理论，地球资源是有限的，我们往往会通过市场与政府引导，促使产业进行技术创新或者原材料的更替，用赋存丰富的资源替代赋存较少的资源、用可再生资源代替不可再生资源、用消耗资源少的方法替代消耗资源多的方法等，这一切过程都由汇进行调节，表现为汇的收缩。假设根系产业 S_i 对应上游 n_i 个产业，目标产业通过技术创新或市场引导实现工艺升级，目标产业 S_i 所需要的生产资料减少了 Δn 个，则此时 $H_i = n_i - \Delta n$，即该产业的上游产业变为 $n_i - \Delta n$ 个。此时，减少的 Δn 个产业的下游产业也会从根系产业子系统中被剔除，相当于减少了 Δn 个主根产业簇或侧根产业簇。根系产业子系统即通过产业汇的扩张与收缩引入新兴产业、淘汰落后产业，不断实现根系产业子系统的转型升级，从无序向有序、由低级向高级的转化。

综上所述，冠系产业子系统在展的扩张与收缩调节下，实现了产业规模、产业数量以及产业结构的扩张与优化；同理，根系产业子系统通过汇的扩张与收缩的调节，实现了根系产业子系统产业规模、产业数量以及产业结构的扩张与优化。加之干系产业子系统的核心传导与调节，最终实现了产业树从无序向有序、由低级向高级的动态发展演化。除此之外，展与汇的调节作用在未来应用产业树进行选择目标主导产业、延伸产业链、优化产业结构均具有重要意义。

第四节　本章小结

本章主要在产业树调节动力研究的基础上，对产业树调节的模式以及展与汇的调节方式进行了归类与分析。首先，根据产业树调节动力不同将产业树调节模式划分为内部调节和外部调节两类。其次，根据内部调节起始端的不同，又将内部调节划分为冠系产业带动型内部调节模式、干系产业带动型内部调节模式和根系产业带动型内部调节模式三种类型，并对每种调节模式进行理论分析；根据外部调节动力的来源将外部调节划分为市场推动型外部调节模式、政府推动型外部调节模式以及组织网络影响型外部调节模式三种类型，并分析了每一种模式的作用机理。最后，分析了展与汇在产业树调节中的调节方式。研究表明，产业树通过展与汇的扩张与收缩等方式，调节产业树内部产业规模、产业数量以及产业结构，以适应科技发展和社会进步带来的外部经济环境的改变及内部产业升级的需求，推动产业树不断由无序、低级向有序、高级的方向发展。通过前面分析可以看出，在内外调节动力的作用下，产业树是不断发展变化的。在内外部调节动力作用下，当产业树内部某个产业发生变化时，如何引起产业树其他产业或子系统发生变化，其变化的规律和机理又是什么，要摸清这些问题，需要对产业树调节动力的传导路径进行研究。

第七章　产业树调节动力的传导路径分析

　　根据自组织理论，产业树自组织演化本质上就是系统内产业结构的调整、重组和升级。根据第四章构建的产业树经济总量变动模型可知，产业树产品数量、产业数量、层级数目等是影响产业树经济总产出规模（T_t）的直接因素，而以价值增值动力、自组织动力、科技创新动力组成的内生性动力和以市场引导动力、政策引导动力、组织网络动力组成的外部激发性动力是推动产业树产品数量、产业数量、层级结构等变动的根本原因。但是，内部驱动因素和外部激发性动力是以什么方式、通过什么路径实现产业树结构调整、重组和升级的？弄清以上问题是开展产业树调节结果的前提，也是产业树调节机理研究的重要组成部分。在第六章中，我们已经阐明了产业树调节动力的影响方式，本章主要研究产业树调节动力的传导路径，弄清内外部调节动力的改变是通过何种路径由触发点传导至产业树内部各个主体产业，并引起各个产业发生相应变化、实现产业树从低级向高级螺旋式演化的。本章主要从传导路径理论分析和仿真模型构建两个方面展开研究。

　　由于产业树内各个主体的发展演变过程不一、对外界刺激的敏感度不同，产业树涨落往往起始于系统内的某一个子系统或某一个主体（产业），并以其为核心依据一定的传导路径向其他子系统或主体产业进行传导扩散，研究产业树传导路径对于掌握产业树的调节过程和制订调控政策具有重要的理论意义和实践意义。

第一节　传导路径理论分析

　　根据前面分析，产业树调节起始于调节动力的改变，内外部动力作用于产业树内部某一个或几个产业，致使产业发生变化，然后通过一定传递机理影响其他产业。由于资源流动是产业体系形成和存在的本质，因此，无论是内部驱动因素还是外部驱动因素导致的产业波动，其最终会通过资源变化和流动对产业树内部其他产业产生影响。根据产业树的基本结构以及传导源在产业树中的位置，可将产业树部门冲击的传导路径划分为以下三种情形（见图7-1）：第一，末根产业在科技创新刺激下发生变化时，该变化会沿"末根产业→侧根产业→主根产业→干系产业→主枝产业→侧枝产业→末枝产业"的路径层层进行传递，该类波及效应会逐步呈现由"根系产业→干系产业→冠系产业"的方向扩散状波及，由于其与资源流动方向一致，本书将该路径定义为正向传导路径；第二，末枝产业在需求变化的刺激下发生变化时，该变化会沿"末枝产业→侧枝产业→主枝产业→干系产业→主根产业→侧根产业→末根产业"的路径层层进行传递，该类波及效应会逐步呈现由"冠系产业→干系产业→根系产业"的方向扩散状波及，由于其与资源流动方向相反，本书将该路径定义为逆向传导路径；第三，在内外部环境因素刺激下产业树中其他产业发生变化时，会以该产业为核心，向上或向下层层进行传递，呈现双向扩散状波及，本书将该路径定义为双向传导路径。传导路径是产业树发展变化的纽带，摸清产业树传导路径，对研究产业树体系内相关变化的波及效应和自我调节机制具有重要意义。以下主要从理论和仿真两个层面分析三个传导路径。

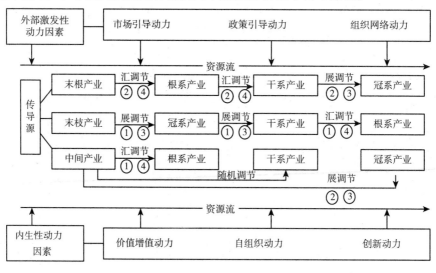

① 后向关联 ② 前向关联 ③ 旁侧竞争关联 ④ 旁侧协同关联

图7-1 产业树调节动力传导路径

一、关联关系分析

根据第四章对产业树结构的分析，产业树整体结构可以简化为图7-2。由图7-2可知，在产业树结构示意图中主要存在两大类关联结构，分别为如图7-3所示的直接关联结构和如图7-4所示的旁侧关联结构。

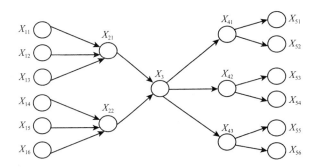

图7-2 产业树简化结构示意图

图7-3 直接关联结构示意图

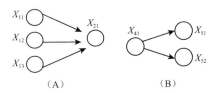

（A）　　　　　　（B）

图7-4 旁侧关联结构示意图

如图7-3所示，产业 X_3 与产业 X_{21}、X_{41} 之间存在直接投入产出关系，该种关系主要存在于产业树的前后层级产业之间，该关联关系主要包含直接前向关联关系（如产业 X_3 与产业 X_{41}）和直接后向关联关系（如产业 X_3 与产业 X_{41}）。这两种关联关系是由产业之间资源流动形成的，属于直接影响。而在产业树中，同一层级的产业之间不存在直接的投入产出关系，如产业 X_{11}、X_{12}、X_{13} 之间以及产业 X_{51}、X_{52} 之间。以图7-4（A）和图7-4（B）为例可分析产业树中存在的另一类产业关联关系——旁侧关联。

根据产业之间的基本关系可以将旁侧关联划分为旁侧竞争关联和旁侧协同关联。两类旁侧关联产业之间的波及均是通过共同的下游产业或上游产业实现的。如图 7 - 4（A）所示，产业 X_{11}、X_{12}、X_{13} 均与产业 X_{21} 存在直接的后向关联关系，即产业 X_{11}、X_{12}、X_{13} 同时为产业 X_{21} 提供生产资料。假设，由于某因素影响导致产业 X_{11} 产出量增加，即对产业 X_{21} 投入量增大时，必然会推动产业 X_{21} 的发展，进而导致产业 X_{21} 对产业 X_{12}、X_{13} 的产品需求量增加，从而推动产业 X_{12}、X_{13} 的发展。通过上述分析，将共同供给同一产业的两个或多个产业之间的关系称为旁侧协同关联，旁侧协同关联产业具有共同促进的作用。

如图 7 - 4（B）所示，产业 X_{51}、X_{52} 均与产业 X_{41} 存在直接的前向关联关系，即产业 X_{41} 同时为产业 X_{51}、X_{52} 提供生产资料，假设，当某一因素影响导致产业 X_{51} 的需求量增加时，短期内产业 X_{41} 产量不变，则产业 X_{51}、X_{52} 之间产生竞争关系。通过上述分析，将共同接受同一产业供给的两个或多个产业之间的关系称为旁侧竞争关联。

由于以上四类关联关系的存在，导致产业树中某一产业发生变化后，该变化在产业树中的传导路径具有多样性并产生多种不同的结果。以下将结合四种不同的关联关系理论来分析部门冲击在正向传导路径、逆向传导路径和双向传导路径中的传导效应。

二、正向传导路径

1. 正向传导路径定义

产业树的变化往往起始于系统内部主体的变化，当根系产业子系统中末根产业自身发生蜕变或者由于外部环境变化而发生变化时，均会根据资源流动方向对其直接前向关联和旁侧协同关联产业产生影响，而被波及产业会进一步影响其下游直接关联产业和旁侧关联产业。本书将沿根系产业子系统（末根产业→侧根产业→主根产业）→干系产业子系统→冠系产业子系统（主枝产业→侧枝产业→末枝产业）传导路径称为正向传导路径。

2. 正向传导路径特征

正向传导路径主要有以下特点：第一，起点为根系产业子系统中的末根产业；第二，传导方向与资源流动方向一致；第三，主要通过投入变化影响下游产业变化。

3. 正向传导调节机制

如图 7-2 所示，末根产业 X_{1i}，$i=1$，2，$\cdots$，6 中任一个产业发生变化，该变化将沿 X_{2i}、X_3、X_{4i}、X_{5i} 的方向进行传导，根据图 7.1 所示的传导路径，在根系产业子系统中主要通过前向关联和旁侧协同关联等波及相关产业，当在波及过程中产生巨涨落时，将通过汇的扩张或收缩的方式对根系产业的产业数量、产业结构进行调节；同理，在冠系产业子系统中主要通过前向关联和旁侧竞争关联等波及冠系产业子系统内部相关产业，当波及过程中产生巨涨落时，将通过展的扩张或收缩的方式对冠系产业子系统的产业数量、产业结构等进行调节。综上所述，以末根产业部门冲击为起点的正向传导过程中，主要存在旁侧协同关联和前向关联等产业关联方式，在产生质变时，根系产业和冠系产业分别通过汇与展的扩张与收缩进行调节。

在量变过程中，各产业之间呈现的是规模同增同减的趋势。根系产业规模扩张（收缩），导致干系产业生产资料供给量增加（减少），进而导致干系产业出现规模扩张（收缩）；同理，干系产业在根系产业影响下出现规模扩张（收缩），同样影响下游的冠系产业，进而导致冠系产业规模扩张（收缩）。在正向传导过程中，为同一产业供给生产资料的其他产业因与变动产业存在旁侧协同关联，同样会因为其下游产业的规模扩张（收缩），而产生其规模的扩张（收缩）。

在质变过程中，若传导源（末根产业）的革命性升级导致其旁侧协同产业被替代，此时会出现汇的收缩，进而推动其前向产业的转型升级，然后按照正向传导路径的量变传导机制继续对干系产业和冠系产业产生影响；若传导源（末根产业）中的某类产品在外部因素影响下被淘汰，导致其下游产业被淘汰，此时可能会出现节点汇的消失或新产业的引入。

三、逆向传导路径

1. 逆向传导路径定义

逆向传导与正向传导相反，是冠系产业子系统中末枝产业自身发生蜕变或者由于外部环境变化引起的产业变化，其主要在市场倒逼下，对与其直接后向关联和旁侧竞争关联产业产生影响，然后，被影响产业进一步波及影响其上游直接关联和旁侧竞争关联产业。本书将沿冠系产业子系统（末枝产业→侧枝产业→主枝产业）→干系产业子系统→根系产业子系统（主根产业→

侧根产业→末根产业）传导的路径称为逆向传导路径。

2. 逆向传导路径特征

依据产业树基本结构，可以将逆向传导特征概况如下：第一，传导起点为冠系产业子系统中的末枝产业；第二，传导方向与资源流动方向相反；第三，主要通过需求倒逼上游产业变化。

3. 逆向传导调节机制

如图 7–2 所示，末枝产业 X_{5i}，$i = 1$，2，…，6 中任一个产业发生变化，该变化将沿 X_{4i}、X_3、X_{2i}、X_{1i} 的方向进行传导，在冠系产业子系统中主要通过后向关联和旁侧竞争关联等波及相关产业，当在波及过程中产生巨涨落时，将通过展的扩张或收缩的方式对冠系产业的产业数量、产业结构进行调节；在根系产业子系统中主要通过后向关联方式波及相关产业，同理，当在波及过程中产生巨涨落时，将通过汇的扩张或收缩的方式对根系产业的产业数量、产业结构进行调节。逆向传导路径是指冠系产业中末枝产业因市场需求的扩张或者技术的突破而导致其规模的扩张（收缩），进而沿末枝产业→侧枝产业→主枝产业→干系产业→主根产业→侧根产业→末根产业的方向进行逆向传导。因此，在以末枝产业部门冲击为起点的逆向传导过程中，主要存在旁侧竞争关联和后向关联等产业关联方式，在产生质变时，冠系产业和根系产业依次通过展与汇的扩张与收缩进行调节。

在量变过程中，冠系产业的规模扩张（收缩）必然引起供应方（干系产业）的供应量向该产业倾斜（减少），导致与其存在旁侧竞争关联的产业原料不足（过剩），出现规模收缩（扩张）；进而导致原材料供应不足（过剩），原材料价格提升（下降），干系产业为获取高额利润进行规模扩张（收缩）；同理，干系产业规模扩张（收缩）同样导致根系产业规模扩张（收缩）。最终，干系产业产品产量能够满足冠系产业需求，进而重新达到新的平衡。

在质变过程中，在内部驱动因素（科技创新）作用下，若传导源（末枝产业）所需的生产要素发生变化，必然导致对应展的扩张或收缩，进而导致其上游产业的新增或淘汰，进而改变冠系产业子系统的产业数量、产业结构；若在外部驱动因素作用下，传导源（末枝产业）产品市场消失，导致末枝产业放弃某产品的生产，会导致其上游产业对应展的收缩，进而改变冠系产业子系统的产业数量、产业结构。

四、双向传导路径

1. 双向传导路径定义

双向传导是逆向传导与正向传导的混合形式，是除冠系产业子系统中末枝产业、根系产业子系统中末根产业之外的其他产业自身发生蜕变或者由于外部环境变化引起的产业变化，其主要在市场倒逼和资源流动变化下，对产业树上下游直接关联和旁侧关联产业产生影响，然后，被影响产业进一步波及其上游直接关联和旁侧关联产业。本书将产业树中同时存在正向传导和逆向传导的路径称为双向传导路径。

2. 双向传导路径特征

双向传导路径同时拥有逆向传导路径和正向传导路径的特征，又有区别于逆向传导路径和正向传导路径的特征，具体如下：第一，传导起点为产业树中除末枝产业和末根产业以外的任一产业；第二，就双向传导路径的方向而言，向末枝产业传导方向与资源流动方向一致，向末根产业传导方向与资源流动方向相反；第三，通过需求倒逼（逆向）和投入变化（正向）两个因素共同影响上下游产业。

3. 双向传导调节机制

如图 7 - 2 所示，当产业 X_{2i}、X_3、X_{4i} 中任一个产业发生变化时，该变化将分别向 X_{1i}、X_{5i} 的方向进行传导，在冠系产业子系统中主要通过前向关联和旁侧竞争关联等方式波及相关产业；在根系产业子系统中主要通过后向关联和旁侧协同关联等方式波及相关产业。双向传导路径主要是因为干系产业由于横向扩张或者生产效率提升导致的产业变化而向前向（冠系产业）和后向（根系产业）两个方向传导。当干系产业因生产效率提升导致规模扩张时，其在短期内会对根系产业原料供应产业需求减少，进而沿主根产业→侧根产业→末根产业方向逐渐传递，导致各层级产业规模收缩；同时，由于干系产业规模扩张，其产品供应量提升，短期内由于产品供应量大于需求量而引起价格下降，进而推动冠系产业规模扩张。当干系产业因为横向扩张引起规模扩张时，其对原材料需求量增加，导致根系产业增产，实现规模扩张；此时，干系产业对冠系产业的影响与因生产效率提升引起的效果相同，不再赘述。

综上所述，通过对传导路径的类型划分、特征分析以及传导路径的调节机制进行研究，从理论层面理清了产业树调节动力的传导路径的成因和机理。

为进一步增加传导路径分析后面产业树调节结果分析中的应用价值，下面首先构建产业树传导路径仿真模型。

第二节　产业树传导路径仿真模型构建与分析

Vasco M. Carvalho（2010）、Acemoglu（2012）、赵炳新（2015）等系统地阐述了产业关联结构在异质性冲击转化为系统总产出波动中的作用，为研究产业系统的总产出波动提供了新的视角。本书通过借鉴 Acemoglu 和赵炳新等构建的产业网络模型及网络结构指标加权的相关研究，在传导路径分析的基础上，构建产业（部门）变动在产业树中的传导路径仿真模型。

一、产业关联权重

1. 正向传导路径产业关联权重

产业树是根据产业之间的投入产出关系形成的产业系统，在正向传导过程中，上游产业对下游产业的影响权重主要看其投入量占下游产业产出量的比重。因此，相邻产业之间的相互影响可以通过投入产出模型中的投入系数反映。其计算公式如下：

$$a_{ij} = \frac{x_{ij}}{X_j} \tag{7.1}$$

其中，a_{ij} 表示生产单位产品 j 所直接消耗的 i 产品的数量占产业 j 的总产出量的比例；X_j 表示产业 j 的总产出量，x_{ij} 表示产业 i 对产业 j 的投入量。

2. 逆向传导路径产业关联权重

在逆向传导路径中，主要考虑下游产业变化对上游产业的影响，采用投入系数难以表达上游产业的反映，上游产业反映的强弱程度主要取决于上游产业对下游产业的依赖程度，即上游产业产品被下游产业的消耗比例。因此，本书选取上游产业的分配系数作为逆向传导路径产业关联的权重指标。其计算公式如下：

$$a_{ji} = \frac{x_{ji}}{X_i} \tag{7.2}$$

其中，a_{ji} 表示产业 i 对产业 j 的供给量占产业 i 总产出的比例；X_i 表示产业 i 的总产出量，x_{ji} 表示产业 i 对产业 j 的投入量。

3. 双向传导路径产业关联权重

双向传导路径同时具有正向传导路径和逆向传导路径的特征，以最先发生变化的产业为起点，向末枝产业方向传导时，遵循正向传导路径的传导方式，相邻产业间的关联权重可以运用式（7.1）计算；向末根产业方向传导时，遵循逆向传导路径的传导方式，相邻产业间的关联权重运用式（7.2）计算。

二、模型构建

（一）方法选择

系统动力学是基于信息反馈及系统稳定性对研究系统进行模拟仿真的理论方法。基于此，我们可以通过对目标系统机理的分析构建系统动力学模型，运用此模型去仿真系统运行的规律及其对外在变化的反应。由于系统动力学属于仿真系统，其主要关注目标系统的变化规律，对于数据的准确性要求相对不高。同时系统动力学模型能够有效地将定性和定量研究有机统一，具有处理复杂系统问题的优点，尤其适合研究社会经济系统。

系统动力学理论的核心内容是系统内生理论，其认为复杂系统的功能及其行为模式主要取决于复杂系统内部结构和参数，产业树中产业间存在层级关系、直接关联关系、旁侧关联关系，又受到内外部环境因素的影响，因而产业树中的冲击传导是一项复杂的系统工程，其内部结构是决定产业树中冲击传导的关键因素。为从定量角度有效把握产业变化在产业树中的传导规律，本书选取系统动力学方法模拟产业树中的冲击传导过程和传导规律。

（二）系统动力学模型概述

系统动力学最早由麻省理工学院教授 Jay W. Forrester 创立，由此形成经济数学的一个分支，系统动力学主要以计算机仿真、系统论、控制论以及决策论等理论为基础有机结合而成，主要用以解决复杂系统仿真建模问题。其建模原理如下：

系统动力学建模主要选择能够描述目标系统的状态变量 $X(t)$，其中，X 为 n 维变量，t 为时间变量。$X(t)$ 表示 t 时刻目标系统的状态。通过对 $X(t)$ 变化趋势的仿真模拟即能反映目标系统的变化规律。其数学模型为：

$$\begin{cases} X = F(X(t),p) \\ X(t) = X_1 \end{cases} \tag{7.3}$$

其中，X 为 n 维状态变量 X 对时间的微分；F 为 n 维函数向量；p 为 m 维函数向量；X_1 为 X 的初始值。

在系统动力学建模过程中，其状态方程组往往以差分方程组的形式出现，即：

$$\begin{cases} X(t) = x(t-dt) + F(x(t),p)dt \\ X(t) = X_1 \end{cases} \tag{7.4}$$

差分方程组即为一阶微分方程，主要描述目标系统中各个变量的变化率对系统状态的依存关系，在系统建模及应用过程中更能够发挥模型的优势。

（三）产业树传导机制模型构建

本书首先以如图 7 – 2 所示的产业树简化结构为例，进行模型构建。整个产业树可以划分为根系产业子系统、干系产业子系统、冠系产业子系统和外部环境子系统四大子系统。四大子系统通过供需关系有机关联，相互影响，构成因果反馈关系。四大子系统相互作用关系如图 7 – 5 所示。

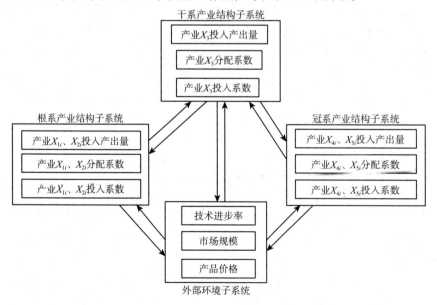

图 7 – 5　产业树框架关系

1. 模型变量分析

系统动力学模型变量主要包括状态变量、速率变量、常数量和辅助变量四类。其中，状态变量是随时间而变化的积累量；速率变量是状态变量的变化速率；不随时间变化或变化极为缓慢的量称为常数量；辅助变量主要揭示系统内部机理以及量化变量之间关系，通常以表函数形式表达。本书遵循简洁明了的原则，确定影响产业树总产出波动的重要变量，对产业树内各子系统进一步细化：

干系产业子系统：产业 X_3 的产出量，产业 X_3 的分配系数，产业 X_3 对产业 X_{21}、X_{22} 产品的需求量，产业 X_3 的产品价格变动系数，产业 X_3 的投入产出系数等。

根系产业子系统：根系产业主根产业 X_{21}、X_{22} 的产出量，主根产业 X_{21}、X_{22} 的投入系数，主根产业 X_{21}、X_{22} 对产业 X_3 产的投入量，主根产业 X_{21}、X_{22} 的产品价格变动系数，主根产业 X_{21}、X_{22} 的投入产出系数，主根产业 X_{21}、X_{22} 对末根产业的需求量；末根产业 X_{11}、X_{12}、X_{13} 的产出量，末根产业 X_{11}、X_{12}、X_{13} 的投入系数，末根产业 X_{11}、X_{12}、X_{13} 对产业 X_{21} 的投入量，末根产业 X_{11}、X_{12}、X_{13} 的产品价格变动系数；末根产业 X_{14}、X_{15}、X_{16} 的产出量，末根产业 X_{14}、X_{15}、X_{16} 的投入系数，末根产业 X_{14}、X_{15}、X_{16} 对产业 X_{21} 的投入量，末根产业 X_{14}、X_{15}、X_{16} 的产品价格变动系数。

冠系产业子系统：主枝产业 X_{41}、X_{42}、X_{43} 的产出量，主枝产业 X_{41}、X_{42}、X_{43} 的分配系数，主枝产业 X_{41}、X_{42}、X_{43} 对产业 X_3 的需求量，主枝产业 X_{41}、X_{42}、X_{43} 的产品价格变动系数，主枝产业 X_{41}、X_{42}、X_{43} 的投入系数；末枝产业 X_{51}、X_{52} 的产出量，末枝产业 X_{51}、X_{52} 对产业 X_{41} 产品的需求量；末枝产业 X_{53}、X_{54} 的产出量，末枝产业 X_{53}、X_{54} 对产业 X_{42} 产品的需求量；末枝产业 X_{55}、X_{56} 的产出量，末枝产业 X_{55}、X_{56} 对产业 X_{43} 产品的需求量。

外部环境子系统：技术进步率，价格变化率，市场对末枝产业 X_{51}、X_{52} 的需求量，市场对末枝产业 X_{53}、X_{54} 的需求量，市场对末枝产业 X_{55}、X_{56} 的需求量等。

2. 产业树流图构建

任何经济系统模型的构建均需要一定的假设条件，从而实现对次要因素的排除以及重点分析关键因素的目的。因此，本书在建立产业树仿真模型时做如下假设条件：

假设1：假设干系产业与根系产业、冠系产业之间关联仅考虑资源关联；

假设2：假设影响产业树的外部环境仅包括市场环境和技术环境，政策环境通过市场环境予以反映；

假设3：假设上游产业对下游产业主要通过投入系数影响，下游产业对上游产业主要通过分配系数影响；

假设4：假设产业树与外界的交流主要是冠系产业子系统中的末枝产业，其余产业不与外部环境交流；

假设5：假设末根产业产品供给量能够根据侧根产业需求量按需供给，从而保证产业树存在边界性。

（1）产业树因果关系图。

产业树主要包含干系产业子系统、冠系产业子系统和根系产业子系统，同时受外部环境子系统的影响。首先，根系产业子系统主要为干系产业生产发展提供原材料，呈现层次汇集结构，上游层级对下游层级主要通过原材料供应及分配比例产生影响；干系产业子系统是产业树的核心，是研究的主要对象，其接收根系产业的资源供给，并对冠系产业子系统提供生产原材料；冠系产业子系统主要为市场提供最终产品，呈现层层展开的结构，下游层级对上游层级的影响主要通过市场倒逼实现。依据以上分析，产业树仿真模型主要包含按照资源流动方向的正向传导和按照市场倒逼方向的逆向传导两部分组合而成。每一个产业均与上下游供需关系形成闭路循环。产业树结构因果关系如图7-6所示。由于根系产业子系统与冠系产业子系统内部存在多个层级，因此，摸清根系产业子系统与冠系产业子系统内部不同层级产业之间的因果关系对于构建产业树结构的系统动力学模型同样必要。

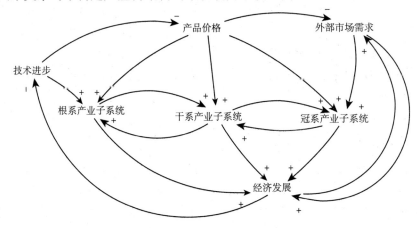

图7-6　产业树结构因果关系

（2）根系产业子系统因果关系图。

根系产业子系统中根据干系产业波及范围的大小会有不同的层级数目，上下层级产业之间存在直接关联关系，同一层级之间存在旁侧协同关联关系。假设根系产业子系统共有三个层级，即末根产业、侧根产业和主根产业，则层内产业之间存在旁侧协同关联关系，层间产业存在前向关联关系。同时，在根系产业子系统内部除三个层级产业之间的作用关系，还受到技术进步、产品价格的影响，主根产业还受到干系产业子系统的需求影响，由以上分析绘制根系产业子系统因果关系图，如图 7-7 所示。

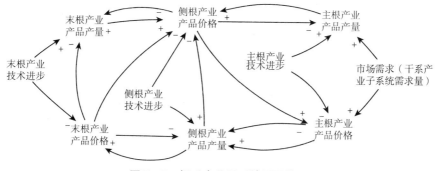

图 7-7　根系产业子系统因果关系

（3）冠系产业子系统因果关系图。

冠系产业子系统与根系产业子系统相似，上下层级产业之间存在直接关联关系，同一层级之间存在旁侧竞争关联关系。同样假设冠系产业子系统具有三个层级，即主枝产业、侧枝产业和末枝产业。冠系产业子系统内部各个层级产业内和产业间的作用关系与根系产业子系统相似，不同的是，冠系产业子系统内部主枝产业层受干系产业子系统的影响，末枝产业层产业受终端消费市场影响。其因果关系如图 7-8 所示。

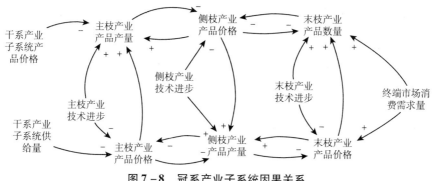

图 7-8　冠系产业子系统因果关系

（4）产业树结构关系流图。

由于干系产业子系统一般仅由一个产业构成，其内部结构简单，主要受到根系产业子系统和冠系产业子系统的双重影响，因此，本书不再赘述干系产业子系统因果关系图。根据产业树的因果关系图以及根系产业子系统、冠系产业子系统内部因果关系图分析各个因素、各个子系统之间的因果关系，绘制产业树结构关系流图，如图7-9所示。

（5）模型方程式及参数确定。

产业树动力学模型中方程及不同类型的参数主要采用经验公式法（借鉴已有研究中的一些经验公式来确定各个要素间的关系）、多年算术平均值（某些参数可通过其多年历史数据的算术或几何平均值来表示参数的平均水平）、投入产出法测算、表函数法（能够处理不能通过以上几种方法来确定参数的情况，以精确描述参数的变化）等方法确定。根据以上方法确定产业树结构系统动力学模型（见图7-9）。该处仅构建产业树的传导机制仿真模型，在实际应用过程中，如果以省域以上地区产业系统为研究对象，状态变量初始值和常数量取值可以根据最新的国家或地区投入产出表计算求得；技术进步率等采用表函数等形式给予定值。如果研究区域较小，数据难以获取，可以通过给定假定值方式进行模拟，原因在于该处以分析产业树传导路径和传导规律为目的，假定值同样可以达到分析和研究的效果。根据前面假设分析，模型中各个变量之间的关系方程见附录3。

三、结果分析

运用AnyLogic对如图7-9所示的传导路径仿真模型进行分析。本书主要通过对产业树内部各个产业的技术进步的推动作用以及冠系产业中末枝产业的市场需求的倒逼作用在产业树内部引起的产业变化来反映调节动力在产业树中的传导路径与传导效应。各个产业的技术进步率取常数5.84%，数值根据杨旭、田艳慧等对我国2000~2014年技术进步率求平均值获得，终端市场需求量的增长率（l_i）按照GDP增长率取值7%。为便于观察不同产业技术进步、市场需求变化的传导效应，旁侧关联产业的投入系数、分配系数初始值设置为等差数列。各个产业的投入系数、分配系数以及末枝产业市场需求量初始值假定值如表7-1所示。

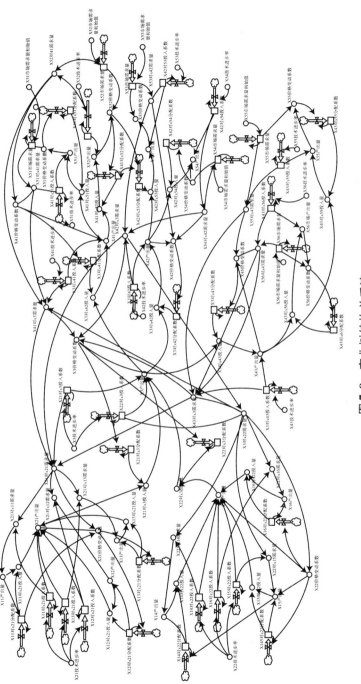

图 7.9 产业树结构关系流

表 7 – 1　　　　　　　　　　　　　初始值

序号	变量名	初始值	序号	变量名	初始值
1	X_3 对 X_{41} 分配系数	0.35	21	X_{15} 对 X_{22} 投入系数	0.2
2	X_3 对 X_{42} 分配系数	0.25	22	X_{16} 对 X_{22} 投入系数	0.3
3	X_3 对 X_{43} 分配系数	0.15	23	X_{41} 对 X_{51} 投入系数	0.2
4	X_3 对 X_{41} 投入系数	0.3	24	X_{41} 对 X_{52} 投入系数	0.3
5	X_3 对 X_{42} 投入系数	0.2	25	X_{41} 对 X_{51} 分配系数	0.1
6	X_3 对 X_{43} 投入系数	0.1	26	X_{41} 对 X_{52} 分配系数	0.2
7	X_{21} 对 X_3 投入系数	0.3	27	X_{42} 对 X_{53} 投入系数	0.15
8	X_{22} 对 X_3 投入系数	0.2	28	X_{42} 对 X_{54} 投入系数	0.25
9	X_{21} 对 X_3 分配系数	0.3	29	X_{42} 对 X_{53} 分配系数	0.15
10	X_{22} 对 X_3 分配系数	0.2	30	X_{42} 对 X_{54} 分配系数	0.25
11	X_{11} 对 X_{21} 分配系数	0.3	31	X_{43} 对 X_{55} 投入系数	0.1
12	X_{12} 对 X_{21} 分配系数	0.2	32	X_{43} 对 X_{56} 投入系数	0.2
13	X_{13} 对 X_{21} 分配系数	0.1	33	X_{43} 对 X_{55} 分配系数	0.1
14	X_{11} 对 X_{21} 投入系数	0.3	34	X_{43} 对 X_{56} 分配系数	0.2
15	X_{12} 对 X_{21} 投入系数	0.2	35	X_{51} 市场需求量	100
16	X_{13} 对 X_{21} 投入系数	0.1	36	X_{52} 市场需求量	150
17	X_{14} 对 X_{22} 分配系数	0.1	37	X_{53} 市场需求量	200
18	X_{15} 对 X_{22} 分配系数	0.2	38	X_{54} 市场需求量	250
19	X_{16} 对 X_{22} 分配系数	0.3	39	X_{55} 市场需求量	300
20	X_{14} 对 X_{22} 投入系数	0.1	40	X_{56} 市场需求量	350

在初始状态下运行传导路径仿真模型，得出各个产业的产出量，如图 7 – 10所示。

由图 7.10 中产业产出量变化可知，产业树内部产业在市场需求量增长和技术水平不断提升下，产业规模均呈现上升态势，符合第五章产业树调节动力研究的主要结论。但产业间的增长水平差距明显，为进一步弄清技术进步与市场需求的变动在产业树中的传导效应，该部分主要通过调节技术进步率以及市场需求量的初始值进行对比分析。

（一）技术进步在产业树中的传导路径及传导效应分析

该部分主要分析根系产业、干系产业或冠系产业实现技术进步增速后，通过正向传导路径、双向传导路径或逆向传导路径对不同层级产业产出量

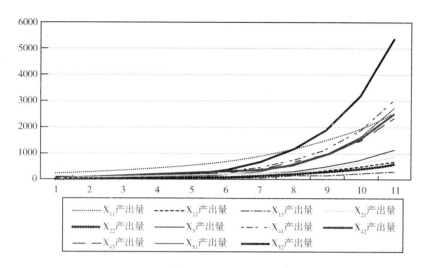

图 7 – 10 初始条件下部分产业产出量变化

（产业规模）的影响，根据不同层级产业产出量变动程度判断技术进步在各个传导路径中的传导规律和传导效应。

1. 根系产业技术进步率提升对各个层级产业产出规模的影响

由于考虑模型的边界性，本书不考虑末根产业技术进步情况，假设其能够满足侧根产业 X_{21}、X_{22} 的需求。当改变根系产业 X_{21} 的技术进步率时（假定初始值增加 1%，其余产业技术进步率保持不变），前面理论分析可知，X_{21} 的技术进步率变化会按照逆向传导路径影响末根产业 X_{11}、X_{12} 和 X_{13}，按照正向传导路径影响主干产业、主枝产业和末枝产业。以下依次分析产业 X_{21} 技术进步对末根产业、主根产业、主干产业、主枝产业以及末枝产业的影响。产业树各个层级产业在产业 X_{21} 技术进步率改变前后的产出量如图 7 – 11 ～图 7 – 15 所示，其中，图（A）表示初始状态，图（B）表示技术进步率改变后状态。

第一，对末根产业的影响。根据图 7.2，根系产业子系统中主要有两个主根产业簇，限于篇幅以及表达的需要，本书主要选取其中一个主根产业簇中的末根产业，本书选取产业 X_{11}、X_{12} 和 X_{13} 进行对比分析，通过对比图 7 – 11（A）和 7 – 11（B）中末枝产业的产出量变化情况发现，产业 X_{21} 的技术进步率提升推动了末根产业产出量的增加，且增加量非常显著。同时，如图 7 – 11 所示，技术进步率提升前后的三个末根产业的增长曲线趋势基本相同，也符合 X_{11}、X_{12} 和 X_{13} 为旁侧协同型产业的特征。同时，通过对比图 7.11

（B）发现，末根产业对侧根产业的分配系数越大，侧根产业技术进步率提升产生的影响对末根产业的影响就越大，同样符合前面理论分析结果。

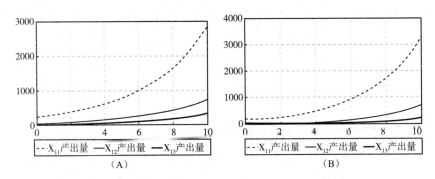

图7-11　根系产业技术进步率变动对末根产业产出量的影响

第二，对主根产业的影响。主根产业 X_{21}、X_{22} 属于旁侧协同关联关系，产业 X_{21} 技术进步率提升

前后的主根产业产出量仿真结果如图7-12所示。通过对比图7-12（A）和7-12（B）可知，主根产业 X_{21}、X_{22} 在产业技术进步的推动下实现了产业规模的扩张，且两者的增长趋势前后相似，同样符合主根产业 X_{21}、X_{22} 为旁侧协同型产业的特征。同样，从图7-12（B）可知，主根产业 X_{21}、X_{22} 的变动幅度与主根产业的投入系数和分配系数成正比。

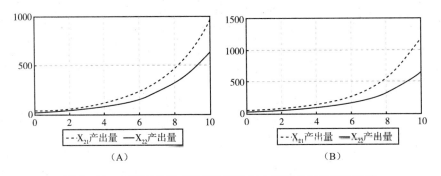

图7-12　根系产业技术进步率变动对主根产业产出量的影响

第三，对干系、冠系产业的影响。仿真干系产业、冠系产业在产业 X_{21} 技术进步率提升前后的产出规模如图7-13～图7.15所示。通过对比干系产业、冠系产业（主枝产业和末枝产业）产出量在技术进步率变动前后差异发现，干系产业、冠系产业受到根系产业技术进步的影响逐渐减少，表明侧根产业技术进步率提升对冠系产业子系统影响较小，从侧面反映了产业树系统

具有自组织能力。

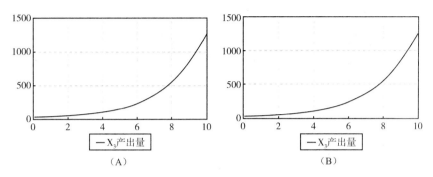

图7-13 根系产业技术进步率变动对主干产业产出量的影响

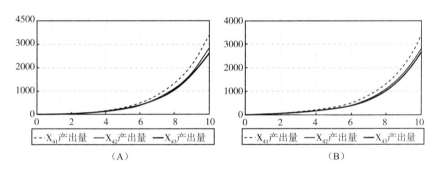

图7-14 根系产业技术进步率变动对主枝产业产出量的影响

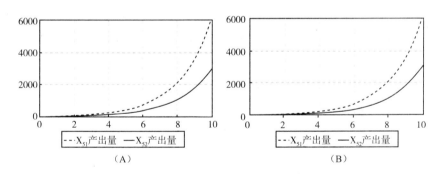

图7-15 根系产业技术进步率变动对末枝产业产出量的影响

综上所述，根系产业技术进步提升在沿正向传导路径对根系产业、干系产业和冠系产业产生影响时，其传导效应逐渐减弱，到末枝产业时其产出量基本无变化，即在正向传导路径中技术进步的影响随着产业距离的增加逐渐减弱。该结果也间接说明产业树具有自组织能力，能够通过自身条件实现产业树的稳定。在同一层级中的旁侧关联产业变动趋势相同，其规模扩张量与其对下游产业的投入系数相关。

2. 干系产业技术进步率提升对各个层级产业产出规模的影响

干系产业技术进步率提升在产业树中的传导路径为双向传导，本书改变干系产业 X_3 的技术进步率时（初始值增加 1%，其余产业技术进步率保持不变），根据前面提出的双向传导路径，依次分析技术进步对主根产业、末根产业、主枝产业、末枝产业的影响。各个层级产业在干系产业 X_3 技术进步率提升前后的产业产出量如图 7-16~图 7-20 所示，其中，图（A）表示初始状态，图（B）表示技术进步率提升后状态。同样为方便分析，根系产业子系统和冠系产业子系统仅考虑其中一部分进行分析。

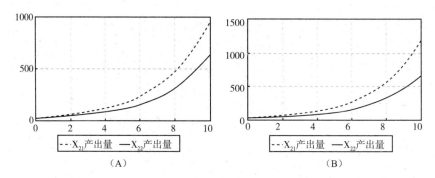

图 7-16　干系产业技术进步率变动对主根产业产出量的影响

第一，对根系产业子系统的影响。干系产业技术进步率提升前后的主根、末根产业产出量仿真结果如图 7-16 和图 7-17 所示，主干产业技术进步通过逆向传导提高了主根产业和末根产业的产出量，且两者的增长趋势前后相似，同样符合主根产业 X_{21}、X_{22} 和末根产业 X_{11}、X_{12}、X_{13} 为旁侧协同型产业的特征。同时，主根产业和末根产业的产出规模增加量与其对下游产业的投入系数和分配系数相关。其对下游产业的投入系数和分配系数越大，当下游产业变动时，其变动幅度越大。

第二，对干系产业子系统的影响。干系产业的技术进步率提升必然引起自身规模的扩张，通过仿真结果（见图 7-18）也反映了这一关系，在此，不再赘述。

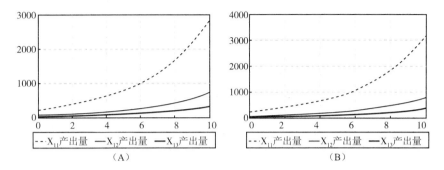

图 7 - 17 干系产业技术进步率变动对末根产业产出量的影响

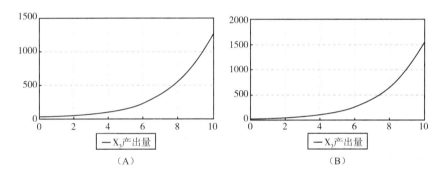

图 7 - 18 干系产业技术进步率变动对主干产业产出量的影响

第三，对冠系产业子系统的影响。干系产业技术进步率变动前后的主枝产业（X_{41}、X_{42}、X_{43}）、末枝产业（X_{51}、X_{52}）产出量仿真结果如图 7 - 19 和图 7 - 20 所示。主枝产业的产出量在干系产业技术进步率提升下实现扩增。

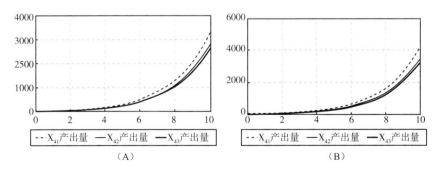

图 7 - 19 干系产业技术进步率变动对主枝产业产出量的影响

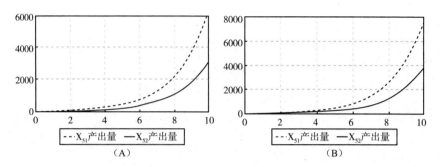

图 7 – 20　干系产业技术进步率变动对末枝产业产出量的影响

综上所述，干系产业技术进步在沿双向传导路径对根系产业、干系产业和冠系产业产生影响时，根系产业、干系产业以及冠系产业产出量均出现明显扩增，主要原因在于干系产业位于产业树核心部位，与冠系产业和根系产业的产业距离较近，同时也说明了产业树的核心是干系产业，干系产业的变化将对整个产业树的构成主体产生影响。

3. 冠系产业技术进步率提升对各个层级产业产出规模的影响

当改变干系产业 X_{51} 的技术进步率时（初始值增加 1%，其余产业技术进步率保持不变），根据前面提出的逆向传导路径，依次分析技术进步对末枝产业、主枝产业、干系产业、主根产业和末根产业的影响。各个层级产业在冠系产业 X_{51} 技术进步率改变前后的产业产出量如图 7 – 21 ~ 图 7 – 25 所示，其中，图（A）表示初始状态，图（B）表示技术进步后状态。逆向传导路径与正向传导路径的传导规律有相似之处，其作用效果会随着产业距离的增加而逐渐减少，不再赘述。

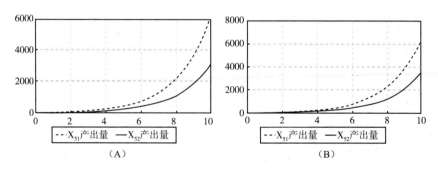

图 7 – 21　冠系产业技术进步率变动对末枝产业产出量的影响

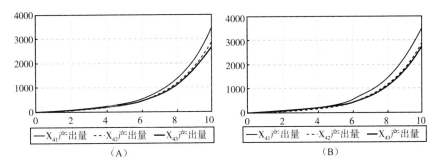

图 7 - 22　冠系产业技术进步率变动对主枝产业产出量的影响

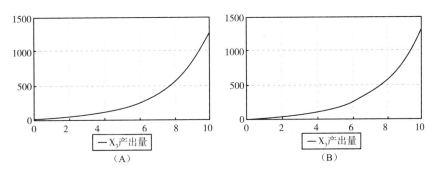

图 7 - 23　冠系产业技术进步率变动对主干产业产出量的影响

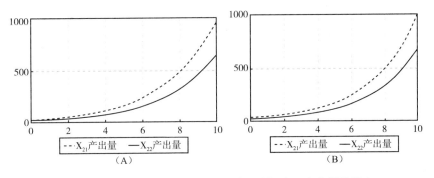

图 7 - 24　冠系产业技术进步率变动对主根产业产出量的影响

（二）冠系产业市场需求量提升对各个层级产业产出规模的影响

根据第三章产业树构建的假设，产业树仅通过末枝产业与市场发生联系，因此，本章主要考虑冠系产业子系统中末枝产业市场需求量对产业树各个层级产业产出规模的影响，并根据各个产业的产出量变化程度总结市场需求在

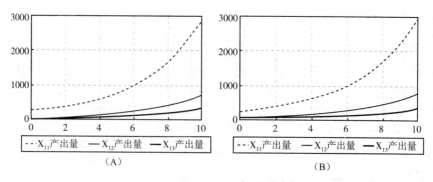

（A）　　　　　　　　　　　（B）

图 7 - 25　冠系产业技术进步率变动对末根产业产出量的影响

产业树中的传导规律和传导效应。当改变末枝产业 X_{51}、X_{52} 以及 X_{53} 的市场需求量时（初始值增加 100 单位，其余产业保持不变），根据前面提出的逆向传导路径，依次分析市场需求对末枝产业、主枝产业、干系产业、主根产业和末根产业的影响。各个层级产业在不同末枝产业需求市场扩张前后的产出量如图 7 - 26 和图 7 - 27 所示，其中 Run 0 表示初始状态，Run 1 表示 X_{51} 市场需求扩张情况，Run 2 表示 X_{52} 市场需求扩张情况，Run 3 表示 X_{53} 市场需求扩张情况。

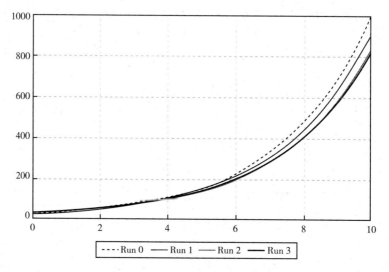

图 7 - 26　末枝产业市场需求量变动对末根产业产出量的影响

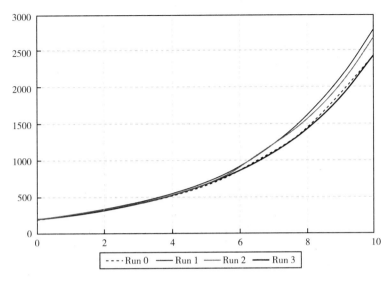

图 7 - 27　末枝产业市场需求量变动对主根产业产出量的影响

如图 7 - 26 和图 7 - 27 所示，末枝产业 X_{51} 的市场需求量变化对末根产业、主根产业产出量变动影响最大，其次为末枝产业 X_{52} 和 X_{53}。整体上，末枝产业市场需求量的扩张对根系产业产出量具有明显的拉动作用，由于不同产业之间的投入产出系数差异较大，因此，在不同产业的市场倒逼作用下，产业产出量的规模变化不同。由于干系产业和冠系产业在末枝产业市场需求变动下的变动效果与图 7 - 26 和图 7 - 27 所示结果基本一致，因此，本书不再赘述。

本节运用传导路径仿真模型模拟了产业树中产业变化冲击对系统内部各个产业产出量（即产业规模）的影响及变动规律，研究结果表明，在正向传导、逆向传导以及双向传导过程中，无论是技术进步还是市场需求量的变动，其影响效果会随着产业层级距离的增大而减弱；在同一层级的旁侧关联产业在其影响下，会发生同步影响，其变动程度与投入系数和分配系数相关。综上所述，本章一方面摸清了产业树调节动力在产业树内部的传导规律和传导效应；另一方面也从量变的角度分析了外部冲击对产业树内部产业规模的影响。为第八章产业树调节过程中的质变分析奠定了基础。

第三节　本章小结

本章主要从两部分展开产业树传导路径研究。第一，从理论层面，根据产业冲击在产业树中的传导方向与资源流动方向是否一致，将传导路径划分为正向传导路径、逆向传导路径和双向传导路径三类，并运用展与汇分析了三类传导路径的内涵、特征以及传导调节机制；第二，运用系统动力学方法构建了产业树传导路径仿真模型，仿真分析了技术进步率、市场需求变化下的产业树传导路径及效应。研究结果表明，在正向传导、逆向传导以及双向传导过程中，无论是技术进步还是市场需求量的变动，其影响效果会随着产业层级距离的增大而减弱；在同一层级的旁侧关联产业在其影响下，会发生同步影响，其变动程度与投入系数相关。本章仅从量变角度仿真分析了产业树调节动力的传导规律和传导效应。为进一步从质变角度（产业新生或淘汰）分析产业树的调节过程，第八章将通过构建 Logistic 模型分析产业树质变过程及结果。

第八章 产业树调节过程研究

前面在构建产业树经济总量分析模型的基础上，针对产业树经济总量变动的调节动力、调节方式、传导路径进行了理论分析，进一步研究产业树调节的过程成为逻辑必然，也是产业树调节机理的重要组成部分。本章在产业树调节动力、调节方式以及传导路径分析的基础上，主要研究产业树在受到内外部调节动力变化刺激后，在产业规模、产业结构、产业数量等方面的调节过程和最终的调节结果，并构建相应的指标模型对产业树自我调节的变化进行评价，为产业结构优化、产业政策制定、产业布局、产业链延伸等提供参考。

第一节　产业树经济规模变化分析

本书第四章依据产业树的基本结构构建了产业经济总量分析模型，表达式为

$$T_t = \bar{T} + T + \underline{T} = \sum_{v=1}^{u_1} \sum_{i=1}^{m_v} \sum_{j=1}^{\bar{n}_i} \sum_{h=1}^{\bar{l}_j} K\bar{Q}_h\bar{P}_h + \sum_{h=1}^{u_1} KQ_hP_h + \sum_{v=1}^{u_2} \sum_{i=1}^{m_v} \sum_{j=1}^{n_i} \sum_{h=1}^{l_j} K\underline{Q}_h\underline{P}_h,$$ 由

该模型可知，产业树经济规模与产业规模（产品产量、产品种类等）、产业数量、产业结构（层级结构、簇结构等）有关。产业树的自我调节就是在动力因素影响下通过展与汇的方式实现对产业规模、产业数量和产业结构的调节，进而推动产业树向更加有序、高级的方向演化发展。

产业树经济规模变动存在量变和质变两个阶段，即由产业规模变动引起的产业树调节阶段为量变阶段，此时在产业树中，v、i、j、h 等变量不变；由产业数量和产业结构变动引起的产业树调节阶段为质变阶段，此时在产业树中，v、i、j、h 等变量会存在一个或多个发生变化的情形。

一、量变阶段

技术进步与市场规模内生于经济主体的劳动分工行为，而政府政策是通过改变经济主体的行为而推动产业树演进的。因此，产业树演进的"源"在于经济主体的经济行为，一切政府政策重塑的目的都是改变经济主体的原有行为。虽然产业树调节主要表现为宏观层面的变化，但其实质在于微观变化的累积，产业树调节就是其组成主体行为积累的结果，"量变引起质变"是对产业树调节最好的解释。

产业发展过程实质是产业蜕变的过程，产业树由与干系产业高度关联的产业集有机组成，因此，产业树在发展过程中同样存在蜕变过程。根据产业蜕变相关理论，产业蜕变存在隐性蜕变和显性蜕变两个阶段，实质是量变与质变的两个过程。根据前面对产业树演化过程的分析，产业树在外部环境影响下，其蜕变过程同样可以分为量变和质变两个阶段，并呈现周期性循环。其中，本书将量变阶段定义为在内外部环境刺激下，产业树内部产业主动或被动做出的生产规模的压缩或扩张过程，在该过程中，系统内部各个产业仅表现为规模的变化，并未造成产业的新生或淘汰。

在第四章中，我们对量变阶段进行了界定，根据产业蜕变和产业转型升级理论可以将量变阶段划分为两个时期：第一，在外部驱动因素（市场引导动力或政策引导动力）作用下，供求关系发生变化，导致产业树内部产业进行自我调节，扩大或压缩产品产量，以实现利益最大化；第二，随着内外部因素的影响力逐渐增强，产业树自组织过程产生巨涨落，进而导致产业产品升级，即产品种类发生变化。产品种类的变化会引起以该产业为起点的汇的扩张或收缩，进一步可能引起产业的新兴或淘汰，即该时期是量变阶段的终点、质变阶段的起点。

综上所述，在产业树自我调节过程的量变阶段，其微观表现为产品产量以及产品种类的变化，在宏观层面上表现为产业规模的变化。因此，在产业树量变阶段过程中，主要是产业规模变化引起的产业结构的改变，而其产业数量、层级结构、簇结构等均保持不变。为了更好地观测产业树调节过程中规模、结构的变化情况，本章第三节中专门对其进行了相关指标的设计和建模，同时在第七章传导路径仿真分析中，也从量变角度分析了产业树的调节效应。

二、质变阶段

根据前面分析，产业树具有自组织特性，当外部冲击将产业树推离稳态后，且其涨落程度超过临界值时，产业树将会向远离平衡态的方向继续演化，直至达到新的平衡态。在达到新的平衡态过程中，产业树基本结构会出现实质性改变。除造成产业规模变动之外，产业数量的变化既构成主体的变化，也是可能存在的状态之一。该处主要讨论产业树发生质变的情形。本书将质变阶段定义为在内外部环境刺激下（以颠覆性技术刺激为主），产业树内部产业主动或被动改变原有的生产方式、产品结构、原材料结构，从而导致产业树中原有产业消亡或新产业出现的过程。在该过程中同时伴随着其他产业生产规模的压缩或扩张。

与量变阶段不同，产业树中产业数量的变动是其根本特征，即存在产业的新兴或淘汰。同样依据产业蜕变理论与产业转型路径理论，可以将产业树质变阶段划分为两个时期：第一，产业树在内生性动力（自组织动力、创新动力等）的作用下，由产品突变引起产业的新兴与淘汰，进而导致产业树内部产业数量的变化。根据淘汰或新兴产业在产业树中的位置，可能会引起产业树组织结构的不同变化。第二，当淘汰或新兴产业处于主根、主枝甚至干系产业中，将会导致产业树簇结构的增加或减少，甚至产业树的死亡或转型；当淘汰或新兴产业处于产业树其他位置，则会引起产业树层级结构的改变。以上两个时期，在时间顺序上几乎是同步发生的，但是其质变过程对产业树的影响程度存在逐渐增加的趋势。

产业树质变过程重点有三种类型：第一，产业树内部仅有新产业的产生，原有产业与新产业通过竞争达到新的稳态，最终实现产业树规模的整体扩张，其证明过程在前面产业树演化中已经阐明；第二，产业树内部仅有落后产业被淘汰，该类型主要通过市场选择或者政策指引实现，使剩余产业市场竞争力得到提升、规模扩大；第三，产业树内部既有新产业的产生又有落后产业的淘汰，该类型主要源自新旧产业的竞争，逐渐推动产业树向高级化方向发展。

本书在第五章产业树调节动力研究中提出，产业树自我调节是螺旋式上升的过程，即由低水平的"初级阶段—中级阶段—高级阶段"向高水平的"初级阶段—中级阶段—高级阶段"不断演化发展的过程，量变与质变在产业树自我调节过程中也是交替发生的。首先，从演化视角分析产业树形成阶段、成长阶段的调节过程以及调节结果；其次，构建相应的分析指标和冲击弹性，观测产业树调节过程中产业树规模、层级结构、簇结构、产业数量等的变化情况，为产业结构优化、产业政策制定、产业布局、产业链延伸等提供参考。

第二节　产业树调节过程分析

根据生命周期理论，自我调节下的系统演化的不同阶段具有不同的特征。产业树是以某一个或多个产业为核心，通过产业集聚效应、产业链延伸效应等不断演化形成的具有高度上下游关联的产业系统。摸清产业树的调节过程是研究产业树在内外部环境刺激下，其规模、产业结构、产业组成数量等在不同阶段的变动的重要前提，同时能够保证研究结果更加系统、贴近实际。

当前关于产业树的相关理论成果较少，但在产业链演化相关研究已取得较多成果，为产业树的演化研究提供了研究基础。例如，张亚明等（2009）以耗散结构和协同学为理论依据，在深入分析我国电子信息制造业产业链演化规律的基础上，分析了其演进的动力机制和演化规律。涂颖清、杨林（2010）认为产业链经历了从竞争到合作再走向协作的演化历程，并给出了不同阶段的产业链演化的驱动力，进而从演化经济学角度给出了产业链演化的影响因素。綦良群等（2012）以汽车产业链为研究对象，分析了汽车产业链演化的动因以及演化过程，然后归纳总结了产业链演化的影响因素。王帮俊等（2013）通过引入 Logistic 模型研究了煤炭产业链演化过程，认为煤炭产业链系统具有完全独立、完全竞争、部分竞争共存和部分竞争取代四种不同演化形态，阐明了煤炭产业链的演化过程及相应机理。庄晋财等（2017）从农业技术进步视角研究了农业产业链的演化机理，研究认为农业产业链演化有：基于产品技术推动的农业生产纵向型分工演化、基于辅助技术推动的农业生产横向型分工演化、基于模块化技术推动农业生产模块化分工和产业融合演化三种演化方式。徐红等（2017）从利益主体协同演化视角出发，分别构建未引入政府约束机制和引入政府约束机制的"快递企业—消费者"演化博弈模型，并通过仿真分析得到了快递废弃物回收产业链的演化过程。以上研究为本书对产业树自我调节过程的研究提供了研究基础。

一、产业树调节过程分析模型构建

前面已经界定，产业树是以一个或多个具体产业为核心，以资源流动为纽带，以技术、需求为导向，以产业结构高级化、合理化为目标，运用系统理论思想，在上下游产业汇集或展开的集群之间形成的，包含纵向、分支关系的、开放的经济技术关联结构的有机产业系统。根据上下游产业与核心产业的供需关系，整体划分为冠系产业、干系产业和根系产业。其中，干系产业为核心产业，是产业树的核心；根系产业为向干系产业直接或间接提供信息服务、原材料和设备、技术服务、资本和劳动力等资源的多层级产业群；冠系产业为直接或间接利用干系产业提供的资源生产产品的多层级产业群，主要把干系产业提供的资源加工生产为终极消费品，提供给消费市场。本章为更加直观地表现产业树的基本结构，将图4-1进一步简化为图8-1所示。在第七章中，通过构建系统动力学仿真模型已经仿真分析了产业树量变阶段的调节效应，本章主要从质变角度分析产业树的调节效应。

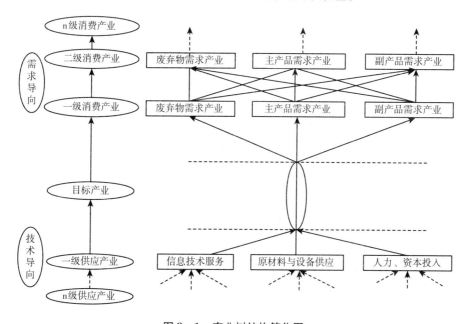

图8-1 产业树结构简化图

根据图8-1，产业树可视为以干系产业为交叉的多条产业链的有机集成，本书将该类型的多条产业链集合视为同源产业链。产业链的产量增长特性符合 Logistic 模型，而产业树又是同源产业链的集成，因此本书借鉴 Logistic 模型研究产业树的调节过程及可能出现的调节结果。

Logistic 模型的标准形式：

$$T_{t,t+1} = \lambda T_{t,t}(1 - T_{t,t}) \tag{8.1}$$

令，$T_t = T_t(t)$ 是产业树在 t 时刻的总产出量，其随着产业树的调节过程而改变，属于状态变量；假设，产业树的规模增长速度会随着 T_t 的增长而减小，并最终趋于收敛；内部产业链的规模增长速度则与 T_t 的增长速度成正比，但由于市场容量约束存在增长极限。同时，考虑产品的损耗，因此本书将产业树的调节演化模型变形为：

$$\frac{\mathrm{d}T_t}{\mathrm{d}t} = \lambda T_t(M - T_t) - \frac{T_t}{U} \tag{8.2}$$

其中，λ 为产业树的产出量增长速度系数，其主要由产业树内部主体的投入产出水平、生产效率和技术创新水平等决定；M 是产业树产出量的极限值，或者说是产业树产品的市场容量极限，其内部的产业或产业链的产品产出量均小于该值，M 的值主要由产品价格、需求收入弹性、人口数量等决定。U 表示产品的统计型寿命，其倒数表示该产品的统计型消耗率。$\lambda T_t(M - T_t)$ 表示产业树的规模增加量；$\frac{T_t}{U}$ 表示市场对产业树中产品的消耗量。

由式（8.2）可知，等式右侧产出量 T_t 随时间的增长而增长，视为增速因子；而 $M - T_t$ 因为 M 为定值，会随 T_t 的增长而减小，视为减速因子；通过上述分析可知，产业树的演化机制是非线性的，同时具有正反馈机制和负反馈机制。通过对实际的经济发展状况观察可得：$\lambda > 0$，$M > 0$。

在产业树调节过程中，不断会有新产业的产生，组成新的产业链，新产业链的产生与发展必然会对产业树产生影响，并将产业树推离稳态，并通过内部结构调整向新的稳态演化。

假设 t 时刻产业树的同源产业链数量为 n，每一条产业链的产出量或市场规模用 X_i 表示，$i \in (1, 2, \cdots, n)$，此时，在该产业树稳态下衍生出一个新的产业链形态，记为第 $n+1$ 条产业链，则根据式（8.2），提出新产业链的演化过程模型：

$$\frac{\mathrm{d}X_{n+1}}{\mathrm{d}t} = \lambda_{n+1}X_{n+1}\left(M_{n+1} - X_{n+1} - \sum_{i=1}^{n}\alpha_{i,n+1}X_i\right) - \frac{X_{n+1}}{U_{n+1}} \tag{8.3}$$

其中，λ_{n+1} 表示第 $n+1$ 条产业链的产出量增长系数；X_{n+1} 表示第 $n+1$ 条产业链的产出量，M_{n+1} 表示第 $n+1$ 条产业链的产出量极限值，即市场容量；X_i 表示第 i 条产业链的产出量；$\alpha_{i,n+1}$ 表示第 i 条产业链对第 $n+1$ 条产业链的影响系数，且 $\alpha_{i,n+1} \in [0, 1]$；$U_{n+1}$ 表示第 $n+1$ 条产业链的产品统计型寿命。

根据式（8.3）可知，新衍生的产业链条 $n+1$ 的调节过程及调节结果主要受原产业树中产业链的协同影响。为进一步掌握整个产业树的调节过程及结果，根据式（8.3）进一步扩展形成新产业链形成后的产业树调节系统，该系统可以用以下方程组表示：

$$\begin{cases} \dfrac{\mathrm{d}X_1}{\mathrm{d}t} = \lambda_1 X_1\left(M_1 - X_1 - \sum_{j\neq 1}^{j\leq n+1}\alpha_{j,1}X_j\right) - \dfrac{X_1}{U_1} \\[2ex] \dfrac{\mathrm{d}X_2}{\mathrm{d}t} = \lambda_2 X_2\left(M_2 - X_2 - \sum_{j\neq 2}^{j\leq n+1}\alpha_{j,2}X_j\right) - \dfrac{X_2}{U_2} \\[1ex] \qquad\vdots \\[1ex] \dfrac{\mathrm{d}X_n}{\mathrm{d}t} = \lambda_n X_n\left(M_n - X_n - \sum_{j\neq n}^{j\leq n+1}\alpha_{j,n}X_j\right) - \dfrac{X_n}{U_n} \\[2ex] \dfrac{\mathrm{d}X_{n+1}}{\mathrm{d}t} = \lambda_{n+1} X_{n+1}\left(M_{n+1} - X_{n+1} - \sum_{j\neq n+1}^{j\leq n+1}\alpha_{j,n+1}X_j\right) - \dfrac{X_{n+1}}{U_{n+1}} \end{cases} \tag{8.4}$$

其初始状态为 $X_i = M_i - \dfrac{1}{\lambda_i U_i} - \sum_{j\neq i}^{j\leq n}\alpha_j X_j, X_{n+1} = 0$。

基于产业树调节模型方程组（8.4）可知，当产业树由非稳态转变为稳态后，可视为所有同源产业链的产业规模趋于稳定，即 $\dfrac{\mathrm{d}X_i}{\mathrm{d}t} = 0$，$i \in (1, 2, \cdots, n)$，因此，产业树调节的稳态方程组为：

$$
\begin{cases}
\lambda_1 X_1 \left(M_1 - X_1 - \displaystyle\sum_{j \neq 1}^{j \leqslant n+1} \alpha_{j,1} X_j \right) = \dfrac{X_1}{U_1} \\[2ex]
\lambda_2 X_2 \left(M_2 - X_2 - \displaystyle\sum_{j \neq 2}^{j \leqslant n+1} \alpha_{j,2} X_j \right) = \dfrac{X_2}{U_2} \\[2ex]
\quad\vdots \\[1ex]
\lambda_n X_n \left(M_n - X_n - \displaystyle\sum_{j \neq n}^{j \leqslant\ \leqslant n+1} \alpha_{j,n} X_j \right) = \dfrac{X_n}{U_n} \\[2ex]
\lambda_{n+1} X_{n+1} \left(M_{n+1} - X_{n+1} - \displaystyle\sum_{j \neq n+1}^{j \leqslant n+1} \alpha_{j,\,n+1} X_j \right) = \dfrac{X_{n+1}}{U_{n+1}}
\end{cases}
\tag{8.5}
$$

通过克拉默法则，可以对其进行求解（在此不赘述）。在求解过程中，当方程组的系数矩阵不为 0 时，有唯一解，即产业树的 $n+1$ 条产业链均调节至稳定状态；当方程组的系数矩阵为 0 时，根据系数矩阵的秩会有零解出现，即新产业链的产生在调节过程中导致原有产业链的淘汰。为进一步较为明确地分析产业树的调节过程，本书取 $n=1$ 和 $n=2$ 两种情况进行求解，其中，当 $n=1$ 时，表示产业树的初级状态只有一条产业链，当衍生出新产业链时两条产业链的调节过程及结果；当 $n=2$ 时，表示在产业树成长过程中，新增一条产业链后，判断新增产业链对原有产业链之间的影响以及原有产业链之间的新的竞合关系。

二、产业树初始形成阶段调节分析

产业树最初始状态是由以干系产业为核心的产业链，随着经济技术的发展，逐渐衍生出第二条产业链，其调节过程可以根据式（8.5），令 $n=1$ 得到产业树初始形成阶段的调节系统方程组：

$$
\begin{cases}
\lambda_1 X_1 \left(M_1 - X_1 - \alpha_{2,1} X_2 \right) = \dfrac{X_1}{U_1} \\[2ex]
\lambda_2 X_2 \left(M_2 - X_2 - \alpha_{1,2} X_1 \right) = \dfrac{X_2}{U_2}
\end{cases}
\tag{8.6}
$$

初始状态为 $X_1 = M_1 - \dfrac{1}{\lambda_1 U_1}$，$X_2 = 0$。

通过求解可以得到产业树初始阶段调节的稳态点：A（0，0），B（0，

$M_2 - 1/\lambda_2 U_2)$，C $(M_1 - 1/\lambda_1 U_1, 0)$，$D\Big(\dfrac{\alpha_{2,1}\ (M_2 - 1/\lambda_2 U_2)\ -\ (M_1 - 1/\lambda_1 U_1)}{\alpha_{1,2}\alpha_{2,1} - 1}$，

$\dfrac{\alpha_{1,2}\ (M_1 - 1/\lambda_1 U_1)\ -\ (M_2 - 1/\lambda_2 U_2)}{\alpha_{1,2}\alpha_{2,1} - 1}\Big)$。

其中，对于调节结果 A，表示新产业链 2 衍生后，产业链 1 与产业链 2 在调节过程中逐步走向淘汰，该种情况不符合现实情况，本书不予考虑；对于调节结果 B，表示新产业链 2 衍生后，产业链 1 与产业链 2 在调节过程中通过相互竞争，导致原产业链 1 淘汰，即被产业链 2 替代；对于调节结果 C，表示新产业链 2 衍生后，产业链 1 与产业链 2 在调节过程中通过相互竞争，导致新衍生的产业链 2 淘汰，即被产业链 1 替代；对于调节结果 D，表示新产业链 2 衍生后，产业链 1 与产业链 2 在调节过程中达到新的平衡状态。

由于产业树中产业链均为同源产业链，产业链之间必然在一定程度上呈现竞争关系，即 $\alpha_{1,2} > 0$，$\alpha_{2,1} > 0$，因此，在产业树调节初始演化阶段，两条产业链之间可能存在两种情况：第一，两条产业链之间存在完全竞争关系，最终调节结果为一条产业链被另一条产业链所替代；第二，两条产业链之间存在部分竞争关系，最终调节结果为两条产业链共同达到新的稳态，且产业树整体规模增加。由于在现实情况下，产业树的初始演化阶段是产业链数量增加和规模扩张的阶段，此时的产业树 $dX/dt > 0$，产业树调节过程会在 A、B、C、D 四个点内进行，如图 8 - 2 所示。

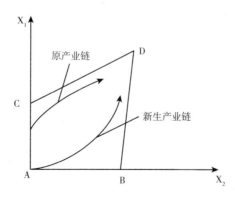

图 8 - 2　产业树初始阶段调节过程

三、产业树成长阶段调节分析

前面分析了产业树初始阶段的调节过程，在产业树形成之后，其同源产业链必然是多于两条，因此，在产业树成长阶段调节中，当新产业链出现后，其对产业树的影响以及产业链之间的相互作用会更加复杂，本书为更加直观地演绎产业树成长阶段的调节过程，取 $n=2$，此为产业树成长阶段演化最简单形式，但能够展现该阶段的所有调节过程。

$$\begin{cases} \lambda_1 X_1 (M_1 - X_1 - \alpha_{2,1} X_2 - \alpha_{3,1} X_3) = \dfrac{X_1}{U_1} \\[2mm] \lambda_2 X_2 (M_2 - X_2 - \alpha_{1,2} X_1 - \alpha_{3,2} X_3) = \dfrac{X_2}{U_2} \\[2mm] \lambda_3 X_3 (M_3 - X_3 - \alpha_{1,3} X_1 - \alpha_{2,3} X_2) = \dfrac{X_3}{U_3} \end{cases} \tag{8.7}$$

初始状态：X_1、X_2 为产业树演化方程组（8.6）的演化结果，$X_3 = 0$。

借鉴前面分析方法，本书从以下四个方面进行分析讨论。

1. 三个"零"解

根据产业树调节方程组（8.7）可知，A_1（0，0，0）是其解之一，该调节结果表明，新兴产业链3的出现，导致产业树消亡，该种情况下通过求解其特征根发现，此为非稳态解，不是产业树调节的稳态点。同时，该解不符合现实产业调节情况。

2. 两个"零"解

根据产业树调节方程组（8.7）可知，当存在两个"零"解时，共有三种情况：A_2（$M_1 - 1/\lambda_1 U_2$，0，0），B_2（0，$M_2 - 1/\lambda_2 U_2$，0），C_2（0，0，$M_3 - 1/\lambda_3 U_3$）。其中，点 A_2 表示新兴产业链3的出现，导致产业树调节过程中产业链2与产业链3逐步消亡，产业链1达到新的稳态；点 B_2 表示新兴产业链3的出现，导致产业树调节过程中产业链1与产业链3逐步消亡，产业链2达到新的稳态；点 C_2 表示新兴产业链3的出现，导致产业树调节过程中产业链1与产业链2逐步消亡，产业链3达到新的稳态。

由于三条产业链为同源产业链，必然存在一定程度的竞合关系，其中，A_2、B_2 表示新兴产业链3的衍生，以竞争关系进入产业树，导致产业树原有内部竞争共存平衡被打破，并由竞争共存关系走向竞争取代关系，最终调节结果导致产业链 1 或产业链 2 达到新的平衡，另两条产业链被取代。点 C_2 表示新兴产业链 3 的衍生，以完全竞争关系进入产业树，最终调节结果导致产业链 1 和产业链 2 被新兴产业链 3 取代。

3. 一个"零"解

根据产业树调节方程组（8.7）可知，当存在 1 个"零"解时，共有三种情况：

$$A_3\left(\frac{\alpha_{2,1}(M_2-1/\lambda_2 U_2)-(M_1-1/\lambda_1 U_1)}{\alpha_{1,2}\alpha_{2,1}-1}, \frac{\alpha_{1,2}(M_1-1/\lambda_1 U_1)-(M_2-1/\lambda_2 U_2)}{\alpha_{1,2}\alpha_{2,1}-1}, 0\right),$$

$$B_3\left(\frac{\alpha_{3,1}(M_3-1/\lambda_3 U_3)-(M_1-1/\lambda_1 U_1)}{\alpha_{1,3}\alpha_{3,1}-1}, 0, \frac{\alpha_{1,3}(M_1-1/\lambda_1 U_1)-(M_3-1/\lambda_3 U_3)}{\alpha_{1,3}\alpha_{3,1}-1}\right),$$

$$C_3\left(0, \frac{\alpha_{3,2}(M_3-1/\lambda_3 U_3)-(M_2-1/\lambda_2 U_2)}{\alpha_{2,3}\alpha_{3,2}-1}, \frac{\alpha_{2,3}(M_2-1/\lambda_2 U_2)-(M_3-1/\lambda_3 U_3)}{\alpha_{2,3}\alpha_{3,2}-1}\right)。$$

其中，点 A_3 表示新兴产业链 3 的出现，以竞争取代关系进入产业树，最终产业链 3 在产业树调节过程中被产业链 1 和产业链 2 取代，原产业树重新调节至新的平衡态；点 B_3 表示新兴产业链 3 的出现，以与产业链 2 的竞争取代关系进入产业树，产业链 3 在调节过程中将产业链 2 取代，产业树调节至由产业链 1 和产业链 3 形成的新稳态；点 C_3 表示新兴产业链 3 的出现，以与产业链 1 的竞争取代关系进入产业树，产业链 3 在演化过程中将产业链 1 取代，最终产业树调节至由产业链 2 和产业链 3 形成的新稳态。

总结该部分求解结果，可以将其划分为两类：第一类为点 A_3，该解表示新兴产业链 3 与产业树原有产业链均为完全竞争取代关系，最终新兴产业链 3 被产业链 1 与产业链 2 取代；第二类为点 B_3（或 C_3），该解表示新兴产业链 3 与原产业树中产业链 2（或产业链 1）存在完全竞争取代关系，与产业链 1（或产业链 2）存在竞争共存关系，最终演化结果中产业链 1 或产业链 2 被产业链 3 取代。

4. 均为非"零"解

根据产业树调节方程组（8.7）可知，当均为非"零"解时，方程组可以变形为方程组（8.8），如下所示：

$$\begin{cases} X_1+\alpha_{2,1}X_2+\alpha_{3,1}X_3=M_1-1/\lambda_1 U_1 \\ \alpha_{1,2}X_1+X_2+\alpha_{3,2}X_3=M_2-1/\lambda_2 U_2 \\ \alpha_{1,3}X_1+\alpha_{2,3}X_2+X_3=M_3-1/\lambda_3 U_3 \end{cases} \quad (8.8)$$

该处根据克拉默法则，求解方程组：

$$D = \begin{pmatrix} 1 & \alpha_{2,1} & \alpha_{3,1} \\ \alpha_{1,2} & 1 & \alpha_{3,2} \\ \alpha_{1,3} & \alpha_{2,3} & 1 \end{pmatrix} \neq 0 \, ; \; D_1 = \begin{pmatrix} M_1 - 1/\lambda_1 U_1 & \alpha_{2,1} & \alpha_{3,1} \\ M_2 - 1/\lambda_2 U_2 & 1 & \alpha_{3,2} \\ M_3 - 1/\lambda_3 U_3 & \alpha_{2,3} & 1 \end{pmatrix};$$

$$D_2 = \begin{pmatrix} 1 & M_1 - 1/\lambda_1 U_1 & \alpha_{3,1} \\ \alpha_{1,2} & M_2 - 1/\lambda_2 U_2 & \alpha_{3,2} \\ \alpha_{1,3} & M_3 - 1/\lambda_3 U_3 & 1 \end{pmatrix}; \; D_3 = \begin{pmatrix} 1 & \alpha_{2,1} & M_1 - 1/\lambda_1 U_1 \\ \alpha_{1,2} & 1 & M_2 - 1/\lambda_2 U_2 \\ \alpha_{1,3} & \alpha_{2,3} & M_3 - 1/\lambda_3 U_3 \end{pmatrix}.$$

调节稳态解为 $A_4 \left(\dfrac{D_1}{D}, \dfrac{D_2}{D}, \dfrac{D_3}{D} \right)$。

该调节结果表示，新兴产业链 3 的出现，以竞争合作关系进入产业树，引起产业树内部各个产业链的演化发展，最终产业树顺利完成由两条产业链向三条产业链的演化，并通过自我调节，致使三条产业链达到新的平衡状态，即产业树重新达到新的稳态。通过对比 $A_4 \left(\dfrac{D_1}{D}, \dfrac{D_2}{D}, \dfrac{D_3}{D} \right)$ 与 D

$\left(\dfrac{\alpha_{2,1}(M_2 - 1/\lambda_2 U_2) - (M_1 - 1/\lambda_1 U_1)}{\alpha_{1,2}\alpha_{2,1} - 1}, \dfrac{\alpha_{1,2}(M_1 - 1/\lambda_1 U_1) - (M_2 - 1/\lambda_2 U_2)}{\alpha_{1,2}\alpha_{2,1} - 1} \right)$ 可

知，新稳态下的产业树规模和生存空间扩大了，更高效地利用了干系产业所产资源，并且通过同源产业链之间的竞合关系带动了产业树的进一步发展。

四、产业树调节结果类型划分

通过构建 Logistic 产业树调节模型，分产业树初始形成阶段调节（取 $n = 1$）和产业树成长阶段调节（取 $n = 2$）两种情况分别求解了产业树调节的可能情况，并得到了不同演化过程中的稳态点。综上所述，总结分析出以下几种产业树调节结果。

1. 初始形成调节阶段

第一，完全取代型调节。通过前面分析，产业树初始形成调节阶段的 B、C 两种调节结果属于取代型调节。在完全取代型调节中根据产业之间的影响系数 α 取值是否为 1，可划分为完全竞争和部分竞争，但两种调节结果一致，均为在竞争中一条产业链逐步消亡，另一条产业链调节至新稳态。该种情况可能是新兴产业链取代原有产业链，或者是新兴产业链在竞争中失败而逐步消亡。

第二，竞合型调节。产业树初始形成调节阶段的 A 调节结果属于竞合型

调节。竞合型调节中产业之间的影响系数 $0 < \alpha < 1$，该种情况下原有产业链和新兴产业链之间在资源供给、消费市场上存在一定竞争关系，两条产业链在产业树调节过程中逐步达到新的稳态。同时，新稳态下的产业树整体规模实现了扩张，提高了对干系产业所生产的资源的利用率。

2. 成长调节阶段

第一，完全取代型调节。产业树成长调节阶段的 C_1、A_2 两种调节结果属于完全取代型。其中，在 C_1 调节结果中，表示新兴产业链 3 的进入，导致产业树中产业链 1 和产业链 2 均被新型产业链 3 取代；在 A_2 调节结果中，表示新兴产业链 3 的进入，与产业链 1 和产业链 2 存在竞争关系，并在调节竞争过程中失败而消亡。根据产业之间的影响系数 α 取值是否为 1，可划分为完全竞争和部分竞争，但两种调节结果一致，均为原有产业链被新兴产业链取代或新兴产业链被原有产业链取代。

第二，部分取代型调节。部分取代型调节表示新兴产业链与产业树中的部分产业链存在完全取代型关系，与另一部分产业链存在竞合关系。当取 $n = 2$ 时，产业树成长调节阶段的 A_1、B_1、B_2、C_2 四种结果属于部分取代型调节。在调节过程中，新兴产业链 3 的进入，导致原本处于平衡态的两条产业链中，一条进入完全取代型调节、另一条产业链进入竞合型调节两种状态，最终完全取代型调节过程中的产业链中，一条被取代消亡，剩余两条产业链重新调节至新的稳态点，如 B_2、C_2 两种结果；还有一种特殊情况，即新兴产业链 3 的进入，导致原本存在竞合关系的两条产业链转变为完全取代型关系，最终调节结果为仅剩一条产业链并达到新的稳态点，如 A_1、B_1 两种结果。

第三，竞合型调节。竞合型调节表示新兴产业链与产业树的全部产业链均存在竞争共存关系，在新兴产业链进入后，新兴产业链与原产业链共同调节至新的稳态点。竞合型调节中产业之间的影响系数 $0 < \alpha < 1$，该种情况下原有产业链和新型产业链之间在资源供给、消费市场上存在一定竞争关系，三条产业链在产业树调节过程中逐步达到新的稳态。

综上所述，产业树调节是不断从原平衡态向新平衡态演进的过程，演进过程中是新兴产业链与原有产业链进行竞争合作的过程。通过归纳以上两个阶段的调节结果，产业树调节主要存在完全取代型调节、部分取代型调节和竞合型调节三类结果。在产业树调节过程中，不断进行技术升级、新技术创造、新市场开发等能有效推动新兴产业链的衍生，新兴产业链的产生即为产业树失稳并进行自组织调节的起点。根据前面分析，产业树在重新达到稳态点后，产业树整体规模实现了扩张，因此，积极地进行产业内部技术创新、模式创新、市场开拓有助于加速产业树自组织调节过程，实现经济规模的快速发展和经济结构的优化。

在调节过程中，聚焦产业树的产出规模、产业结构以及产业数量可以发现，产业树调节过程是螺旋式调节。在每一个调节周期内，起始阶段是产业树产出规模的变化，进而导致产业树产业结构变化，最后由于技术创新、模式创新、市场开发等因素导致产业数量的变化，推动产业树进入下一周期的调节。以下将逐一分析产业树产出规模、产业结构以及产业数量的变化。

第三节　产业树调节结果分析模型构建

产业树调节结果主要指产业树规模变化、产业树内部产业结构变化以及产业数量变化。其中，产业树规模是指产业树内部所有产业产出规模之和；产业树内部产业结构是指根系产业子系统、干系产业子系统、冠系产业子系统等三个子系统产出规模的结构关系，以及根系产业子系统和冠系产业子系统内部各个层级产业群之间的结构关系；产业树内部产业数量指产业树包含的产业主体数量。构建三者的测算模型对于研究产业树波动效应具有辅助量化作用，使研究结果更加直观。因此，该部分主要从产业树规模变化、产业树产业结构变化以及产业树产业数量变化三个方面进行模型构建及研究。本书第四章已经构建了产业树规模的计算模型，同时给出了产业树组成要素的确定方法，因此，在产业树构建过程中即可确定产业数量，本章不再赘述产业树规模测算模型和产业树产业数量测算模型。

一、产业树产业结构测度指标

产业树是由以干系产业为核心集聚形成的产业有机集合体。有效测度产业树内部产业结构对于促进产业树向合理化、高级化方向演进，提高产业树的环境适应性和稳定性，促进区域经济发展以及带动地区经济转型升级和产业结构优化均具有重要参考价值。

产业树产业结构测度指标构建可以从产业树整体、局部以及单一产业三个层面进行。

（一）产业树整体结构指标

产业树主体部分由根系产业子系统、干系产业子系统和冠系产业子系统三个部分组成，三个子系统的产出规模结构与社会经济中"三产"结构一样，决定了产业树的合理化以及高级化水平。首先，干系产业子系统是产业树的核心，干系产业子系统在产业树中的产出比例能够有效反映其在整体系统中的重要程度；该比例随时间的变化趋势能够反映干系产业子系统的演变趋势，并能在一定程度上判断产业树的演化方向和兴衰。其次，冠系产业子系统在产业树中的产出比例能够反映干系产业的发展水平，该比值越高表明干系产业辐射范围越广、产品附加值越高、产业树环境适应性越强；根系产业子系统在产业树中的产出比例能在一定程度上反映干系产业的技术发展水平，其比例越高表明其向上游供给端一体化程度越高，材料供应端的稳定性越强。综上所述，本书设置三个指标，分别为根系产业子系统、干系产业子系统和冠系产业子系统产出量占产业树产出量的比值。计算公式如下：

$$r_1 = \frac{\underline{T}}{T_t} \times 100\%$$

$$r_2 = \frac{T}{T_t} \times 100\% \qquad\qquad (8.9)$$

$$r_3 = \frac{\bar{T}}{T_t} \times 100\%$$

其中，r_1、r_2、r_3 分别表示根系产业子系统、干系产业子系统和冠系产业子系统产出量占产业树产出量的百分比。$\underline{T}$、T、$\bar{T}$、T_t 分别表示根系产业子系统、干系产业子系统、冠系产业子系统和产业树产出量，具体计算过程见第四章。

（二）产业树局部结构指标

本书所指的局部结构是指产业树内部的根系产业子系统、干系产业子系统和冠系产业子系统。由于干系产业子系统组成简单，该处不予考虑，因此局部指标主要反映根系产业子系统和冠系产业子系统的内部层级结构，即主根（枝）产业群、侧根（枝）产业群以及末根（枝）产业群之间的结构关系。测度产业树局部结构对于进行产业树结构优化、产业转型方向选择以及主导产业选择等具有参考价值。

通过测度不同层级之间产业群的产出结构能够了解以干系产业为核心的产业链延伸程度；通过对比不同主枝（根）产业簇[①]的比例关系能够了解其优势产业，依此判断产业转型方向甚至选择主导产业。因此，本书主要设立层级指标和簇指标。其中层级结构指标设计如下：

根系产业子系统层级结构指标：

$$\underline{l}_i = \frac{\underline{T}_i}{\underline{T}} = \frac{\sum_{j=1}^{\underline{n}_i} \underline{S}_i}{\sum_{i=1}^{m_2} \sum_{j=1}^{\underline{n}_i} \underline{S}_j} \tag{8.10}$$

冠系产业子系统层级结构指标：

$$\overline{l}_i = \frac{\overline{T}_i}{\overline{T}} = \frac{\sum_{j=1}^{\overline{n}_i} \overline{S}_j}{\sum_{i=1}^{m_1} \sum_{j=1}^{\overline{n}_i} \overline{S}_j} \tag{8.11}$$

其中，$\underline{l}_i$、$\overline{l}_i$ 分别表示根系产业子系统和冠系产业子系统的第 i 层级产业规模占根系产业子系统和冠系产业子系统规模的比例，其中 i 的取值分别为 $[0, m_2]$ 和 $[0, m_1]$。

根系产业子系统簇结构指标：

$$\underline{k}_v = \frac{\underline{T}_{cv}}{\underline{T}} = \frac{\sum_{i=1}^{m_v} \underline{T}_{di}}{\underline{T}} \tag{8.12}$$

冠系产业子系统簇结构指标：

$$\overline{k}_v = \frac{\overline{T}_{cv}}{\overline{T}} = \frac{\sum_{i=1}^{m_v} \overline{T}_{di}}{\overline{T}} \tag{8.13}$$

---

① 枝产业簇指以某一主枝产业为核心的主枝产业、直接关联的侧枝产业、末枝产业集合体，如图 7 - 2 中的产业 X_{41}、X_{51}、X_{52} 的集合体。根产业簇指以某一主根产业为核心的主根产业、直接关联的侧根产业、末根产业集合体，如图 7 - 2 中的产业 X_{21}、X_{11}、X_{12}、X_{13} 的集合体。

其中，$\underline{k}_v$ 表示根系产业子系统的第 v 个主根产业及其所有上游产业产出规模占根系产业子系统规模的比例，$\overline{k}_v$ 表示冠系产业子系统的第 v 个主枝产业及其所有下游产业产出规模占冠系产业子系统规模的比例。产业簇的数量取决于主根产业和主枝产业的数量，本质上取决于干系产业所需生产资料种类和生产产品种类。

（三）产业树单一产业结构指标

本书针对单一产业结构的分析主要关注该产业在产业树内部的出度或入度。由于冠系产业子系统主要关注干系产业的产品走向，冠系产业子系统从主枝产业到末枝产业呈扩散状，因此在分析冠系产业子系统中的产业结构时主要选择该产业的出度指标；而根系产业子系统主要关注干系产业生产资料的来源，根系产业子系统从末根产业到主根产业呈汇集状，因此在分析根系产业子系统中的产业结构时主要选择该产业的入度指标。通过出度或入度的大小能够判断该产业在产业树中的地位，从而判断其发展潜力，以此制订转型或淘汰策略，进而促进局部或整体结构的优化。本书仅考虑一阶出度和一阶入度指标，其出度和入度指标分别用 n_i^o、n_i^{in} 表示，出度 n_i^o 等于该产业下游直接关联产业数目，入度 n_i^{in} 等于该产业上游直接关联产业数目。在产业数量不发生变化的情况下，其出度和入度为定值。因此，为更加准确地表达产业在系统内的重要程度，本书采用加权出度和加权入度进行衡量，其权重大小分别表示下游产业对目标产业的直接消耗系数以及目标产业对上游产业的直接消耗系数。计算公式如下：

$$
\begin{aligned}
n_i^o &= \sum_j a_{ij} \\
n_i^{in} &= \sum_j a_{ji}
\end{aligned}
\tag{8.14}
$$

二、产业树调节变动弹性分析

分析产业树的调节变动弹性，对于宏观政策的制定具有借鉴意义。在外部市场、政策环境以及要素禀赋发生变化时，摸清产业树内部产业的敏感度以及产业树的鲁棒性，能够指导产业政策制定得更加有效，同样能够对内部产业提供应对市场环境变化的参考。产业树由冠系产业子系统、根系产业子系统和干系产业子系统三部分耦合形成，并受外部环境的影响，而产业树发生变化的原因往往来自某一个产业或某一个子系统，并不是每一个变化都会引起整个产业树的整体的变化，产业树量变发生可能仅发生于冠系产业子系统、根系产业子系统或干系产业子系统。因此，导致产业树变动的类型具有多样性。

（一）冠系产业子系统变动弹性

冠系产业子系统在外部市场供需短期发生变化情况下，会在短时间内依据市场需求进行生产规模的调整，该变化往往首先发生于冠系产业子系统中的某一个末枝产业（假设其产出规模变化量为 Δ），其规模变化进而引起其后向关联产业的同向变化；由于冠系产业子系统中旁侧关联产业间存在旁侧竞争关系，其他产业会发生反向变化，变化幅度根据变动产业的投入产出系数决定。假设冠系产业子系统基期规模为 $\bar{T}_{i0}$，系统内每一个产业的基期规模为 $\bar{S}_{ji0}$，在产业波动冲击下，冠系产业子系统重新达到稳态的规模为 $\bar{T}_t$，此时每一个产业的产出规模为 $\bar{S}_{jt}$。冠系产业子系统产出规模变化量为：

$$\Delta \bar{T} = \bar{T}_t - \bar{T}_{t0} \tag{8.15}$$

进一步可以计算冠系产业子系统产出规模的冲击弹性，计算公式如下：

$$E_{\bar{T}} = \frac{\Delta \bar{T}}{\Delta} \tag{8.16}$$

产业规模的变化必然会引起产业结构的变化，冠系产业子系统内部的层级结构变为：

$$\bar{l}_{it} = \frac{\bar{T}_{it}}{\bar{T}_t} = \frac{\sum_{j=1}^{\bar{n}_i} \bar{S}_{jt}}{\sum_{i=1}^{m_1} \sum_{j=1}^{\bar{n}_i} \bar{S}_{jt}} \tag{8.17}$$

其层级结构变化量为：

$$\Delta \bar{l}_i = \bar{l}_{it} - \bar{l}_{it0} \tag{8.18}$$

进一步可以计算冠系产业子系统各个层级结构的冲击弹性，计算公式如下：

$$E_{\overline{l_i}} = \frac{\Delta \overline{l_i}}{\Delta} \qquad (8.19)$$

冠系产业子系统内部簇结构变为：

$$\overline{k_v} = \frac{\overline{T}_{cv}}{\overline{T}} \qquad (8.20)$$

冠系产业子系统内部簇结构变化量为：

$$\Delta \overline{k_v} = \overline{k_{vt}} - \overline{k_{vt0}} \qquad (8.21)$$

进一步可以计算冠系产业子系统各个簇结构的冲击弹性，计算公式如下：

$$E_{\overline{k_v}} = \frac{\Delta \overline{k_v}}{\Delta} \qquad (8.22)$$

冠系产业子系统内部各个产业的加权出度和加权入度变为：

$$n_{it}^{o} = \sum_{j} a_{ijt} \qquad (8.23)$$

$$n_{it}^{in} = \sum_{j} a_{jit} \qquad (8.24)$$

同理可以计算得出各个产业的加权入度和加权出度的冲击弹性，计算公式如下：

$$E_{n_i^o} = \frac{\Delta n_i^o}{\Delta} \qquad (8.25)$$

$$E_{n_i^{in}} = \frac{\Delta n_i^{in}}{\Delta} \qquad (8.26)$$

根据上述指标可以有效判断冠系产业子系统产出规模、内部结构在产业冲击下的波动幅度，进而为相关产业政策的制定提供参考。

（二）根系产业子系统变动弹性

根系产业子系统量变分析指标与冠系产业子系统相关分析指标相似。只是根系产业子系统变化多来自技术进步导致的生产率的提高，进而在一定程度内引起根系产业子系统规模和内部结构的变动。同样，假设某一产业产出规模变化量为 Δ，其规模变化进而引起其前向关联产业的同向变化；由于根系产业子系统中旁侧关联产业间存在旁侧协同关系，其他产业会发生同向变化，变化幅度根据变动产业的投入产出系数决定。假设根系产业子系统基期规模为 $\underline{T}_{t0}$，系统内每一个产业的基期规模为 $\underline{S}_{jt0}$，在产业波动冲击下，根系产业子系统重新达到稳态的规模为 $\underline{T}_t$，此时每一个产业的产出规模为 $\underline{S}_{jt}$。根系产业子系统产出规模变化量为：

$$\Delta \underline{T} = \underline{T}_t - \underline{T}_{t0} \tag{8.27}$$

进一步可以计算根系产业子系统产出规模的冲击弹性，计算公式如下：

$$E_{\underline{T}} = \frac{\Delta \underline{T}}{\Delta} \tag{8.28}$$

产业规模的变化必然会引起产业结构的变化，根系产业子系统内部的层级结构变为：

$$\underline{l}_{it} = \frac{\underline{T}_{it}}{\underline{T}_t} = \frac{\sum_{j=1}^{\underline{n}_i} \underline{S}_{jt}}{\sum_{i=1}^{m_1} \sum_{j=1}^{\underline{n}_i} \underline{S}_{jt}} \tag{8.29}$$

其层级结构变化量为：

$$\Delta \underline{l}_i = \underline{l}_{it} - \underline{l}_{it0} \tag{8.30}$$

进一步可以计算根系产业子系统各个层级结构的冲击弹性，计算公式如下：

$$E_{\underline{l}_i} = \frac{\Delta \underline{l}_i}{\Delta} \tag{8.31}$$

根系产业子系统内部簇结构变为：

$$\underline{k}_v = \frac{\underline{T}_{cv}}{\underline{T}} \tag{8.32}$$

根系产业子系统内部簇结构变化量为：

$$\Delta \underline{k}_v = \underline{k}_{vt} - \underline{k}_{vt0} \qquad (8.33)$$

进一步可以计算根系产业子系统各个簇结构的冲击弹性，计算公式如下：

$$E_{\underline{k}_v} = \frac{\Delta \underline{k}_v}{\Delta} \qquad (8.34)$$

根系产业子系统内部各个产业的加权出度和加权入度变为：

$$n_{it}^o = \sum_j a_{ijt} \qquad (8.35)$$

$$n_{it}^{in} = \sum_j a_{jit} \qquad (8.36)$$

同理可以计算得出各个产业的加权入度和加权出度的冲击弹性，计算公式如下：

$$E_{n_i^o} = \frac{\Delta n_i^o}{\Delta} \qquad (8.37)$$

$$E_{n_i^{in}} = \frac{\Delta n_i^{in}}{\Delta} \qquad (8.38)$$

根据上述指标可以有效判断根系产业子系统产出规模、内部结构在产业冲击下的波动幅度，进而为相关产业政策的制定提供参考。

（三）产业树变动弹性

在内外部环境影响下，当某一产业发生波动时，如果波动持续时间长、辐射范围广，该波动势必会依据前面传导路径传导至产业树的每一个主体。该处考虑某一产业波动引起干系产业子系统、冠系产业子系统和根系产业子系统均发生变化的情形。

此时，每个子系统内部产出规模和产业结构的变动情况同前面分析相同，不同的是三个子系统的结构会发生变化，直接影响三者之间的耦合程度。首先，假设某一产业产出规模变化量为 Δ，在其冲击下，三个子系统的总产出规模变化为根系产业子系统的产出规模为 $\underline{T}_t$，冠系产业子系统的产出规模为 $\overline{T}_t$，干系产业子系统产出规模为 T_t，产业树总产出规模为 $T_{t,t}$。根据式（8.9）可测算报告期的产业树结构，计算公式如下：

$$r_{1t} = \frac{T_t}{T_{t,t}} \times 100\%$$

$$r_{2t} = \frac{T_t}{T_{t,t}} \times 100\%\tag{8.39}$$

$$r_{3t} = \frac{\bar{T}_t}{T_{t,t}} \times 100\%$$

进一步根据式（8.39）可以测算三个子系统产出规模的冲击弹性，公式如下：

$$E_{r_1} = \frac{r_{1t} - r_{1t0}}{\Delta}$$

$$E_{r_2} = \frac{r_{2t} - r_{2t0}}{\Delta}\tag{8.40}$$

$$E_{r_3} = \frac{r_{3t} - r_{3t0}}{\Delta}$$

根据上述模型分析，能够直观发现干系产业子系统、冠系产业子系统和根系产业子系统在受到某一个产业波动冲击后的反映程度，依此为参考能够制定相关策略提高产业树的稳定性。

第四节　本章小结

首先，以产业树经济总量测算模型为基础，将产业树调节过程划分为两个阶段：量变阶段、质变阶段，并从理论层面分析了两个阶段的基本过程。其次，通过建立基于 Logistic 模型的产业树调节模型，重点研究了产业树调节的质变过程，从产业树初始形成调节和产业树成长调节两个层面对产业树的调节过程和结果进行演绎分析，得出了完全取代型调节、部分取代型调节和竞合型调节三种不同的产业树调节过程和调节类型，摸清了产业树调节过程及调节机理。最后，在产业树调节机理研究的基础上，分别对产业树及其子系统，从产业规模、产业结构、产业数量等方面提出了产业树调节结果分析模型和冲击弹性模型，为以后专家学者运用产业树进行产业结构优化、产业转型升级、产业链延伸、产业政策制定等研究奠定基础。

第九章　煤基产业树发展变化分析

煤炭产业一直是我国支柱型能源产业，其产业规模、生产方式、经营方式、技术水平、市场结构、产品结构等随着社会经济的不断发展和技术的不断进步持续发生着变化，其波及范围逐渐扩大，几乎与所有产业存在直接或间接的关联关系。尤其在煤炭资源型区域，其产业体系往往是以煤炭产业为核心逐步演化形成的关联性强的煤基产业体系。因此，本书选取煤炭产业为例，通过分析煤炭产业的发展历程以及前后向关联产业的变化，例证产业树的客观性；同时，由于煤炭产业的逐渐衰退，以煤基产业体系为主的煤炭资源型区域经济发展受阻，尽快实现产业转型升级具有重要的现实意义。通过构建煤基产业树模型，分析煤基产业树的动力机制、传导路径和波动效应等，为煤炭资源型区域的经济发展提供政策建议。

第一节　煤炭产业发展历程及特征分析

一、煤炭产业发展历程

我国是世界上发现、开采以及利用煤炭最早的国家，我国煤炭产业随着产业政策的发展不断演化，逐步形成了较为系统的煤基产业体系。纵观我国煤炭产业的发展历程，本书将从产业政策、生产能力两个方面总结归纳煤炭产业的发展变化过程。

（一）我国煤炭产业政策变革

纵观煤炭产业发展历程，产业政策的变革主要围绕我国经济发展需求展开，本书依据我国经济发展的不同阶段将煤炭产业政策发展历程划分为四个阶段。

第一，计划经济时期的管控型煤炭产业政策实施阶段。1949～1978年的计划经济时期，我国煤炭产业一直在计划经济的环境下运行，国有企业承担所有的煤炭生产任务。煤炭企业的建设与发展基本上依赖国家投资，国家拥有煤炭企业的生产权、销售权、定价权。在该阶段，煤炭产业处于政策波动期，政策的不稳定性、不连续性导致煤炭产业发展缓慢，共分为煤炭产业全面恢复生产（1949～1957年）和煤炭产业动荡发展（1958～1978年）两个时期。

第二，改革开放初期的多元化煤炭产业政策实施阶段（1978～1992年）。改革开放初期，是我国煤炭产业转轨发展阶段。首先，国家推动煤炭产业实施积极的对外开放政策，引进国外先进设备和技术，提高了国有煤矿的整体技术装备水平，推动煤矿现代化建设。其次，国家开始鼓励乡镇煤矿发展，并从1985年开始，对原国有重点煤矿、国有地方煤矿实行了投入产出总承包，有效调动了地方办矿、农民办矿的积极性，增加了国有煤炭企业的积极性，煤炭企业自主经营权开始扩大，煤炭企业多种经营的发展思路逐渐形成。

第三，向市场经济转型初期的过渡型煤炭产业政策实施阶段（1993～2000年）。在该时期，我国推进煤炭市场化改革，放开煤炭价格，改革订货制度，以《煤炭法》为基础的政策体系开始建立，全国统配煤矿实行属地管理，企业改制，开始步入快速发展阶段。这一时期，随着我国市场化改革逐步推进，国家对煤矿逐步由车间式管理向企业管理方向转变，煤炭企业逐渐拥有了更多的自主经营权。

第四，现代的煤炭产业政策实施阶段（2001年至今）。该阶段煤炭企业经历了国家政策支持到市场调控的过渡，煤炭产业经历了十年黄金发展时期后，进入了"寒冬期"。在这一时期，我国产业政策主要集中在两个方面：一是以煤炭企业规模化发展政策为主，该类政策主要为适应市场竞争的需要，提高煤炭产业市场集中度、煤炭资源回采率；二是以煤炭产业转型发展政策为主，该类政策主要推动煤炭资源型区域的转型发展和煤炭产业的产业链延伸发展，以期适应当前低碳经济、绿色经济发展的需要。

（二）我国煤炭产业供给能力发展演变

在国家政策、国际环境等多种因素共同作用下，我国煤炭产业产能经历了多次起伏，但是总体上呈现上涨趋势，如图 9 - 1 所示。结合煤炭产量走势、煤炭企业数量以及市场集中度等因素将我国煤炭产业供给能力演变过程划分为以下五个阶段。

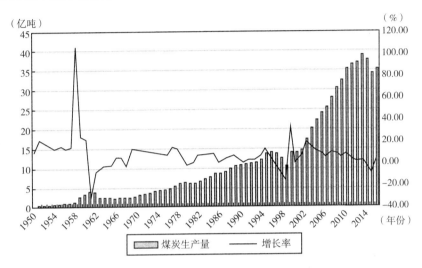

图 9 - 1 1950～2017 年我国煤炭产量及增长率

第一，煤炭产业全面恢复生产阶段（1949～1957 年）。该阶段以提高煤炭产量为中心，推行矿井技术改造，全面恢复生产，煤炭产业开始步入规范发展阶段。在该阶段煤炭企业全部属于国营企业，煤炭企业数量较少，至 1952 年年底，有 83% 的国营煤矿恢复了生产，大同、抚顺、焦作、阳泉、淄博、枣庄等规模较大的煤矿全部恢复了生产，还在东北地区重点建设了海州露天等 13 处新矿，全国煤矿生产能力快速增长到 7000 万吨。至 1957 年，煤炭产量年均增长率达到了 13.6%，但仍低于全国工业总产值增长率（17.4%），煤炭产量增长仍不能满足国民经济发展的需要。

第二，煤炭产业产能动荡发展阶段（1958～1978 年）。该阶段经历了三个历史时期，煤炭产业发展受政策影响大起大落。为满足"全民大办钢铁"对煤炭的需要，国家提出了"全民大办煤矿"，全国小煤矿数量快速增加到 10 万个以上，煤炭产量由 1958 年的 2.7 亿吨快速增长到 1960 年的 3.97 亿吨，之后又快速下降，到 1965 年，全国煤炭产量落到了 2.31 亿吨，采掘关系基本恢复正常。之后，经过了 10 多年的努力，全国煤炭产量才恢复了稳步增长，1977 年，全国煤炭产量达到了 5.5 亿吨，供需关系仍然紧张，地方煤矿和小煤矿得到快速发展。

第三，煤炭产业产能转轨发展阶段（1978～2000年）。这一阶段全国煤炭产量由1978年的6.18亿吨增加到2000年13.84亿吨。由于国民经济快速发展，煤炭需求大幅度增加，国家对煤矿建设投资不足，地方和乡镇煤矿飞速发展，1984年超过国有重点煤矿，成为煤炭产量新的增长极，全国乡镇煤矿最多时达到8万多个。截至1997年年底，我国共有大小矿井6.4万处，其中6.1万处为小矿井，占比接近总数的94%，极大地降低了煤炭产业集中度。

第四，煤炭产业产能高速发展阶段（2001～2012年）。这一时期煤炭产量由2001年的13.81亿吨提高到2012年的36.5亿吨，平均每年增长2亿吨。规模以上煤炭企业数量从2666家提高到7869家，2007年高达9212家。该过程伴随着煤炭产业兼并重组，导致2007年以后企业数量逐步下降。具体如图9-2所示。

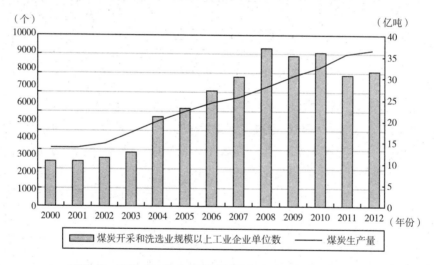

图9-2　2000～2012年煤炭产量及规上企业数量变化趋势

第五，煤炭产能集约化发展阶段（2013年至今）。国家不断推动煤炭企业兼并重组，淘汰落后产能，实现煤炭产业集约化发展，煤炭生产开发向大型煤炭基地集中，计划实现14个大型煤炭基地产量达37.4亿吨的目标，约占全国煤炭产量的95%以上。煤炭生产结构优化，煤矿数量控制在6000处左右，120万吨/年及以上大型煤矿产量占80%以上，产业集中度进一步提高。

（三）我国煤炭产业其他方面发展变化

我国煤炭产业随着政策和生产能力等的阶段性演变，其机械化水平、采煤方法、采煤机械、原煤入选率、煤基产业链延伸水平等均有了长足的发展。其中，煤炭企业机械化水平不断提高，截至目前，煤炭企业的机械化率已经达到95%以上，生产方法逐渐完成了从炮采为主向机采为主的转变；原煤入选率已经提高到70%以上；煤基产业链逐步形成了如煤—电—粉煤灰—水泥、原煤开采—洗选—煤化工、原煤开采—洗选—高耗能产业、煤—电—冶、煤—焦—化—电、煤矸石（煤泥）—发电—高能载体、煤矸石—发电—建材产品、煤—电—铝等产业链，矿井水、煤矸石、煤层气、地热等资源利用率逐渐提高；基于煤炭产业的煤基产业系统逐渐完善。

二、煤炭产业特征分析

（一）产品特征分析

第一，煤炭产业副产品种类丰富。煤炭产业属于地下采掘业，煤炭企业进行煤炭开采过程中，产生大量煤矸石，一般煤矸石的产生量占原煤产量的10%～20%，以2017年为例，当年产生煤矸石量为3.5亿～7亿吨；在过去全国各个煤炭矿区均有矸石山，随着煤矸石综合利用率不断提升，矸石山逐渐减少；同时随着我国原煤入选率的逐渐提高，洗选过程中产生的煤泥、中煤数量逐渐增多，截至2017年年末，我国原煤入选率约为70%以上，相比2010年原煤入洗率增长近20%；以年产原煤39亿吨计，在洗选过程中，煤泥、中煤产量约为1.32亿吨和6.82亿吨。

第二，伴共生矿物资源丰富。在煤炭生产过程中，因地质因素的不同，会伴有瓦斯、油页岩、矿井水等矿物资源的产生。根据相关统计，我国目前高瓦斯矿井数量为1044个，占全国煤矿总数的8.1%；煤与瓦斯突出矿井2197个，占全国煤矿总数的17%，当前我国的瓦斯抽采量和利用量如表9－1所示，总体利用率偏低。

表 9 - 1 　　　　　　　　我国历年煤矿抽采瓦斯利用情况　　　　　　　单位：亿立方米

年份	地面煤层气抽采量	地下煤层气抽采量	煤层气抽采总量	利用量
2007	3	44	47	18
2008	5	53	58	22
2009	10	62	72	28
2010	16	76	92	37
2011	20	85	105	48
2012	26	100	126	52
2013	30	126	156	66
2014	38	133	171	77
2015	44	136	180	86
2016	45	128	173	90

　　当前我国探明油页岩 1000 亿吨以上，约占世界总探明量的 1/4，可以提取 70 多亿吨页岩油，具有较高的利用价值和战略价值。与此同时，我国每生产 1 吨原煤要产生 2~4 立方米矿井水，当前我国矿井水利用率虽然显著提高，但是利用方式仍比较落后、效益低下。

　　第三，我国煤炭产品地域性差异大。煤炭产业主要以自然资源作为生产原材料并进行初步加工，不同地区的煤质直接影响煤炭企业的产品性质和利用途径，进而影响以煤炭产业为核心构建的煤基产业系统的主体构成。我国煤炭资源丰富且煤类齐全，但各煤类数量和地理分布差异较大。其中，炼焦用煤主要分布在晋陕蒙和华东区，两区占全部炼焦用煤的 75.6%。其中山西、安徽、山东、贵州、黑龙江、河北、河南等七省有 2222.09 亿吨，占炼焦用煤总量的 84%。非炼焦用煤的各煤类在地理分布上也极不平衡，无烟煤主要分布在山西、陕西、内蒙古和西南区占 81.3%。其中山西（434.36 亿吨）、贵州（361.39 亿吨）两省就占总量的 70.3%；作为非炼焦用煤的低变质烟煤（弱粘、不粘和长焰煤）则主要分布在山西、陕西、内蒙古和甘肃、宁夏、青海、新疆等省区，其占总量的 97.0%；褐煤主要分布于蒙东和滇西南地区，两地占 88.0%。

（二）产业特征分析

　　煤炭产业是我国重要的能源产业，是经济发展的重要支撑力量，无论在生产和生活中均具有重要作用。如表 9 - 2 所示，工业是中国的煤炭消费大户，并呈现持续增长的态势，2015 年我国工业部门煤炭消耗量达到了 37.5 亿吨，工业部门消费量占到了全国煤炭消费总量的 94.62%，可见中国的煤炭消费量基本上被工业所包揽。从煤炭主要消费行业来说，电力、冶金、建材和化工四个行业耗煤总量最大，消费比重一般在 85% 以上，这些行业涉及工业部门的各个关键领域，其产品均是处在工业化发展时期的我国所必需的资源，通过这些行业进行二次波及扩大了煤炭产业的影响范围。其次是生活用煤，煤炭作为我国城乡居民重要的生产生活资料，占到了煤炭消费量的 2.4% 左右，年消费 9000 多万吨。总之，我国是一个煤炭消费大国，国民经济的发展和人民生活水平的提高都离不开煤炭，煤炭是国民经济持续稳定健康发展的重要保障，此特性决定了煤炭产业具有较高的产业波及范围。

表 9 - 2　　　　　1990 ~ 2015 年分行业煤炭消费量　　　　单位：万吨

项目	1990 年		1995 年		2000 年		2005 年		2010 年		2015 年	
煤炭总消费量	105523	100%	137676	100%	135689	100%	243375	100%	349008	100%	397014	100%
在消费量中：												
1. 农、林、牧、渔、水利业	2096	1.99%	1856	1.35%	1050	0.77%	1801	0.74%	2147	0.62%	2625	0.66%
2. 工业	81090	76.85%	117570	85.40%	121806	89.77%	224766	92.35%	329728	94.48%	375650	94.62%
3. 建筑业	437	0.41%	439	0.32%	536	0.40%	603	0.25%	730	0.21%	878	0.22%
4. 交通运输、仓储和邮政业	2160	2.05%	1315	0.96%	882	0.65%	811	0.33%	639	0.18%	491	0.12%
5. 批发、零售业和住宿、餐饮业	1058	1.00%	977	0.71%	1461	1.08%	2626	1.08%	3192	0.91%	3863	0.97%
6. 其他	1980	1.88%	1986	1.44%	1495	1.10%	2727	1.12%	3411	0.98%	4158	1.05%
7. 生活消费	16699	15.82%	13530	9.83%	8457	6.23%	10039	4.12%	9159	2.62%	9347	2.35%
在消费量中：												
（一）终端消费	60205	57.05%	66156	48.05%	50511	37.23%	86385	35.49%	114825	32.90%	112195	28.26%
#工业	35733	33.86%	46050	33.45%	36628	26.99%	67776	27.85%	95545	27.38%	90831	22.88%
（二）中间消费	41257	39.10%	69487	50.47%	81987	60.42%	152207	62.54%	222947	63.88%	266481	67.12%
发电	27204	25.78%	44440	32.28%	55811	41.13%	103662	42.59%	153742	44.05%	179318	45.17%
供热	2995	2.84%	5887	4.28%	8794	6.48%	13542	5.56%	17563	5.03%	24095	6.07%

项目	1990 年		1995 年		2000 年		2005 年		2010 年		2015 年	
炼焦	10697	10.14%	18396	13.36%	16496	12.16%	33445	13.74%	49960	14.31%	60643	15.27%
制气	360	0.34%	763	0.55%	960	0.71%	1277	0.52%	1040	0.30%	1270	0.32%
(三) 洗选损失	4059	3.85%	2032	1.48%	3191	2.35%	4782	1.96%	11234	3.22%	18337	4.62%

注：数据来源 2017 年煤炭平衡表。

综上所述，煤炭产业在内外部环境的影响下，其产量整体呈现波动上升趋势、产品结构不断丰富、生产技术水平不断提升，致使与其前后直接关联的产业不断增多，整体符合产业树理论分析的干系产业发展规律。

第二节 煤基产业树的结构分析

一、煤基产业树的界定

在产业树基本理论体系构建的基础上，选择煤炭产业作为干系产业，提出煤基产业树的概念，依据产业树的基本概念，从资源流动（资源指物质、信息、科技、资本、劳动力）角度定义煤基产业树。煤基产业树是产业树的一种，是对以煤炭产业为核心演化形成的产业体系的简化，根据上下游产业与煤炭产业的供需关系，整体划分为冠系产业、干系产业和根系产业。其中，干系产业为煤炭产业（煤炭开采和洗选），是煤基产业树的核心；根系产业为向煤炭产业（即干系产业）直接或间接提供信息、原材料和设备、技术、资本和劳动力等资源的产业群；冠系产业为直接或间接利用煤炭产业（干系产业）提供的资源生产产品的产业群，主要把干系产业提供的资源加工生产为终极消费品，提供给消费市场（社会）。根据第三章中产业树构建的相关假设，该处对煤基产业树构建提出相应假设条件，以求排除众多次要因素，保证煤基产业树模型的有效性和易操作性。

煤基产业树可以看作考虑纵向关系以煤炭产业为核心演化形成的产业体系，是一个相对概念，煤基产业树可以根据研究区域的不同，确定煤基产业树的层级和边界。原因在于，不同区域的煤基产业系统演化程度不同，导致煤炭产业的波及效果不同，即与其他产业关联程度不同，各个部分的层级会有多少之分，进而导致选取的煤基产业体系边界不同，煤基产业树各个部分的层级结构也不尽相同。为体现研究的普适性，本书将从国家层面整体构建煤基产业树模型，并确定煤基产业树边界，以求为研究具体区域的煤炭产业转型等提供理论研究范式。

二、煤基产业树基本模型构建

煤炭产业是以自然资源为生产对象的，根据国家标准分类法对产业类型的划分，煤炭产业包括煤炭开采和洗选两部分，本书将其选定为煤基产业树的干系产业；根据前面对产业树的定义及结构划分，煤基产业树的根系产业和冠系产业均是以干系产业（煤炭产业）为核心、以产品流动为依据进行确定的多层级产业群，本书首先通过对煤炭产业进行调研，确定了煤炭产业的主要产品为原煤、精煤、水煤浆、兰炭、煤粉、型煤等；主要副产品有煤矸石、煤泥、矿井水、瓦斯等；主要静脉资源（废弃物）有废旧设施设备、塌陷地等。根据以上主产品、副产品以及静脉资源的流动方向确定了煤基产业树的冠系产业群，主要包含煤电产业、煤化工产业、热力产业、建材产业、农业种植产业、装备再造产业以及钢铁产业等。同时确定了煤炭产业生产过程中主要生产要素包括煤矿开采设备、运输设备、支护设备、计量设备、资金、技术、人力、食品等。对应的主要产业包括矿山机械设备制造业、金融业、食品加工业、教育科研机构、火药机修业等。通过上述分析构建了以煤炭产业为核心的煤基产业树基础模型，如图9-3所示。在该模型中，并未进一步确定侧枝产业群和侧根产业群，在面对具体研究目的和区域时，可以运用第四章提出的方法模型进行侧枝产业群和侧根产业群的筛选与确定。

三、煤基产业树的结构功能分析

干系产业由煤炭开采和洗选部门组成，其实质是煤炭产业形成的内部产业链。在煤基产业树中，干系产业主要功能有：其一，吸收根系产业提供的资源，包括人力资源、煤炭开采技术、采煤设施设备等，对煤炭进行生产和洗选，形成精煤、型煤等产品；其二，向冠系产业提供生产终极消费产品所需的煤炭资源；其三，接收来自冠系产业的需求信息和根系产业

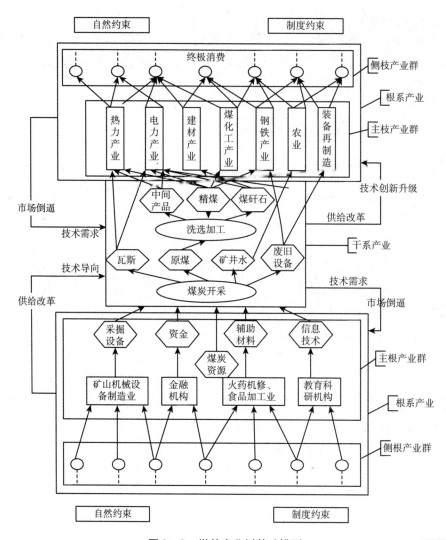

图 9 - 3　煤基产业树基础模型

的技术导向信息，不断升级改善煤基产业树的稳定性。综上所述，煤炭产业的发展情况受根系产业和冠系产业的双重影响，在煤基产业树中起到中转和联通作用。

根系产业主要由主根产业、侧根产业和末根产业组成，其中，主根产业为直接向煤炭产业提供煤炭开采技术、原材料、信息、服务等资源的产业群；侧根产业根据具体情况可包含多个层级：一级侧根产业是向主根产业提供技术、原材料、信息、服务等资源的产业群，二级侧根产业是向一级侧根产业提供技术、原材料、信息、服务等资源的产业群，依此原理层层递推，直到末根产业，其层级的确定可以根据研究区域的不同和研究目的的不同而具体确定。根系产业的主要作用有：一是向煤炭产业提供煤炭开采技术服务、材料供应和设备、信息等生产资料；二是通过技术创新，对煤炭产业乃至产业树的发展提供导向作用，不断促进煤炭产业的转型升级。

冠系产业由主枝产业、侧枝产业和末枝产业组成，其中，主枝产业是直接吸收利用煤炭产业所提供资源的产业群；侧枝产业根据具体情况可包含多个层级：一级侧枝产业是吸收利用主枝产业所提供资源的产业群，二级侧枝产业是吸收利用一级侧枝产业所提供资源的产业群，依此原理层层递推，直到直接为社会提供终级产品的末枝产业，其层级的确定同样根据研究区域的不同和研究目的的不同而具体确定。冠系产业的主要作用有：其一，吸收煤炭产业提供的煤炭产品，为社会提供终极消费品（如电力、热力等）；其二，通过对消费市场的反馈，倒逼煤炭产业乃至产业树的转型升级。

四、煤基产业树边界确定

根据第四章提出的产业树边界确定方法模型，本书运用根据 2012 年国家投入产出表（由于 2017 年未公布，2012 年为最新数据）计算得出的投入系数表（见附表 1）和里昂惕夫逆阵系数表（见附表 2），获得煤炭产业对其他产业的直接投入系数（见表 9 – 3），以及其他产业对煤炭产业的直接投入系数（见表 9 – 4），同时根据式（4.3）和式（4.4）求得煤炭产业的影响力系数为 0.8857 和感应度系数为 1.2843，其影响力系数小于 1，表明煤炭产业在产业体系的影响力低于平均水平，而感应度系数大于 1，高于平均水平。综合表明，煤炭产业对其他产业的影响力偏弱、受其他产业的影响偏高，完全符合煤炭产业作为基础能源供应产业的特征。根据第四章所述方法，令 $\eta = \mu = 1/42$，① 确定主枝产业的边界值为 0.02，确定主根产业的边界值为 0.03，通过直接投入系数与煤炭产业感应度系数和影响力系数的均值大小判断主枝产业和主根产业，其中主根产业主要包含金融业、

---

① 该处运用投入产出表测算的影响力和感应度，是 42 个细分产业影响力和感应度的综合，因此，本书取其均值作为边界值判断主枝产业和主根产业。

金属冶炼及压延加工业（采煤机械、辅助设施设备等）、电力热力产业；主枝产业主要包含石油加工、炼焦及核燃料加工业、非金属矿物制品业、金属冶炼及压延加工业、工艺品及其他制造业、电力热力的生产和供应业、燃气生产和供应业。进一步以主枝产业和主根产业为核心上下延伸确定侧枝产业和侧根产业，在确定过程中当多个主枝产业或主根产业同时与一个侧枝产业或侧根产业对应时，根据投入系数择大者分配。主枝产业与主根产业对其他产业的投入系数如附表 1 所示，不再赘述。最终确定煤基产业树如图 9-4 所示。

表 9-3　　　　　　　　　　煤炭产业对其他产业的投入系数

1	2	3	4	5	6	7	8	9	10	11
0.0001	0.1597	0.0026	0.0060	0.0102	0.0021	0.0032	0.0015	0.0028	0.0093	0.0574
12	13	14	15	16	17	18	19	20	21	22
0.0179	0.0508	0.0266	0.0042	0.0018	0.0024	0.0005	0.0004	0.0000	0.0000	0.0318
23	24	25	26	27	28	29	30	31	32	33
0.0023	0.0040	0.1818	0.0656	0.0012	0.0003	0.0000	0.0009	0.0002	0.0000	0.0000
34	35	36	37	38	39	40	41	42		
0.0001	0.0000	0.0005	0.0028	0.0011	0.0013	0.0016	0.0009	0.0009		

表 9-4　　　　　　　　　　其他产业对煤炭产业的投入系数

1	2	3	4	5	6	7	8	9	10	11
0.0007	0.1597	0.0003	0.0006	0.0028	0.0033	0.0007	0.0025	0.0180	0.0011	0.0066
12	13	14	15	16	17	18	19	20	21	22
0.0213	0.0044	0.0137	0.0200	0.0192	0.0197	0.0007	0.0052	0.0037	0.0003	0.0018
23	24	25	26	27	28	29	30	31	32	33
0.0002	0.0006	0.0396	0.0000	0.0005	0.0026	0.0139	0.0233	0.0037	0.0010	0.0471
34	35	36	37	38	39	40	41	42		
0.0002	0.0211	0.0082	0.0004	0.0061	0.0007	0.0003	0.0011	0.0003		

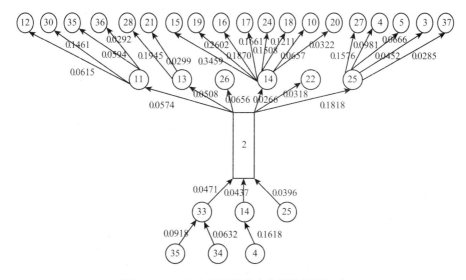

图9-4　2012年我国煤基产业树结构及组成

注：1-农业；2-煤炭开采和洗选业；3-石油和天然气开采业；4-金属矿采选业；5-非金属矿采选业；6-食品制造及烟草加工业；7-纺织业；8-服装皮革羽绒及其制品业；9-木材加工及家具制造业；10-造纸印刷及文教用品制造业；11-石油加工、炼焦及核燃料加工业；12-化学工业；13-非金属矿物制品业；14-金属冶炼及压延加工业；15-金属制品业；16-通用设备制造业；17-专用设备制造业；18-交通运输设备制造业；19-电气、机械及器材制造业；20-通信设备、计算机及其他电子设备制造业；21-仪器仪表及文化办公用机械制造业；22-其他制造业；23-废品废料；24-金属制品、机械和设备修理服务业；25-电力、热力的生产和供应业；26-燃气生产和供应业；27-水的生产和供应业；28-建筑业；29-批发和零售贸易业；30-交通运输、仓储及邮政业；31-住宿和餐饮业；32-信息传输、计算机服务和软件业；33-金融业；34-房地产业；35-租赁和商务服务业；36-科学研究和技术服务业；37-水利、环境和公共设施管理业；38-居民服务、修理和其他社会服务业；39-教育事业；40-卫生和社会工作；41-文化、体育和娱乐业；42-公共管理、社会保障和社会组织。

第三节　煤基产业树发展过程分析

一、煤基产业树调节动力的序参量识别——发展历史考察

煤基产业树属于产业树的一种，因此，煤基产业树同样具有自组织特性，

前面理论分析可知，产业树发展主要受创新动力、自组织动力和价值增值动力为主的内生性动力和以市场引导动力、政策引导动力、组织网络动力为主的外部激发性动力的影响，并提出产业树序参量的变化呈现（价值增值动力，市场引导动力）→（自组织动力，政策引导动力）→（创新动力，组织网络动力）的动态演变趋势。

本章主要通过分析煤基产业系统调节发展初级阶段、中级阶段和高级阶段的特征、发展特点、技术水平、产品结构等以判断煤基产业树调节过程的序参量演化过程，同时例证了前面理论分析的合理性。

（一）煤基产业树调节初级阶段

煤基产业树调节初级阶段，煤炭产业主要以炮采为主，导致其根系产业子系统内产业数量较少；同时，煤炭产业主要产品为原煤，对煤矸石、矿井水综合利用并未开展，煤炭洗选率较低，煤炭主要用于发电、焦化、钢铁等，冠系产业数量同样较少。因此，该阶段的煤基产业树无论其自组织能力和创新能力均处于弱势地位。而此时，正值我国经济高速发展、煤炭供不应求阶段，煤炭及相关企业均以价值增值为目标，在市场供需的引导下高速发展。因此，笔者认为煤基产业树调节的初级阶段的序参量为（价值增值动力，市场引导动力）。

（二）煤基产业树调节中级阶段

煤基产业树调节的中级阶段，煤炭产业规模得到足够扩张，供不应求的卖家市场逐渐消失，以提高煤炭产业的生产效率、降低生产成本为目的，煤炭产业开始向机械化开采发展，实现从炮采到机采的转变，技术研发、采煤装备制造、电子信息技术、通防设备等产业逐渐涌现，致使煤基产业树中根系产业子系统的主体得以丰富；同时，煤炭产业为进一步提高其市场竞争力、增加产品附加值和消化过剩产品，开始不断向煤化工、煤焦化、煤气化、矸石发电、矿井水综合利用、煤层气抽采等方向延伸扩展，实现了冠系产业子系统的丰富和发展。同一时期，政策引导煤炭产业走循环经济道路、绿色发展道路，同样在煤炭产业机械化、循环化发展中起到了突出的推动作用。在煤基产业树调节的中级阶段，系统的复杂性基本趋于收敛，该过程中系统的自组织特征更加凸显，煤基产业树调节的自组织动力超越价值增值动力成为最大动力。因此，笔者认为煤基产业树调节的中级阶段的序参量为（自组织动力，政策引导动力）。

（三）煤基产业树调节高级阶段

煤基产业树调节的高级阶段，煤炭产业及相关产业的演化趋势已经从规模扩张、效率提升等转变为以技术为主导的产业转型升级。传统的煤炭产业生产方式已经难以维持高利润空间，积极进行管理创新、技术创新和模式创新，推动煤炭产业的智能化、自动化生产是未来的发展方向。同时，随着经济的不断发展，分工不断细化，当前的市场竞争已经由企业竞争转变为产业链竞争，在技术创新的基础上，组织网络动力超越市场和政策引导成为煤基产业树维持其稳定性和产业竞争力的重要因素。因此，笔者认为煤基产业树调节的高级阶段的序参量为（创新动力，组织网络动力）。

综上所述，通过对煤基产业树发展历程的考察分析，提取了不同阶段煤基产业树发展变化的核心动力，确定了"（价值增值动力，市场引导动力）"——（自组织动力，政策引导动力）——（创新动力，组织网络动力）分别是煤基产业树调节初级阶段、中级阶段和高级阶段的序参量，即主要驱动力，符合前面对产业树理论分析的结果，其驱动机制如图9-5所示。

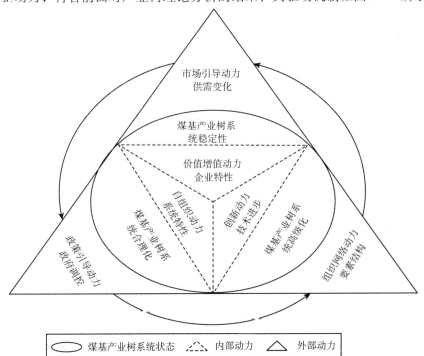

图9-5 煤基产业树调节动力演化模型

二、煤基产业树调节的传导路径分析

（一）关联权重分析

如图9-4所示，在煤基产业树中，根系产业子系统主要由3个主根产业和3个末根产业组成，主要包含2个层级；冠系产业子系统主要由6个主枝产业和19个末枝产业组成，主要包含2个层级；干系产业子系统由煤炭产业（煤炭开采和洗选业）组成。

其中，产业11、13、14、22、25以及26是煤炭产业的直接前向关联产业，即煤基产业树中的主枝产业，它们的关联权重分别为0.053、0.047、0.025、0.029、0.168和0.061，其中，与煤炭产业关联权重最大的为25号产业（电力、热力的生产供应产业）；产业14、25和33是煤炭产业的直接后向关联产业，即煤炭产业树中的主根产业，它们的关联权重分别为0.040、0.039和0.047，其中与煤炭产业关联权重最大的产业为33号产业（金融业）；以上表明煤炭产业产品的主要用途是作为电力和热力的燃料，且其已经成为资本密集型产业。同时，煤炭产业既是耗能大户又是能源生产者，因此，在主枝产业和主根产业中均有25号产业，但是，主枝产业中其与煤炭产业的权重依据煤炭产业对产业25投入系数测算，主根产业中其与煤炭产业的权重依据产业25对煤炭产业的投入系数测算。

进一步，对影响主枝产业、主根产业的第二层级产业进行分析发现，主枝产业中产业11、14和25具有丰富的下游产业（侧枝产业），它们通过主枝产业对煤炭产业间接产生重大影响；而产业13、22以及26的下游产业对煤炭产业影响力较弱。主根产业的上游同样较缺乏对煤炭产业间接产生重大影响的产业。以上结果反映了煤炭产业属于基础能源产业的基本特征，处在产业链的上游，而下游产业较为丰富，具有较广的波及性。具体各个产业的关联权重如图9-4所示。

（二）传导路径分析

1. 末枝产业变化传导路径

根据第七章的理论分析，在冠系产业子系统中同一层级产业之间存在旁侧竞争关联关系，并当某末枝产业发生变化后，会沿"末枝产业→主枝产业→干系产业→主根产业→末根产业"逆向传导。本书以产业16为例进行分析。当产业16受外部市场等因素影响发生规模扩大（缩小）后，对主枝产业14的产品需求量增加（减少），短期内，在产业 14 产量一定情况下，产业 14 对产业 10、15、17、18、19、20 和 24 供给量减少（增加），供给不足必然会导致产业 14 产品价格提高（降低），推动产业 14 产业规模增加（减少），进而通过供需变化影响干系产业和根系产业的规模变化，在该过程中，主要存在旁侧竞争关联和前向关联两种方式，实现末枝产业变化冲击的逆向传导。在该过程中，末枝产业主要通过市场倒逼的形式影响干系产业—煤炭产业的发展变化。

2. 主枝产业变化传导路径

主枝产业变化的传导路径为双向传导，其通过正向传导影响其前向关联产业末枝产业，通过逆向传导影响干系产业和根系产业。其传导路径在图 9.4 中为"末枝产业←主枝产业→干系产业→主根产业→末根产业"。以产业 13 为例，当产业 13 自身规模在内外部环境因素影响下扩大（缩小）时，首先因产品供应量的扩大（减少），导致直接前向关联产业 21、28 原材料的供应量扩大（减少），进而导致原材料价格下降（提高），进而推动产业 21、28 规模的扩大（缩小）；同时，产业 13 规模的扩大（缩小）会对产业 2 的产品需求量增加（减少），进而推动产业 2 的规模增加（减少），依次逆向传导至末枝产业。当干系产业和主根产业发生变化后，与主枝产业发生变化时的传导路径相似，在此不再赘述。

3. 末根产业变化传导路径

在根系产业子系统中同一层级产业之间存在旁侧协同关联关系，并当某末根产业发生变化后，会沿"末根产业→主根产业→干系产业→主枝产业→末枝产业"正向传导。以末枝产业 34 为例，当产业 34 受外部市场环境或技术进步影响时，其产业规模呈现扩张（收缩），会导致产业 34 产品产出量增加（减少），进而推动产业 33 的规模扩张（收缩），由于产业 35 同样是产业 33 的原料供应方，由于旁侧协同关联效应而导致产业 35 的规模扩张（收缩）；进一步，产业 33 的规模扩张（收缩）会推动产业 2 的扩张（收缩），同样，因为旁侧协同效应而引起产业 14 和产业 25 的规模扩张（收缩）；依此类推，该种变化将向干系产业和冠系产业传导，实现最终的供需平衡，达到新的稳态。

第四节 煤基产业树发展结果

以煤炭产业为例，运用前面煤基产业树构建方法，基于 1992 年、2002

年和2012年国家投入产出表构建1992年、2002年和2012年三个时间节点的煤基产业树模型，通过对比20年间的煤基产业树发展变化分析产业树调节过程中在规模、内部结构、复杂性、产业数量等方面的变化，一方面能够对前面理论分析进行例证，另一方面能够发现煤炭产业的变化规律，为煤炭产业乃至煤炭资源型区域的经济转型发展提供方法依据。

一、煤基产业树构建——1992年、2002年

与前面构建2012年煤基产业树方法与过程相同，该处借助1992年与2002年的国家投入产出表测算煤炭产业对其他产业的投入系数和其他产业对煤炭产业的投入系数，并运用前面提供的方法确定1992年和2002年两个时间节点下煤基产业树，如图9-6和图9-7所示。

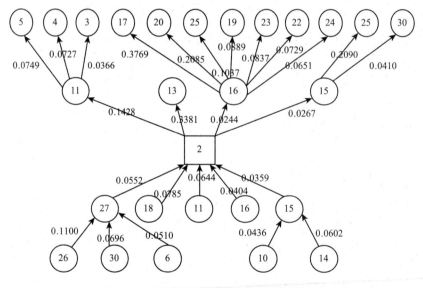

图9-6 1992年我国煤基产业树结构及组成

注：1-农业；2-煤炭采选业；3-石油和天然气开采业；4-金属矿采选业；5-其他非金属矿采选业；6-食品制造业；7-纺织业；8-缝纫及皮革制品业；9-木材加工及家具制造业；10-造纸及文教用品制造业；11-电力及蒸汽、热水生产和供应业；12-石油加工业；13-炼焦、煤气及煤制品业；14-化学工业；15-建筑材料及其他非金属矿物制品业；16-金属冶炼及压延加工业；17-金属制品业；18-机械工业；19-交通运输设备制造业；20-电气机械及器材制造业；21-电子及通信设备制造业；22-仪器仪表及其他计量器具制造业；23-机械设备修理业；24-其他工业；25-建筑业；26-货运邮电业；27-商业；28-饮食业；29-旅客运输业；30-公用事业及居民服务业；31-文教卫生科研事业；32-金融保险业；33-行政机关。

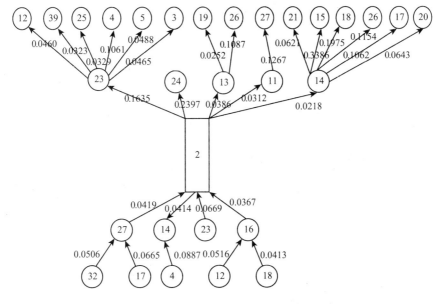

图9-7 2002年我国煤基产业树结构及组成

注：1-农业；2-煤炭开采和洗选业；3-石油和天然气开采业；4-金属矿采选业；5-非金属矿采选业；6-食品制造及烟草加工业；7-纺织业；8-服装皮革羽绒及其制品业；9-木材加工及家具制造业；10-造纸印刷及文教用品制造业；11-石油加工、炼焦及核燃料加工业；12-化学工业；13-非金属矿物制品业；14-金属冶炼及压延加工业；15-金属制品业；16-通用、专用设备制造业；17-交通运输设备制造业；18-电气、机械及器材制造业；19-通信设备、计算机及其他电子设备制造业；20-仪器仪表及文化办公用机械制造业；21-其他制造业；22-废品废料；23-电力、热力的生产和供应业；24-燃气生产和供应业；25-水的生产和供应业；26-建筑业；27-交通运输及仓储业；28-邮政业；29-信息传输、计算机服务和软件业；30-批发和零售贸易业；31-住宿和餐饮业；32-金融保险业；33-房地产业；34-租赁和商务服务业；35-旅游业；36-科学研究事业；37-综合技术服务业；38-其他社会服务业；39-教育事业；40-卫生、社会保障和社会福利事业；41-文化、体育和娱乐业；42-公共管理和社会组织。

通过对比1992年（见图9-6）、2002年（见图9-7）以及2012年（见图9-4）三个时间节点的煤基产业树模型，可以发现煤基产业树经过二十年的发展演化，其产业数量、规模、细分程度等均呈现递增趋势，整体上冠系产业子系统复杂程度不断提高、根系产业子系统的复杂程度逐渐降低。整体表现为煤炭产业产品用途不断增加，原材料供应逐渐向工程机械、资本、技术三个方面靠拢。为进一步定量分析煤基产业树演化的波动效应，以下将运用前面理论分析过程设计的规模指标、结构指标以及产业数量指标等对3个节点下的煤基产业树进行定量分析，具体如下。

二、煤基产业树调节结果变化分析

前面通过理论分析表明，产业树从低级向高级演化过程呈现产出规模不断扩大、技术水平不断提高、产业结构不断优化、要素主体数量不断增加以及系统复杂性不断提升等特点。本节以煤基产业树为例，通过对比 1992 年、2002 年和 2012 年跨度 20 年的三个煤基产业树演化节点的基本规模、结构以及要素数量信息，例证前面产业系统演化理论分析的合理性，同时能够总结归纳煤基产业树演化的方向，为促进煤基产业树向高级化、合理化方向演化发展提供政策建议。

（一）煤基产业树规模变化分析

根据前面构建的煤基产业树规模测算模型，分别计算了煤基产业树总产出量、干系产业子系统产出量、根系产业子系统产出量、冠系产业子系统产出量、根系产业子系统中主根产业群产出量、根系产业子系统中末根产业群产出量、冠系产业子系统中主枝产业群产出量和冠系产业子系统中末枝产业群产出量等八个指标。仅从产出规模角度看，以上八个指标 1992～2012 年产出规模均呈递增状态。表明煤基产业树规模在不断扩张，在该过程中，其各个子系统、各个子产业群的规模均呈现扩张状态，如表 9-5 所示。

表 9-5　　　　　　　　　　　煤基产业树产出规模指标　　　　　　　单位：亿元

年份	T_{total}	T	$\bar{T}$	$\underline{T}$	$\sum\limits_{j=1}^{\bar{n}_1} \bar{S}_j$	$\sum\limits_{j=1}^{\bar{n}_2} \bar{S}_j$	$\sum\limits_{j=1}^{\underline{n}_1} \underline{S}_j$	$\sum\limits_{j=1}^{\underline{n}_2} \underline{S}_j$
1992	53253	725.7	21604.5	30922.8	7066.0	14538.5	16198.4	14724.4
2002	239380.3	4010.9	137889.3	97480.1	35532.3	102357.0	50372.7	47107.4
2012	1320946.7	22508.2	991822.5	306616	251060.4	740762.1	217820.7	88795.3

（二）煤基产业树结构变化分析

根据式（8.9），计算根系产业子系统、干系产业子系统和冠系产业子系统的结构比例；根据式（8.10），计算主根产业群以及末根产业群在根系产业子系统中的结构比例；根据式（8.11），计算主枝产业群以及末枝产业群在冠系产业子系统中的结构比例；根据式（8.12），计算电力、热力的生产

供应业 k_1 以及金属冶炼及压延加工业 k_2 两个产业簇在根系产业子系统中的结构比例；根据式（8.13），计算电力、热力的生产供应业 k_1 以及金属冶炼及压延加工业 k_2 两个产业簇在冠系产业子系统中的结构比例。以上计算结果如表9-6所示。在煤基产业树演化过程中，随着技术与市场需求的变化，其主枝产业和主根产业同样发生不断变化，因此，本书仅选取电力、热力的生产供应业 k_1 以及金属冶炼及压延加工业 k_2 两个产业簇作为簇结构的评价指标。

表9-6　　　　　　　　　　煤基产业树产出结构指标　　　　　　　　单位:%

年份	r_1	r_2	r_3	l_1	l_2	$\overline{l}_1$	$\overline{l}_2$	k_1	k_2	$\overline{k}_1$	$\overline{k}_2$
1992	58.1	1.4	40.6	52.4	47.6	32.7	67.3	3.8	10.3	12.3	41.5
2002	40.7	1.7	57.6	51.7	48.3	25.8	74.2	8.1	17.3	30.9	50.8
2012	23.2	1.7	75.1	71.0	29.0	25.3	74.7	15.9	40.0	8.8	42.9

注：在子系统簇结构计算过程中主要选择电力、热力的生产供应业 k_1 以及金属冶炼及压延加工业 k_2 两个产业簇。

如表9-6所示，从整体结构比例看，根系产业子系统在煤基产业树中的占比由1992年的58.1%下降至2012年的23.2%，其结构占比呈逐渐降低态势，且幅度较大；干系产业子系统（煤炭采选业）在煤基产业树中的占比由1992年的1.4%上升至2012年的1.7%，其结构占比呈逐渐上升态势；冠系产业子系统在煤基产业树中的占比由1992年的40.6%上升至2012年的75.1%，其结构占比呈逐渐上升态势。综上可以间接获知，在煤基产业树演化过程中，煤炭产品的精深加工利用方面得到了充分发展；而煤炭产业的上游产业根系产业子系统规模虽然在不断扩张，但其在煤基产业树中的结构占比在逐渐下降，表明煤炭产业对其上游产业的影响力较弱。

从子系统结构视角看，在根系产业子系统中，主根产业群的占比由1992年的52.4%上升至2012年的71.0%，整体呈现上升趋势；而末根产业群的占比则由1992年的47.6%下降至2012年的29.0%，整体呈现下降趋势。在冠系产业子系统中，主枝产业群的占比由1992年的32.7%下降至2012年的25.3%，整体呈现下降趋势；末枝产业群的占比由1992年的67.3%上升至2012年的74.7%，整体呈现上升趋势。以上结构变化间接表现了煤基产业树演化过程中，煤炭产品下游产业链延伸、多样化利用水平增速较快，而上游产业的纵向一体化程度较弱。

从产业簇结构视角看，在根系产业子系统中，电力、热力的生产供应业以及金属冶炼及压延加工业两个产业簇的结构比例均呈现递增趋势，符合我国煤炭产业机械化、智能化发展演变历程，电力、热力和机械装备逐渐成为煤炭生产的主要消耗能源和原材料。在冠系产业子系统中，电力、热力的生产供应业以及金属冶炼及压延加工业两个产业簇的结构比例均呈现先增长后下降的变化趋势，同样符合我国煤炭产业下游产品的发展历程，1992~2002年十年间，我国煤炭产业的产品主要供应电力、冶炼等使用，而随着技术不断进步、煤炭产品的用途不断增加，其主枝产业数量增加，导致其2002~2012年十年间的比例逐渐下降。

（三）煤基产业树产业数量变化分析

由于1992~2012年二十年间，我国产业划分不断细化，由1992年的33个产业细分变为2012年的42个产业部门。这在侧面反映了前面煤基产业树演化过程中产业的新生问题。本书在原有划分的基础上，对煤基产业树内部的产业数量进行了统计，统计结果如表9－7所示。由于部门划分较为宽泛，既导致部分产业出现在根系产业子系统中，又出现在冠系产业子系统中。例如，电力生产行业应为冠系产业子系统内部、电力供应业应为根系产业子系统内部，而在投入产出表中电力生产和供应业合并统计，导致其同时出现在根系产业子系统和冠系产业子系统中，在微观研究中，能够有效避免这一问题。其中，在2012年煤基产业树中，金属矿采选业，金属冶炼及压延加工业，电力、热力的生产和供应业，租赁和商务服务业等，同时存在于根系和冠系产业子系统中；在2002年煤基产业树中，金属矿采选业，化学工业，金属冶炼及压延加工业，交通运输设备制造业，电气、机械及器材制造业，电力、热力的生产和供应业等，同时存在于根系和冠系产业子系统中；在1992年煤基产业树中，电力及蒸汽、热水生产和供应业，建筑材料及其他非金属矿物制品业，金属冶炼及压延加工业，公用事业及居民服务业等，同时存在于根系和冠系产业子系统中。

表9－7　　　　　　　　　煤基产业树产业数量指标　　　　　　　　单位：个

年份	n	$\bar{n}$	$\underline{n}$	$\bar{n}_1$	$\bar{n}_2$	$\underline{n}_1$	$\underline{n}_2$
1992	21（4）	15	10	4	11	5	5
2002	21（6）	18	9	5	13	4	5
2012	27（4）	25	6	6	19	3	3

注：（）内数字表示根系产业子系统与冠系产业子系统通重复考虑的产业数量。

如表 9.7 所示，根系产业子系统中产业数量由 1992 年 10 个下降至 2012 年 6 个，其中，主根产业数量由 1992 年 5 个下降至 2012 年 3 个，末根产业由 1992 年 5 个下降至 2012 年 3 个。截至 2012 年，煤基产业树的主根产业主要包含金融业，金属冶炼及压延加工业，以及电力、热力的生产和供应业三个，表明当前煤炭产业生产所需的生产要素以电力、设备、资本等为主。在冠系产业子系统中，产业数量由 1992 年 15 个增加至 2012 年 25 个，其中，主枝产业数量由 1992 年的 4 个增加至 2012 年 6 个，末枝产业由 1992 年 11 个增加至 2012 年 19 个。表明煤炭产业的产品主要利用途径有所增加，并通过主枝产业的中转，进一步提高了煤炭产业对下游产业的影响力。

通过上述对煤基产业树规模、结构以及产业数量的演变分析，发现煤基产业树发展过程完全符合前面对产业树调节过程分析。首先，主枝产业经历了以煤炭发电、冶金、炼焦为主发展到发电、冶金、炼焦、制油、制气和非金属制品等为主，扩展了煤炭产品的利用途径，增加了产业链条，进而实现了冠系产业子系统的规模扩展；同时，其主根产业由以电力、机械加工、交通运输、设备制造、建筑材料等为主要供给要素转变为以电力、设备和资本为主要供给要素，实现了供给要素的不断升级，逐渐由劳动密集型产业向资本技术混合型产业转型。

第五节 本章小结

本章以煤炭产业为核心构建了煤基产业树，并通过考察煤基产业树发展变化历程验证了本书产业树构建方法以及自我调节理论分析的客观性和正确性。首先，通过梳理分析煤炭产业发展历程例证产业树提出的合理性和现实存在性；其次，依据前面的理论分析构建煤基产业树，并分析了煤基产业树的调节机理；最后，通过对比构建 1992 年、2002 年和 2012 年三个时间节点的煤基产业树，总结出煤基产业树演化过程中的产出规模、产业结构以及产业组成数量等指标的变化规律，验证了对产业树自我调节机理的理论分析结果。

第十章 进一步研究计划

一、有待进一步研究的问题

由于学识和时间所限，加之产业树相关研究文献较少，本书难以面面俱到，仅从理论层面阐明了产业树的构建方法和调节机理，笔者认为，未来可以在本书研究的基础上，针对以下问题进一步展开相关研究。

（1）产业树的构建及树形产业结构调节机理相关研究成果较少，在树形产业结构调节动力传导路径研究中，由于数据的难以获得性以及考虑到仿真模型的普适性问题，仅提供了仿真思路，但并未用真实值进行，未来可以根据研究目的进行具体的案例应用研究。

（2）产业树调节中动力序参量识别、调节动力的作用方式等均通过文献分析、比较分析等方法进行，未来有必要进一步构建数学模型进行判别分析。

（3）运用本书提出的分析方法对资源型区域的产业结构优化问题展开应用研究，以指导资源型区域科学地进行产业转型和结构优化。

二、产业树可应用领域

产业树是在产业链和产业网络理论的基础上提出的，是对产业链和产业网络理论的继承和再发展。产业树在借鉴两者结构、功能的基础上，克服了产业链分析产业分支的不足和产业网络实际应用难度大的问题，使其既拥有了分析产业体系的功能，同时又拥有了可操作性的优势。因此，笔者认为产业树将会在以下领域发挥作用，同时希望志同道合的专家学者一同展开研究。

第一，产业结构优化。产业结构优化能够实现产业体系中各个产业的协调、快速发展。本书所构建的产业树体系是以目标产业为核心、以供求关系为联系的产业体系。所进行的产业结构优化是指对以目标产业为核心所形成的产业体系的结构优化，与经典产业结构优化在研究视角上存在不同，是对当前产业结构优化理论的一个补充。以产业树理论为基础，借鉴决策树的剪枝思想，统筹考虑市场需求和技术创新导向，结合对各个产业之间的波及效应和发展趋势的评价，能够对产业树体系内的产业进行结构优化，主要在以下三个方面应用：其一，从产业树整体结构方面，对根系产业、干系产业和冠系产业间的结构进行优化，得到三大产业群体中的产业最佳数量及它们之间最优规模结构；其二，从局部方面，对以干系产业为核心的根系产业、冠系产业内部结构进行优化，得到各主枝产业或侧枝产业之间的最优比例关系及产业数量；其三，从单一产业方面，根据其前后项关联产业判断产业的发展潜力，制订转型或淘汰策略，进而促进局部或整体结构的优化。

第二，产业体系运行状况评价。产业树根据研究对象的不同，其体量大小在不断变化，小到研究某一四级产业的局部，大到研究国家的产业体系都可以运用产业树进行研究，只需要根据研究对象的不同，扩大或缩小产业树范围即可。在研究以某一具体领域或产业为核心构建的产业体系运行状况评价中，产业树具有独特优势，可以从系统角度指导构建产业体系运行状况"供需平衡度、技术创新度、环境和谐度、结构合理度"四维评价指标体系，能够全面反映产业体系的运行状况，为产业体系宏观调控提供分析依据和方法。

第三，骨干产业选择。选取合理的骨干产业必须充分考虑各个产业的波及效果、发展前景、技术创新发展方向和消费需求等众多因素，当前选取骨干产业的方法较多，各个方法各有侧重，也均存在不足，具体分析如表10－1所示。

表 10 - 1 骨干产业选择方法

条件	研究方法	简单描述	存在问题
数据欠缺或数据质量不高	区位熵	方便分析现有产业形成的区域比较优势	指标在测算过程缺乏监督，准确性和科学性不高
	层次分析法	建立层次分析模型、构造判断矩阵，确定指标值大的为区域骨干产业	主观赋值导致结论的主观性较强
	BP 神经网络法	客观处理复杂指标间的非线性关系	评价指标较多时训练时间过长，实用性受到制约
	灰色关联法	使指标间的关系清晰化，找到主要影响因素	要求对各项指标最优值进行现行确定，主观性过强
数据库完备，数据质量高	投入产出法	通过物质流分析现有产业形成的区域比较优势	针对内部之间的关系，缺乏考虑个体之间的差异
	SSM	动态综合反映区域产业的现状基础和发展趋势	主观性过强
	主成分分析法	利用原变量大部分信息综合分析评价对象	缺乏层次处理、不具有评价等级论
	因子分析法	对原变量重组、旋转	和主成分分析一样缺乏层次处理
	加权求总法	体现主导产业的多属性、多功能、多层次	只能大体了解产业概况

产业树是以目标产业为核心构建的产业体系，根据前面对产业树结构功能和运行机理的分析，在骨干产业选择研究中，在统筹考虑以上因素的基础上，借鉴决策树剪枝方法对各个产业进行判断选择，从而比较判断冠系产业群中诸多产业枝中最具发展潜力的产业，然后对其进行培育引导，成长壮大为骨干产业，运用产业树模型分析能够充分考虑产业体系的结构因素，是以上方法不具备的优势。同样，能够依据内外环境发展变化状况，对根系或干系产业群中的产业进行分析评价，选择有发展前景的产业或产业群进行扶持。

第四，产业转型升级方向判别。产业转型升级是一个动态协调的过程，它始终围绕的核心问题是如何提高产业链各个节点的效益和效率，表现为产业链的延伸和技术进步，以及产业链价值分布、空间布局、供需关系等特性的改变。因此，在研究产业转型升级方向时必须从产业体系的角度进行分析研究。

目标产业发展受根系产业和冠系产业两者的综合影响，其中根系产业为目标产业供给生产资料和技术服务，根系产业的技术变革会通过设备升级、原材料转变等直接影响到目标产业的转型升级方向；而冠系产业主要是目标产业的消费市场，除能够为目标产业回收资金外，其通过需求倒逼现象也在一定程度上影响着目标产业的转型和发展。目标产业转型升级方向主要受根系产业的技术导向和冠系产业的需求导向的综合影响。

在研究具体产业转型升级方向时，通过系统分析冠系产业的主要枝干需求及新兴枝干发展趋势判断目标产业产品的转型方向，同时结合根系产业的技术革新方向，最终确定目标产业的转型方向。在产业转型期间，目标产业还应结合所处制度、法律等环境确定具体的转型措施。

第五，资源最优流动路径选择。要实现产业的持续迅猛发展，资源配置合理是必要条件，任何产业体系均有多条产业链交错组成，运用产业树理论建立技术、需求、环境和政策的四维导向模型，按照"末根产业—侧根产业—主根产业—干系产业—主枝产业—侧枝产业—末枝产业"或"末枝产业—侧枝产业—主枝产业—干系产业—主根产业—侧根产业—末根产业"的路径，依此对目标产业体系的各产业进行评价分析，根据评价结果确定产业数量和规模，选择资源配置比例，进而避免资源配置不足或过剩局面的产生，实现资源流动路径效益的最大化。

第六，产业安全评价。产业安全是国家经济安全的重要组成部分。产业安全的影响因素相当复杂，基本上可以归纳为产业外部环境因素与产业内部因素。其中，产业外部环境因素主要是指产业的生存与发展环境、政府的产业与外资政策，以及跨国公司与外国直接投资进入国内市场的资本、技术、管理等状况。产业内部因素主要包括产业集中度和产业的制度结构等。在产业安全评价研究中，产业供需预测和内外部影响因素指标的选择是关键环节，而产业树的结构与功能决定了其能够有效分析产业安全的影响因素，同时以目标产业为核心的产业树可以通过对冠系和根系产业的供需分析，对目标产业（干系产业）的供需情况进行预测。利用产业树的结构，按照由主到末顺序，依次对干系、根系、冠系产业进行评价，判断其运行的稳定性、适应性与风险性。产业树为产业安全评价提供了理论与方法。

第七，产业集群体系构建。产业集群是产业发展适应经济全球化和日益竞争激烈的新趋势，是为创造竞争优势而形成的一种产业空间组织形式。产业集群体系的构建主要受市场、技术、信息等诸多要素的影响，其建立的合理性将直接影响产业集群的竞争力和发展潜力。首先，运用产业树模型可以选择区域内可作为产业集群的核心产业；其次，以该体系的核心产业作为干系产业，建立产业树模型，通过统筹考虑市场、技术和宏观调控等因素，选取合理的产业结构和产业间的经济联系方式，从而，指导产业集群体系的构建。

附 录 1

	1	2	3	4	5	6	7	8	9	10	11	12	13	14	15	16	17	18	19	20	21
1	0.1378	0.0007	0.0000	0.0004	0.0008	0.3620	0.1764	0.0301	0.1121	0.0439	0.0000	0.0365	0.0004	0.0001	0.0005	0.0001	0.0003	0.0000	0.0000	0.0000	0.0000
2	0.0001	0.1597	0.0026	0.0060	0.0102	0.0021	0.0032	0.0015	0.0028	0.0093	0.0574	0.0179	0.0508	0.0266	0.0042	0.0018	0.0024	0.0005	0.0004	0.0000	0.0000
3	0.0000	0.0003	0.0083	0.0007	0.0014	0.0000	0.0000	0.0000	0.0000	0.0000	0.5608	0.0115	0.0016	0.0004	0.0014	0.0005	0.0003	0.0002	0.0000	0.0000	0.0007
4	0.0000	0.0006	0.0000	0.1428	0.0028	0.0000	0.0000	0.0000	0.0000	0.0017	0.0002	0.0044	0.0054	0.1618	0.0067	0.0005	0.0003	0.0001	0.0012	0.0000	0.0000
5	0.053	0.0028	0.1040	0.0028	0.0129	0.0004	0.0000	0.0000	0.0002	0.0051	0.0000	0.0073	0.0709	0.0008	0.0003	0.0001	0.0005	0.0001	0.0009	0.0000	0.0000
6	0.053	0.0033	0.0042	0.0057	0.0058	0.2276	0.0035	0.0408	0.0133	0.0387	0.0058	0.0233	0.0046	0.0039	0.0045	0.0051	0.0040	0.0043	0.0042	0.0040	0.0050
7	0.0002	0.0007	0.0001	0.0011	0.0008	0.0009	0.4100	0.3525	0.0133	0.0049	0.0002	0.0121	0.0043	0.0006	0.0024	0.0007	0.0029	0.0043	0.0018	0.0004	0.0010
8	0.0003	0.0025	0.0019	0.0026	0.0021	0.0008	0.0038	0.1325	0.0141	0.0049	0.0005	0.0023	0.0042	0.0009	0.0022	0.0024	0.0033	0.0079	0.0016	0.0006	0.0020
9	0.0002	0.0180	0.0001	0.0015	0.0011	0.0004	0.0015	0.0010	0.3438	0.0171	0.0003	0.0011	0.0039	0.0007	0.0075	0.0045	0.0035	0.0063	0.0017	0.0005	0.0014
10	0.0002	0.0011	0.0006	0.0041	0.0014	0.0125	0.0035	0.0083	0.0095	0.2607	0.0004	0.0066	0.0151	0.0007	0.0052	0.0069	0.0039	0.0023	0.0112	0.0073	0.0097
11	0.3162	0.0066	0.0317	0.0506	0.0584	0.0016	0.0012	0.0017	0.0051	0.0034	0.0709	0.0615	0.0380	0.0462	0.0070	0.0054	0.0044	0.0034	0.0034	0.0021	0.0034
12	0.0848	0.0213	0.0252	0.0507	0.0764	0.0199	0.0989	0.0062	0.0802	0.1241	0.0249	0.4327	0.0784	0.0148	0.0544	0.0354	0.0508	0.0505	0.0928	0.0566	0.0415
13	0.0003	0.0044	0.0008	0.0050	0.0257	0.0045	0.0009	0.0005	0.0067	0.0028	0.0072	0.0062	0.1984	0.0161	0.0106	0.0081	0.0051	0.0108	0.0270	0.0112	0.0299
14	0.0000	0.0437	0.0382	0.0161	0.0190	0.0002	0.0004	0.0005	0.0113	0.0657	0.0002	0.0074	0.0239	0.3536	0.3459	0.1870	0.1661	0.1211	0.2602	0.0322	0.0647
15	0.0005	0.0200	0.0051	0.0227	0.0277	0.0002	0.0006	0.0020	0.0350	0.0072	0.0006	0.0062	0.0269	0.0059	0.1327	0.0427	0.1064	0.0203	0.0394	0.0144	0.0350
16	0.0001	0.0192	0.0119	0.0248	0.0219	0.0015	0.0024	0.0017	0.0082	0.0031	0.0064	0.0060	0.0216	0.0182	0.0280	0.2057	0.1064	0.0539	0.0386	0.0049	0.0293
17	0.0065	0.0197	0.0292	0.0280	0.0509	0.0013	0.0038	0.0050	0.0042	0.0057	0.0024	0.0031	0.0078	0.0030	0.0121	0.0057	0.1269	0.0023	0.0043	0.0044	0.0179
18	0.0012	0.0007	0.0009	0.0038	0.0087	0.0001	0.0000	0.0001	0.0002	0.0002	0.0003	0.0002	0.0043	0.0003	0.0013	0.0117	0.0268	0.3145	0.0043	0.0005	0.0019
19	0.0001	0.0052	0.0035	0.0064	0.0102	0.0005	0.0005	0.0007	0.0011	0.0022	0.0013	0.0016	0.0022	0.0011	0.0042	0.0604	0.0420	0.0313	0.1589	0.0459	0.0562
20	0.0000	0.0037	0.0012	0.0014	0.0013	0.0001	0.0001	0.0003	0.0005	0.0043	0.0005	0.0010	0.0005	0.0003	0.0011	0.0526	0.0368	0.0169	0.0533	0.5012	0.1895
21	0.0001	0.0003	0.0117	0.0006	0.0029	0.0000	0.0000	0.0000	0.0003	0.0002	0.0012	0.0004	0.0007	0.0004	0.0015	0.0061	0.0065	0.0086	0.0055	0.0035	0.1388
22	0.0001	0.0018	0.0002	0.0002	0.0010	0.0001	0.0001	0.0037	0.0001	0.0014	0.0002	0.0001	0.0002	0.0001	0.0005	0.0004	0.0008	0.0004	0.0003	0.0013	0.0002
23	0.0000	0.0002	0.0000	0.0000	0.0003	0.0001	0.0005	0.0004	0.0001	0.0236	0.0000	0.0014	0.0046	0.0423	0.0125	0.0016	0.0010	0.0005	0.0000	0.0001	0.0006
24	0.0002	0.0006	0.0014	0.0013	0.0023	0.0003	0.0008	0.0003	0.0007	0.0005	0.0005	0.0006	0.0019	0.0008	0.0009	0.0009	0.0003	0.0006	0.0006	0.0004	0.0005
25	0.0099	0.0396	0.0452	0.0981	0.0666	0.0082	0.0194	0.0075	0.0199	0.0190	0.0162	0.0419	0.0569	0.0425	0.0453	0.0168	0.0161	0.0089	0.0119	0.0087	0.0101
26	0.0000	0.0000	0.0001	0.0000	0.0000	0.0000	0.0000	0.0000	0.0006	0.0001	0.0000	0.0011	0.0002	0.0003	0.0007	0.0011	0.0001	0.0000	0.0001	0.0001	0.0000
27	0.0000	0.0005	0.0002	0.0000	0.0011	0.0000	0.0004	0.0003	0.0006	0.0006	0.0001	0.0006	0.0009	0.0003	0.0005	0.0006	0.0003	0.0002	0.0004	0.0003	0.0004
28	0.0001	0.0026	0.0016	0.0013	0.0035	0.0003	0.0008	0.0013	0.0017	0.0018	0.0013	0.0012	0.0019	0.0009	0.0022	0.0018	0.0013	0.0013	0.0012	0.0019	0.0015
29	0.0147	0.0139	0.0088	0.0154	0.0202	0.0481	0.0373	0.0722	0.0249	0.0336	0.0249	0.0287	0.0220	0.0085	0.0240	0.0300	0.0304	0.0454	0.0322	0.0413	0.0325
30	0.0121	0.0233	0.0073	0.0360	0.0368	0.0318	0.0185	0.0227	0.0322	0.0282	0.0178	0.0281	0.0401	0.0215	0.0298	0.0292	0.0288	0.0294	0.0256	0.0162	0.0259
31	0.0009	0.0037	0.0014	0.0065	0.0051	0.0036	0.0020	0.0027	0.0038	0.0037	0.0008	0.0046	0.0053	0.0015	0.0054	0.0058	0.0075	0.0031	0.0049	0.0030	0.0103
32	0.0010	0.0010	0.0009	0.0033	0.0026	0.0010	0.0010	0.0020	0.0018	0.0017	0.0003	0.0013	0.0021	0.0007	0.0022	0.0028	0.0025	0.0016	0.0016	0.0057	0.0033
33	0.0124	0.0471	0.0159	0.0309	0.0320	0.0110	0.0109	0.0102	0.0165	0.0190	0.0119	0.0191	0.0246	0.0294	0.0203	0.0186	0.0218	0.0146	0.0174	0.0259	0.0250
34	0.0000	0.0002	0.0002	0.0001	0.0004	0.0002	0.0003	0.0007	0.0008	0.0009	0.0001	0.0004	0.0006	0.0002	0.0008	0.0007	0.0008	0.0003	0.0006	0.0007	0.0019
35	0.0003	0.0211	0.0064	0.0205	0.0176	0.0127	0.0037	0.0106	0.0085	0.0170	0.0056	0.0153	0.0111	0.0049	0.0111	0.0146	0.0149	0.0136	0.0144	0.0126	0.0104
36	0.0058	0.0082	0.0139	0.0103	0.0159	0.0026	0.0013	0.0029	0.0041	0.0042	0.0009	0.0092	0.0046	0.0057	0.0056	0.0121	0.0147	0.0164	0.0097	0.0172	0.0177
37	0.0014	0.0004	0.0006	0.0014	0.0025	0.0004	0.0016	0.0002	0.0002	0.0017	0.0005	0.0015	0.0006	0.0008	0.0003	0.0006	0.0003	0.0004	0.0003	0.0002	0.0003
38	0.0009	0.0061	0.0026	0.0018	0.0057	0.0021	0.0010	0.0016	0.0021	0.0030	0.0015	0.0025	0.0034	0.0019	0.0043	0.0043	0.0042	0.0054	0.0038	0.0026	0.0035
39	0.0001	0.0007	0.0001	0.0005	0.0003	0.0002	0.0001	0.0002	0.0002	0.0002	0.0001	0.0002	0.0003	0.0001	0.0003	0.0003	0.0003	0.0002	0.0002	0.0002	0.0004
40	0.0001	0.0003	0.0001	0.0003	0.0010	0.0000	0.0007	0.0001	0.0011	0.0001	0.0005	0.0001	0.0002	0.0001	0.0001	0.0004	0.0003	0.0002	0.0002	0.0001	0.0004
41	0.0000	0.0011	0.0006	0.0020	0.0010	0.0007	0.0007	0.0010	0.0011	0.0010	0.0003	0.0010	0.0015	0.0006	0.0013	0.0018	0.0013	0.0006	0.0012	0.0009	0.0015
42	0.0004	0.0003	0.0004	0.0006	0.0004	0.0003	0.0002	0.0002	0.0004	0.0003	0.0001	0.0003	0.0004	0.0003	0.0004	0.0005	0.0005	0.0012	0.0004	0.0008	0.0006

续表

	22	23	24	25	26	27	28	29	30	31	32	33	34	35	36	37	38	39	40	41	42
1	0.0518	0.0002	0.0000	0.0001	0.0000	0.0004	0.0079	0.0002	0.0128	0.1108	0.0021	0.0000	0.0002	0.0070	0.0084	0.0036	0.0043	0.0054	0.0031	0.0031	0.0000
2	0.0318	0.0023	0.0040	0.1818	0.0656	0.0012	0.0003	0.0000	0.0009	0.0002	0.0000	0.0000	0.0001	0.0000	0.0005	0.0028	0.0011	0.0011	0.0016	0.0009	0.0009
3	0.0000	0.0000	0.0000	0.0099	0.4538	0.0000	0.0000	0.0000	0.0000	0.0000	0.0000	0.0000	0.0000	0.0000	0.0000	0.0000	0.0000	0.0000	0.0000	0.0000	0.0000
4	0.0005	0.0014	0.0009	0.0000	0.0026	0.0000	0.0000	0.0000	0.0000	0.0000	0.0000	0.0000	0.0000	0.0000	0.0004	0.0000	0.0000	0.0000	0.0000	0.0000	0.0000
5	0.0001	0.0000	0.0001	0.0004	0.0000	0.0000	0.0056	0.0000	0.0000	0.3048	0.0080	0.0026	0.0037	0.0145	0.0086	0.0003	0.0261	0.0215	0.0159	0.0694	0.0146
6	0.0179	0.0048	0.0016	0.0032	0.0032	0.0119	0.0025	0.0029	0.0127	0.0061	0.0001	0.0001	0.0004	0.0009	0.0027	0.0073	0.0045	0.0022	0.0154	0.0038	0.0094
7	0.0929	0.0053	0.0025	0.0000	0.0000	0.0001	0.0005	0.0002	0.0007	0.0042	0.0011	0.0056	0.0019	0.0131	0.0007	0.0073	0.0017	0.0003	0.0088	0.0291	0.0221
8	0.0056	0.0010	0.0034	0.0006	0.0016	0.0050	0.0039	0.0009	0.0035	0.0038	0.0004	0.0008	0.0005	0.0005	0.0003	0.0027	0.0017	0.0020	0.0000	0.0009	0.0021
9	0.0286	0.0005	0.0035	0.0000	0.0001	0.0001	0.0238	0.0003	0.0001	0.0000	0.0004	0.0008	0.0005	0.0005	0.0003	0.0027	0.0017	0.0000	0.0000	0.0037	0.0043
10	0.0149	0.0021	0.0064	0.0014	0.0009	0.0025	0.0025	0.0102	0.0041	0.0038	0.0318	0.0320	0.0051	0.0805	0.0111	0.0120	0.0120	0.0225	0.0035	0.0790	0.0243
11	0.0094	0.0053	0.0123	0.0394	0.0147	0.0022	0.0127	0.0029	0.1461	0.0031	0.0019	0.0041	0.0017	0.0594	0.0292	0.0290	0.0072	0.0068	0.0019	0.0039	0.0181
12	0.1814	0.0345	0.0343	0.0012	0.0046	0.0682	0.0438	0.0019	0.0132	0.0091	0.0067	0.0009	0.0013	0.0201	0.0616	0.0763	0.0675	0.0186	0.3540	0.0191	0.0083
13	0.0164	0.0030	0.0053	0.0007	0.0003	0.0009	0.1945	0.0001	0.0014	0.0004	0.0005	0.0001	0.0001	0.0005	0.0030	0.0012	0.0012	0.0023	0.0009	0.0045	0.0036
14	0.0785	0.0233	0.1508	0.0005	0.0020	0.0016	0.1582	0.0001	0.0030	0.0000	0.0000	0.0000	0.0016	0.0288	0.0022	0.0006	0.0021	0.0001	0.0000	0.0002	0.0000
15	0.0262	0.0025	0.0787	0.0003	0.0007	0.0237	0.0417	0.0002	0.0041	0.0008	0.0002	0.0009	0.0003	0.0007	0.0403	0.0053	0.0089	0.0020	0.0003	0.0009	0.0021
16	0.0222	0.0025	0.0582	0.0033	0.0019	0.0054	0.0051	0.0123	0.0123	0.0004	0.0002	0.0015	0.0004	0.0005	0.0016	0.0053	0.0013	0.0010	0.0001	0.0004	0.0004
17	0.0041	0.0021	0.0179	0.0005	0.0011	0.0021	0.0048	0.0000	0.0028	0.0002	0.0001	0.0011	0.0001	0.0438	0.0002	0.0008	0.0006	0.0000	0.0350	0.0001	0.0000
18	0.0009	0.0010	0.1029	0.0001	0.0002	0.0002	0.0009	0.0024	0.0696	0.0012	0.0054	0.0011	0.0001	0.0463	0.0098	0.0026	0.0180	0.0089	0.0012	0.0023	0.0153
19	0.0161	0.0226	0.0906	0.0457	0.0007	0.0011	0.0372	0.0095	0.0013	0.0004	0.0570	0.0002	0.0011	0.0463	0.0316	0.0180	0.0419	0.0000	0.0027	0.0033	0.0027
20	0.0153	0.0002	0.0306	0.0005	0.0008	0.0006	0.0023	0.0048	0.0012	0.0004	0.0936	0.0013	0.0008	0.0435	0.0671	0.0038	0.0028	0.0020	0.0011	0.0019	0.0034
21	0.0034	0.0000	0.0131	0.0241	0.0016	0.0043	0.0006	0.0000	0.0002	0.0000	0.0032	0.0000	0.0001	0.0001	0.0287	0.0055	0.0037	0.0089	0.0007	0.0028	0.0018
22	0.0273	0.0017	0.0003	0.0000	0.0000	0.0067	0.0006	0.0026	0.0079	0.0003	0.0001	0.0005	0.0012	0.0153	0.0071	0.0053	0.0079	0.0000	0.0002	0.0032	0.0000
23	0.0001	0.0455	0.0000	0.0114	0.0288	0.0118	0.0314	0.0343	0.1421	0.0192	0.0126	0.0209	0.0059	0.0000	0.0000	0.0000	0.0000	0.0000	0.0000	0.0000	0.0000
24	0.0009	0.0004	0.0044	0.0027	0.0010	0.0017	0.0002	0.0000	0.0014	0.0001	0.0005	0.0000	0.0002	0.0001	0.0002	0.0003	0.0013	0.0002	0.0002	0.0002	0.0001
25	0.0116	0.0104	0.0446	0.3264	0.0218	0.1576	0.0130	0.0106	0.0101	0.0080	0.0122	0.0056	0.0048	0.0023	0.0055	0.0285	0.0139	0.0056	0.0066	0.0068	0.0088
26	0.0024	0.0011	0.0190	0.0013	0.1039	0.0002	0.0112	0.0000	0.0110	0.0030	0.0000	0.0267	0.0018	0.0002	0.0002	0.0022	0.0042	0.0011	0.0005	0.0011	0.0003
27	0.0044	0.0014	0.0009	0.0015	0.0003	0.0032	0.0001	0.0002	0.0003	0.0018	0.0001	0.0004	0.0005	0.0001	0.0006	0.0036	0.0028	0.0010	0.0009	0.0005	0.0007
28	0.0024	0.0017	0.0028	0.0040	0.0014	0.0067	0.0269	0.0026	0.0079	0.0039	0.0044	0.0119	0.0240	0.0021	0.0050	0.0211	0.0318	0.0063	0.0030	0.0093	0.0126
29	0.0446	0.0010	0.0318	0.0000	0.0076	0.0147	0.0196	0.0281	0.0212	0.0606	0.0267	0.0119	0.0041	0.0441	0.0299	0.0237	0.0318	0.0106	0.0379	0.0494	0.0211
30	0.0299	0.0182	0.0272	0.0131	0.0288	0.0118	0.0314	0.0343	0.1421	0.0192	0.0126	0.0209	0.0059	0.0513	0.0320	0.0375	0.0259	0.0258	0.0144	0.0447	0.0573
31	0.0049	0.0026	0.0080	0.0017	0.0032	0.0057	0.0048	0.0054	0.0135	0.0018	0.0066	0.0349	0.0047	0.0386	0.0294	0.0132	0.0130	0.0187	0.0053	0.0270	0.0391
32	0.0016	0.0011	0.0029	0.0031	0.0014	0.0087	0.0112	0.0031	0.0093	0.0042	0.1237	0.0267	0.0042	0.0051	0.0046	0.0095	0.0045	0.0141	0.0131	0.0121	0.0276
33	0.0260	0.0130	0.0190	0.0013	0.0450	0.0714	0.0278	0.0393	0.0831	0.0139	0.0398	0.0618	0.1052	0.0680	0.0380	0.0657	0.0215	0.0359	0.0140	0.0222	0.0279
34	0.0008	0.0005	0.0005	0.0001	0.0013	0.0001	0.0001	0.0460	0.0036	0.0100	0.0214	0.0632	0.0321	0.0570	0.0053	0.0040	0.0028	0.0085	0.0061	0.0136	0.0099
35	0.0069	0.0050	0.0207	0.0037	0.0048	0.0032	0.0360	0.0039	0.0126	0.0104	0.0456	0.0918	0.0400	0.0570	0.0222	0.0176	0.0189	0.0056	0.0012	0.0191	0.0159
36	0.0042	0.0010	0.0028	0.0042	0.0009	0.0021	0.0001	0.0005	0.0015	0.0003	0.0005	0.0018	0.0003	0.0037	0.0003	0.0166	0.0001	0.0005	0.0008	0.0013	0.0004
37	0.0011	0.0002	0.0001	0.0034	0.0010	0.0694	0.0044	0.0071	0.0178	0.0041	0.0031	0.0059	0.0020	0.0073	0.0112	0.0440	0.0192	0.0013	0.0076	0.0129	0.0201
38	0.0028	0.0001	0.0011	0.0019	0.0024	0.0070	0.0005	0.0006	0.0006	0.0003	0.0007	0.0051	0.0003	0.0004	0.0016	0.0028	0.0008	0.0136	0.0023	0.0015	0.0079
39	0.0004	0.0001	0.0000	0.0001	0.0003	0.0000	0.0002	0.0002	0.0002	0.0000	0.0004	0.0003	0.0000	0.0004	0.0001	0.0002	0.0002	0.0003	0.0047	0.0015	0.0027
40	0.0001	0.0001	0.0000	0.0002	0.0003	0.0038	0.0012	0.0009	0.0019	0.0022	0.0035	0.0110	0.0020	0.0017	0.0024	0.0035	0.0033	0.0040	0.0019	0.0003	0.0112
41	0.0016	0.0007	0.0013	0.0016	0.0014	0.0038	0.0012	0.0009	0.0022	0.0022	0.0035	0.0010	0.0020	0.0017	0.0024	0.0035	0.0014	0.0040	0.0019	0.0397	0.0112
42	0.0006	0.0006	0.0013	0.0003	0.0002	0.0004	0.0003	0.0004	0.0005	0.0002	0.0018	0.0010	0.0013	0.0074	0.0008	0.0014	0.0014	0.0013	0.0006	0.0010	0.0054

注：表中序号与2012年投入产出表序号一致，下同。

附录 2

	1	2	3	4	5	6	7	8	9	10	11	12	13	14	15	16	17	18	19	20	21
1	1.2188	0.0213	0.0134	0.0231	0.0254	0.5311	0.3581	0.2140	0.2267	0.1187	0.0139	0.1081	0.0330	0.0188	0.0286	0.0268	0.0288	0.0296	0.0314	0.0228	0.0256
2	0.0150	1.2024	0.0335	0.0586	0.0558	0.0188	0.0343	0.0276	0.0361	0.0481	0.0875	0.0730	0.1180	0.0866	0.0652	0.0435	0.0431	0.0363	0.0492	0.0228	0.0289
3	0.0116	0.0109	1.0205	0.0263	0.0283	0.0105	0.0142	0.0129	0.0160	0.0168	0.2850	0.0450	0.0289	0.0296	0.0220	0.0178	0.0178	0.0166	0.0203	0.0110	0.0129
4	0.0022	0.0139	0.0107	1.1032	0.0136	0.0029	0.0040	0.0041	0.0102	0.0181	0.0054	0.0115	0.0180	0.1629	0.0693	0.0451	0.0419	0.0352	0.0550	0.0142	0.0219
5	0.0028	0.0061	0.1026	0.0079	1.0196	0.0035	0.0044	0.0040	0.0054	0.0075	0.0302	0.0180	0.0898	0.0081	0.0070	0.0057	0.0059	0.0060	0.0094	0.0046	0.0065
6	0.1609	0.0196	0.0163	0.0261	0.0270	1.3472	0.0686	0.1006	0.0558	0.0436	0.0184	0.0731	0.0312	0.0230	0.0298	0.0299	0.0301	0.0269	0.0318	0.0243	0.0287
7	0.0061	0.0098	0.0060	0.0110	0.0112	0.0094	1.6738	0.6547	0.0547	0.0985	0.0052	0.0405	0.0229	0.0090	0.0158	0.0130	0.0177	0.0257	0.0166	0.0099	0.0123
8	0.0019	0.0061	0.0040	0.0061	0.0057	0.0035	0.0092	1.1379	0.0245	0.0108	0.0029	0.0070	0.0094	0.0047	0.0067	0.0071	0.0082	0.0150	0.0063	0.0038	0.0057
9	0.0020	0.0336	0.0029	0.0067	0.0064	0.0034	0.0066	0.0245	1.5007	0.0368	0.0041	0.0070	0.0139	0.0063	0.0177	0.0130	0.0116	0.0174	0.0153	0.0045	0.0068
10	0.0087	0.0147	0.0088	0.0191	0.0162	0.0306	0.0196	0.0288	0.0319	1.3394	0.0079	0.0275	0.0385	0.0142	0.0229	0.0271	0.0232	0.0211	0.0337	0.0271	0.0298
11	0.0402	0.0371	0.0602	0.0928	0.0994	0.0362	0.0458	0.0423	0.0536	0.0556	1.004	0.1343	0.0990	0.1073	0.0750	0.0605	0.0594	0.0568	0.0696	0.0368	0.0442
12	0.1691	0.0766	0.0775	0.1253	0.1652	0.1276	0.3106	0.2592	0.2503	0.3081	0.0755	1.6930	0.2077	0.0855	0.1556	0.1367	0.1603	0.1708	0.2303	0.1626	0.1404
13	0.0048	0.0145	0.0109	0.0159	0.0425	0.0119	0.0087	0.0083	0.0215	0.0156	0.0155	0.2077	1.2566	0.0378	0.0348	0.0311	0.0262	0.0346	0.0578	0.0362	0.0547
14	0.0154	0.1223	0.0958	0.0887	0.1026	0.0228	0.0286	0.0306	0.0860	0.1612	0.0453	0.0596	0.1184	1.5389	0.0261	0.0448	0.3850	0.3243	0.5007	0.1270	0.1982
15	0.0060	0.0384	0.0189	0.0415	0.0480	0.0112	0.0102	0.0123	0.0696	0.0245	0.0114	0.0233	0.0559	0.0261	1.6019	0.0596	0.0787	0.0528	0.0721	0.0720	0.0629
16	0.0056	0.0364	0.0269	0.0433	0.0433	0.0084	0.0130	0.0123	0.0258	0.0184	0.0198	0.0222	0.0478	0.0448	0.0596	1.4146	0.1513	0.0995	0.0720	0.0206	0.0534
17	0.0101	0.0269	0.0375	0.0357	0.0570	0.0076	0.0123	0.0129	0.0129	0.0140	0.0156	0.0121	0.0215	0.0144	0.0225	0.0781	1.1336	0.0104	0.0142	0.0104	0.0257
18	0.0070	0.0115	0.0093	0.0176	0.0248	0.0108	0.0102	0.0115	0.0129	0.0129	0.0076	0.0131	0.0220	0.0120	0.0158	0.0311	0.0526	1.4069	0.0146	0.0106	0.0148
19	0.0060	0.0211	0.0182	0.0285	0.0313	0.0090	0.0122	0.0127	0.0153	0.0176	0.0122	0.0191	0.0242	0.0205	0.0264	0.0965	0.0766	0.0670	1.1888	0.0794	0.0873
20	0.0031	0.0111	0.0086	0.0107	0.0119	0.0047	0.0054	0.0064	0.0074	0.0115	0.0063	0.0091	0.0101	0.0082	0.0110	0.0627	0.0497	0.0332	0.0597	1.4042	0.1734
21	0.0012	0.0026	0.0097	0.0045	0.0055	0.0014	0.0021	0.0018	0.0026	0.0025	0.0046	0.0037	0.0044	0.0037	0.0047	0.0076	0.0080	0.0101	0.0069	0.0051	1.0852
22	0.0007	0.0033	0.0011	0.0015	0.0024	0.0011	0.0011	0.0054	0.0014	0.0032	0.0011	0.0016	0.0018	0.0014	0.0019	0.0021	0.0025	0.0023	0.0020	0.0031	0.0018
23	0.0008	0.0043	0.0032	0.0032	0.0041	0.0015	0.0016	0.0018	0.0039	0.0261	0.0017	0.0040	0.0086	0.0440	0.0273	0.0143	0.0125	0.0107	0.0022	0.0047	0.0074
24	0.0007	0.0015	0.0024	0.0026	0.0035	0.0010	0.0018	0.0016	0.0020	0.0018	0.0015	0.0021	0.0038	0.0024	0.0027	0.0025	0.0025	0.0021	0.0015	0.0013	0.0016
25	0.0387	0.0994	0.1024	0.1953	0.1439	0.0450	0.0882	0.0674	0.0914	0.0919	0.0687	0.1376	0.1641	0.1495	0.1576	0.0969	0.0949	0.0793	0.1024	0.0554	0.0666
26	0.0008	0.0012	0.0010	0.0010	0.0017	0.0013	0.0015	0.0016	0.0016	0.0019	0.0020	0.0036	0.0023	0.0020	0.0017	0.0033	0.0021	0.0019	0.0021	0.0013	0.0016
27	0.0005	0.0012	0.0008	0.0017	0.0020	0.0014	0.0014	0.0013	0.0016	0.0017	0.0006	0.0018	0.0022	0.0015	0.0017	0.0016	0.0014	0.0012	0.0015	0.0011	0.0013
28	0.0019	0.0063	0.0043	0.0062	0.0077	0.0040	0.0044	0.0053	0.0063	0.0063	0.0041	0.0059	0.0073	0.0055	0.0073	0.0066	0.0061	0.0062	0.0062	0.0059	0.0058
29	0.0381	0.0377	0.0230	0.0433	0.0500	0.0896	0.0941	0.1380	0.0722	0.0806	0.0298	0.0759	0.0620	0.0376	0.0614	0.0726	0.0743	0.0995	0.0763	0.0835	0.0722
30	0.0348	0.0543	0.0311	0.0718	0.0734	0.0709	0.0653	0.0727	0.0870	0.0786	0.0400	0.0802	0.0937	0.0668	0.0829	0.0810	0.0812	0.0862	0.0807	0.0535	0.0679
31	0.0054	0.0120	0.0071	0.0150	0.0139	0.0107	0.0104	0.0119	0.0139	0.0139	0.0060	0.0156	0.0162	0.0110	0.0158	0.0167	0.0187	0.0144	0.0161	0.0122	0.0198
32	0.0038	0.0045	0.0045	0.0094	0.0086	0.0056	0.0066	0.0080	0.0084	0.0081	0.0036	0.0077	0.0094	0.0070	0.0093	0.0100	0.0098	0.0075	0.0088	0.0135	0.0104
33	0.0338	0.0892	0.0448	0.0761	0.0756	0.0471	0.0560	0.0566	0.0672	0.0711	0.0415	0.0737	0.0837	0.0869	0.0843	0.0764	0.0797	0.0716	0.0795	0.0715	0.0729
34	0.0049	0.0098	0.0056	0.0090	0.0098	0.0091	0.0101	0.0130	0.0109	0.0118	0.0054	0.0110	0.0115	0.0094	0.0116	0.0118	0.0122	0.0124	0.0120	0.0117	0.0127
35	0.0140	0.0432	0.0214	0.0430	0.0407	0.0347	0.0297	0.0411	0.0366	0.0480	0.0208	0.0476	0.0419	0.0310	0.0405	0.0451	0.0462	0.0476	0.0466	0.0408	0.0380
36	0.0120	0.0170	0.0230	0.0206	0.0273	0.0115	0.0116	0.0127	0.0162	0.0159	0.0104	0.0243	0.0178	0.0180	0.0195	0.0284	0.0018	0.0368	0.0259	0.0343	0.0336
37	0.0022	0.0015	0.0016	0.0028	0.0036	0.0019	0.0040	0.0025	0.0019	0.0037	0.0013	0.0035	0.0024	0.0024	0.0021	0.0021	0.0018	0.0019	0.0021	0.0013	0.0015
38	0.0038	0.0115	0.0064	0.0074	0.0117	0.0071	0.0067	0.0078	0.0089	0.0100	0.0056	0.0098	0.0114	0.0081	0.0119	0.0120	0.0121	0.0145	0.0116	0.0085	0.0100
39	0.0005	0.0014	0.0006	0.0012	0.0010	0.0007	0.0002	0.0009	0.0010	0.0010	0.0005	0.0003	0.0011	0.0009	0.0012	0.0011	0.0006	0.0011	0.0010	0.0009	0.0012
40	0.0002	0.0004	0.0002	0.0005	0.0005	0.0002	0.0007	0.0003	0.0003	0.0003	0.0006	0.0003	0.0005	0.0004	0.0006	0.0007	0.0006	0.0005	0.0005	0.0003	0.0005
41	0.0007	0.0021	0.0013	0.0027	0.0021	0.0014	0.0018	0.0021	0.0023	0.0023	0.0010	0.0023	0.0028	0.0021	0.0027	0.0030	0.0027	0.0022	0.0026	0.0020	0.0005
42	0.0008	0.0010	0.0009	0.0015	0.0012	0.0011	0.0010	0.0012	0.0014	0.0013	0.0006	0.0013	0.0013	0.0012	0.0015	0.0016	0.0016	0.0026	0.0016	0.0019	0.0015

续表

	22	23	24	25	26	27	28	29	30	31	32	33	34	35	36	37	38	39	40	41	42
1	0.1399	0.0128	0.0267	0.0172	0.0126	0.0312	0.0400	0.0138	0.0419	0.2848	0.0243	0.0254	0.0116	0.0541	0.0454	0.1113	0.0412	0.0317	0.0585	0.0715	0.0377
2	0.0739	0.0141	0.0532	0.3123	0.1011	0.0645	0.0538	0.0091	0.0286	0.0134	0.0147	0.0092	0.0064	0.0230	0.0221	0.0306	0.0200	0.0099	0.0318	0.0159	0.0142
3	0.0208	0.0061	0.0194	0.0295	0.2454	0.0122	0.0213	0.0064	0.0527	0.0086	0.0071	0.0068	0.0041	0.0263	0.0188	0.0065	0.0114	0.0064	0.0178	0.0091	0.0117
4	0.0209	0.0071	0.0417	0.0090	0.0059	0.0059	0.0351	0.0024	0.0066	0.0021	0.0064	0.0027	0.0021	0.0097	0.0095	0.0054	0.0062	0.0020	0.0060	0.0039	0.0033
5	0.0077	0.0019	0.0058	0.0059	0.0255	0.0035	0.0270	0.0013	0.0069	0.0022	0.0022	0.0016	0.0014	0.0047	0.0045	0.0054	0.0032	0.0017	0.0067	0.0029	0.0027
6	0.0635	0.0139	0.0266	0.0206	0.0161	0.0348	0.0289	0.0157	0.0399	0.4055	0.0272	0.0289	0.0142	0.0538	0.0431	0.0458	0.0531	0.0425	0.0519	0.1144	0.0461
7	0.1725	0.0127	0.0177	0.0068	0.0052	0.0113	0.0158	0.0061	0.0108	0.0179	0.0094	0.0117	0.0042	0.0270	0.0161	0.0262	0.0197	0.0090	0.0454	0.0362	0.0352
8	0.0111	0.0022	0.0089	0.0044	0.0043	0.0087	0.0092	0.0037	0.0078	0.0066	0.0044	0.0093	0.0031	0.0184	0.0044	0.0114	0.0082	0.0021	0.0123	0.0330	0.0252
9	0.0486	0.0021	0.0125	0.0105	0.0042	0.0046	0.0415	0.0025	0.0052	0.0035	0.0043	0.0044	0.0031	0.0079	0.0049	0.0088	0.0064	0.0021	0.0037	0.0105	0.0096
10	0.0372	0.0079	0.0269	0.0167	0.0103	0.0181	0.0238	0.0290	0.0209	0.0202	0.0611	0.0601	0.0196	0.1216	0.0320	0.0308	0.0283	0.0364	0.0191	0.1140	0.0428
11	0.0672	0.0209	0.0675	0.0835	0.0451	0.0379	0.0746	0.0228	0.1894	0.0274	0.0245	0.0243	0.0130	0.0969	0.0671	0.0564	0.0352	0.0215	0.0545	0.0306	0.0420
12	0.3692	0.0708	0.1416	0.0556	0.0426	0.1456	0.1625	0.0279	0.0721	0.0800	0.0635	0.0365	0.0205	0.1135	0.1607	0.1675	0.1464	0.0529	0.5618	0.0901	0.0562
13	0.0345	0.0082	0.0289	0.0137	0.0064	0.0111	0.2603	0.0042	0.0124	0.0070	0.0102	0.0062	0.0084	0.0124	0.0161	0.0321	0.0109	0.0071	0.0108	0.0134	0.0122
14	0.1809	0.0554	0.3776	0.0805	0.0444	0.0495	0.3152	0.0214	0.0588	0.0173	0.0571	0.0240	0.0183	0.0858	0.0793	0.0541	0.0528	0.0165	0.0399	0.0328	0.0288
15	0.0484	0.0080	0.0968	0.0200	0.0109	0.0376	0.0742	0.0077	0.0169	0.0075	0.0134	0.0085	0.0073	0.0479	0.0646	0.0191	0.0211	0.0069	0.0127	0.0096	0.0099
16	0.0422	0.0083	0.0269	0.0236	0.0141	0.0163	0.0321	0.0049	0.0296	0.0057	0.0099	0.0057	0.0034	0.0172	0.0155	0.0159	0.0131	0.0048	0.0141	0.0074	0.0076
17	0.0131	0.0040	0.0109	0.0109	0.0131	0.0068	0.0152	0.0017	0.0085	0.0044	0.0034	0.0036	0.0018	0.0059	0.0056	0.0059	0.0044	0.0020	0.0399	0.0038	0.0031
18	0.0141	0.0057	0.1437	0.0098	0.0088	0.0105	0.0161	0.0147	0.1085	0.0100	0.0170	0.0129	0.0060	0.0705	0.0257	0.0476	0.0677	0.0064	0.0113	0.0144	0.0310
19	0.0338	0.0291	0.1249	0.0847	0.0116	0.0237	0.0583	0.0199	0.0169	0.0080	0.0827	0.0123	0.0080	0.0656	0.0534	0.0345	0.0324	0.0062	0.0155	0.0133	0.0132
20	0.0215	0.0034	0.0431	0.0138	0.0059	0.0081	0.0141	0.0106	0.0102	0.0045	0.0933	0.0099	0.0048	0.0456	0.0715	0.0125	0.0406	0.0067	0.0083	0.0080	0.0100
21	0.0046	0.0009	0.0123	0.0231	0.0044	0.0076	0.0040	0.0009	0.0026	0.0010	0.0040	0.0009	0.0006	0.0022	0.0213	0.0057	0.0040	0.0062	0.0023	0.0028	0.0023
22	1.0289	0.0004	0.0020	0.0017	0.0010	0.0014	0.0023	0.0020	0.0016	0.0012	0.0019	0.0027	0.0024	0.0176	0.0096	0.0076	0.0093	0.0007	0.0012	0.0046	0.0012
23	0.0067	1.0321	0.0124	0.0029	0.0016	0.0022	0.0109	0.0012	0.0023	0.0010	0.0028	0.0018	0.0009	0.0049	0.0035	0.0025	0.0023	0.0012	0.0021	0.0029	0.0017
24	0.0023	0.0007	1.0060	0.0048	0.0021	0.0031	0.0019	0.0004	0.0024	0.0006	0.0011	0.0004	0.0004	0.0010	0.0010	0.0017	0.0020	0.0005	0.0011	0.0008	0.0006
25	0.0886	0.0318	0.1376	1.5289	0.0750	0.2772	0.1023	0.0279	0.0494	0.0371	0.0430	0.0242	0.0174	0.0434	0.0471	0.0798	0.0503	0.0221	0.0647	0.0366	0.0339
26	0.0047	0.0008	0.0020	0.0032	1.1170	0.0018	0.0019	0.0011	0.0152	0.0044	0.0010	0.0011	0.0026	0.0022	0.0018	0.0050	0.0061	0.0020	0.0022	0.0028	0.0019
27	0.0058	0.0018	0.0021	0.0030	0.0009	1.0469	0.0019	0.0005	0.0010	0.0025	0.0006	0.0009	0.0008	0.0009	0.0015	0.0047	0.0036	0.0014	0.0017	0.0012	0.0013
28	0.0071	0.0031	0.0079	0.0102	0.0048	0.0128	1.0327	0.0061	0.0131	0.0069	0.0086	0.0134	0.0277	0.0071	0.0097	0.0263	0.0106	0.0075	0.0066	0.0133	0.0163
29	0.0924	0.0188	0.0775	0.0423	0.0255	0.0415	0.0592	1.0446	0.0524	0.0989	0.0560	0.0342	0.0160	0.0851	0.0666	0.0558	0.0598	0.0252	0.0747	0.0820	0.0460
30	0.0813	0.0315	0.0805	0.0519	0.0540	0.0431	0.0857	0.0541	1.1830	0.0537	0.0403	0.0443	0.0200	0.0943	0.0708	0.0730	0.0545	0.0416	0.0527	0.0768	0.0830
31	0.0153	0.0055	0.0188	0.0119	0.0097	0.0150	0.0164	0.0130	0.0233	1.0084	0.0155	0.0415	0.0118	0.0472	0.0395	0.0223	0.0191	0.0219	0.0131	0.0324	0.0424
32	0.0084	0.0032	0.0102	0.0111	0.0063	0.0171	0.0195	0.0077	0.0180	0.0086	1.1403	0.0348	0.0100	0.0176	0.0117	0.0176	0.0096	0.0188	0.0190	0.0182	0.0348
33	0.0806	0.0282	0.0786	0.1167	0.0823	0.1215	0.0862	0.0693	0.1310	0.0453	0.0790	1.0978	0.1287	0.1163	0.0824	0.1077	0.0578	0.0552	0.0526	0.0562	0.0576
34	0.0127	0.0040	0.0119	0.0116	0.0094	0.0124	0.0113	0.0563	0.0182	0.0195	0.0349	0.0765	1.0437	0.0241	0.0176	0.0182	0.0605	0.0157	0.0155	0.0247	0.0197
35	0.0389	0.0133	0.0518	0.0335	0.0234	0.0287	0.0371	0.1017	0.0404	0.0328	0.0709	0.1091	0.0558	1.0863	0.0492	0.0433	0.0401	0.0184	0.0278	0.0414	0.0336
36	0.0171	0.0041	0.0186	0.0161	0.0095	0.0100	0.0018	0.0073	0.0099	0.0064	0.0249	0.0060	0.0033	0.0098	1.1525	0.0125	0.0075	0.0116	0.0116	0.0073	0.0056
37	0.0032	0.0008	0.0018	0.0054	0.0018	0.0649	0.0123	0.0012	0.0015	0.0015	0.0014	0.0019	0.0008	0.0046	0.0014	1.0160	0.0020	0.0010	0.0020	0.0023	0.0025
38	0.0100	0.0036	0.0112	0.0091	0.0070	0.0148	0.0013	0.0106	0.0253	0.0085	0.0080	0.0101	0.0045	0.0145	0.0183	0.0502	1.1237	0.0141	0.0128	0.0180	0.0246
39	0.0013	0.0004	0.0018	0.0011	0.0009	0.0018	0.0013	0.0011	0.0015	0.0008	0.0014	0.0053	0.0011	0.0014	0.0024	0.0035	0.0013	1.0129	0.0027	0.0020	0.0078
40	0.0003	0.0001	0.0003	0.0005	0.0004	0.0002	0.0004	0.0003	0.0005	0.0002	0.0001	0.0003	0.0001	0.0002	0.0002	0.0003	0.0003	0.0003	1.0040	0.0004	0.0024
41	0.0027	0.0009	0.0027	0.0031	0.0021	0.0043	0.0026	0.0015	0.0029	0.0023	0.0037	0.0081	0.0024	0.0029	0.0031	0.0038	0.0032	0.0033	0.0033	1.0256	0.0080
42	0.0016	0.0004	0.0042	0.0010	0.0008	0.0012	0.0013	0.0014	0.0014	0.0009	0.0029	0.0022	0.0020	0.0083	0.0018	0.0023	0.0022	0.0016	0.0013	0.0017	1.0059

附录 3

（1）X_3 产出量 $= \min \left\{ \dfrac{X_{21} \text{对} X_3 \text{投入量}}{X_{21} \text{对} X_3 \text{投入系数}}, \dfrac{X_{22} \text{对} X_3 \text{投入量}}{X_{22} \text{对} X_3 \text{投入系数}} \right\}$

（2）X_3 对 X_{41} 分配系数 $= INTEG$（X_3 对 X_{41} 分配系数$_{t0}$，X_3 对 X_{41} 分配系数变化量）

（3）X_3 对 X_{41} 分配系数变化量 $= X_3$ 对 X_{41} 分配系数 $\times X_{41}$ 价格变动系数

（4）X_3 对 X_{42} 分配系数 $= INTEG$（X_3 对 X_{42} 分配系数$_{t0}$，X_3 对 X_{42} 分配系数变化量）

（5）X_3 对 X_{42} 分配系数变化量 $= X_3$ 对 X_{42} 分配系数 $\times X_{42}$ 价格变动系数

（6）X_3 对 X_{43} 分配系数 $= INTEG$（X_3 对 X_{43} 分配系数$_{t0}$，X_3 对 X_{43} 分配系数变化量）

（7）X_3 对 X_{43} 分配系数变化量 $= X_3$ 对 X_{43} 分配系数 $\times X_{43}$ 价格变动系数

（8）X_3 对 X_{21} 需求量 $=$（X_{41} 对 X_3 需求量 $+ X_{42}$ 对 X_3 需求量 $+ X_{43}$ 对 X_3 需求量）$/X_{21}$ 对 X_3 投入系数

（9）X_3 对 X_{22} 需求量 $=$（X_{41} 对 X_3 需求量 $+ X_{42}$ 对 X_3 需求量 $+ X_{43}$ 对 X_3 需求量）$/X_{22}$ 对 X_3 投入系数

（10）X_3 价格变动系数 $=$（X_{41} 对 X_3 需求量 $+ X_{42}$ 对 X_3 需求量 $+ X_{43}$ 对 X_3 需求量）$/X_3$ 产出量

（11）X_3 对 X_{41} 投入量 $= X_3$ 产出量 $\times X_3$ 对 X_{41} 分配系数

（12）X_3 对 X_{42} 投入量 $= X_3$ 产出量 $\times X_3$ 对 X_{42} 分配系数

（13）X_3 对 X_{43} 投入量 $= X_3$ 产出量 $\times X_3$ 对 X_{43} 分配系数

（14）X_3 对 X_{41} 投入系数 $= INTEG$（X_3 对 X_{41} 投入系数$_{t0}$，X_3 对 X_{41} 投入系数 变化量）

（15）X_3 对 X_{41} 投入系数变化量 $= X_3$ 对 X_{41} 投入系数 $\times$（$-$ 技术进步率）

（16）X_3 对 X_{42} 投入系数 $= INTEG$（X_3 对 X_{42} 投入系数$_{t0}$，X_3 对 X_{42} 投入系数 变化量）

（17）X_3 对 X_{42} 投入系数变化量 $= X_3$ 对 X_{42} 投入系数 $\times$（$-$ 技术进步率）

（18）X_3 对 X_{43} 投入系数 $= INTEG$（X_3 对 X_{43} 投入系数$_{t0}$，X_3 对 X_{43} 投入系数变化量）

（19）X_3 对 X_{43} 投入系数变化量 $= X_3$ 对 X_{43} 投入系数 $\times$（$-$ 技术进步率）

（20）X_{41} 对 X_3 需求量 = （X_{51} 对 X_{41} 需求量 + X_{52} 对 X_{41} 需求量）/X_3 对 X_{41} 投入系数

（21）X_{42} 对 X_3 需求量 = （X_{53} 对 X_{42} 需求量 + X_{54} 对 X_{42} 需求量）/X_3 对 X_{42} 投入系数

（22）X_{43} 对 X_3 需求量 = （X_{55} 对 X_{43} 需求量 + X_{56} 对 X_{43} 需求量）/X_3 对 X_{43} 投入系数

（23）X_{21} 对 X_3 投入量 = X_{21} 产出量 × X_{21} 对 X_3 分配系数

（24）X_{22} 对 X_3 投入量 = X_{22} 产出量 × X_{22} 对 X_3 分配系数

（25）X_{21} 对 X_3 投入系数 = $INTEG$（X_{21} 对 X_3 投入系数$_{t0}$，X_{21} 对 X_3 投入系数变化量）

（26）X_{21} 对 X_3 投入系数变化量 = X_{21} 对 X_3 投入系数 × （– 技术进步率）

（27）X_{22} 对 X_3 投入系数 = $INTEG$（X_{22} 对 X_3 投入系数$_{t0}$，X_{22} 对 X_3 投入系数变化量）

（28）X_{22} 对 X_3 投入系数变化量 = X_{22} 对 X_3 投入系数 × （– 技术进步率）

（29）X_{21} 对 X_3 分配系数 = $INTEG$（X_{21} 对 X_3 分配系数$_{t0}$，X_{21} 对 X_3 分配系数变化量）

（30）X_{21} 对 X_3 分配系数变化量 = X_{21} 对 X_3 分配系数 × X_3 价格变动系数

（31）X_{22} 对 X_3 分配系数 = $INTEG$（X_{22} 对 X_3 分配系数$_{t0}$，X_{22} 对 X_3 分配系数变化量）

（32）X_{22} 对 X_3 分配系数变化量 = X_{22} 对 X_3 分配系数 × X_3 价格变动系数

（33）X_{21} 价格变动系数 = X_3 对 X_{21} 需求量/X_{21} 产出量

（34）X_{22} 价格变动系数 = X_3 对 X_{22} 需求量/X_{22} 产出量

（35）X_{21} 对 X_{11} 需求量 = X_3 对 X_{21} 需求量/X_{21} 对 X_{11} 投入系数

（36）X_{21} 对 X_{12} 需求量 = X_3 对 X_{21} 需求量/X_{21} 对 X_{12} 投入系数

（37）X_{21} 对 X_{13} 需求量 = X_3 对 X_{21} 需求量/X_{21} 对 X_{13} 投入系数

（38）X_{11} 对 X_{21} 投入量 = X_{11} 产出量 × X_{11} 对 X_{21} 分配系数

（39）X_{12} 对 X_{21} 投入量 = X_{12} 产出量 × X_{12} 对 X_{21} 分配系数

（40）X_{13} 对 X_{21} 投入量 = X_{13} 产出量 × X_{13} 对 X_{21} 分配系数

（41）X_{21} 产出量 = $\min\left\{\dfrac{X_{11}对X_{21}投入量}{X_{11}对X_{21}投入系数},\ \dfrac{X_{12}对X_{21}投入量}{X_{12}对X_{21}投入系数},\ \dfrac{X_{13}对X_{21}投入量}{X_{13}对X_{21}投入系数}\right\}$

（42）X_{22} 产出量 = $\min\left\{\dfrac{X_{14}对X_{22}投入量}{X_{14}对X_{22}投入系数},\ \dfrac{X_{15}对X_{22}投入量}{X_{15}对X_{22}投入系数},\ \dfrac{X_{16}对X_{22}投入量}{X_{16}对X_{22}投入系数}\right\}$

（43）X_{11}对X_{21}分配系数 $= INTEG$（X_{11}对X_{21}分配系数$_{t0}$，X_{11}对X_{21}分配系数变化量）

（44）X_{11}对X_{21}分配系数变化量 $= X_{11}$对X_{21}分配系数 $\times X_{21}$价格变动系数

（45）X_{12}对X_{21}分配系数 $= INTEG$（X_{12}对X_{21}分配系数$_{t0}$，X_{12}对X_{21}分配系数变化量）

（46）X_{12}对X_{21}分配系数变化量 $= X_{12}$对X_{21}分配系数 $\times X_{21}$价格变动系数

（47）X_{13}对X_{21}分配系数 $= INTEG$（X_{13}对X_{21}分配系数$_{t0}$，X_{13}对X_{21}分配系数变化量）

（48）X_{13}对X_{21}分配系数变化量 $= X_{13}$对X_{21}分配系数 $\times X_{21}$价格变动系数

（49）X_{11}对X_{21}投入系数 $= INTEG$（X_{11}对X_{21}投入系数$_{t0}$，X_{11}对X_{21}投入系数变化量）

（50）X_{11}对X_{21}投入系数变化量 $= X_{11}$对X_{21}投入系数 $\times$（ － 技术进步率）

（51）X_{12}对X_{21}投入系数 $= INTEG$（X_{11}对X_{21}投入系数$_{t0}$，X_{12}对X_{21}投入系数变化量）

（52）X_{12}对X_{21}投入系数变化量 $= X_{12}$对X_{21}投入系数 $\times$（ － 技术进步率）

（53）X_{13}对X_{21}投入系数 $= INTEG$（X_{11}对X_{21}投入系数$_{t0}$，X_{13}对X_{21}投入系数变化量）

（54）X_{13}对X_{21}投入系数变化量 $= X_{13}$对X_{21}投入系数 $\times$（ － 技术进步率）

（55）X_{11}产出量 $= X_{21}$对X_{11}需求量$/X_{11}$对X_{21}分配系数

（56）X_{12}产出量 $= X_{21}$对X_{12}需求量$/X_{12}$对X_{21}分配系数

（57）X_{13}产出量 $= X_{21}$对X_{13}需求量$/X_{13}$对X_{21}分配系数

（58）X_{22}对X_{14}需求量 $= X_3$对X_{22}需求量$/X_{22}$对X_{14}投入系数

（59）X_{22}对X_{15}需求量 $= X_3$对X_{22}需求量$/X_{22}$对X_{15}投入系数

（60）X_{22}对X_{16}需求量 $= X_3$对X_{22}需求量$/X_{22}$对X_{16}投入系数

（61）X_{14}对X_{22}投入量 $= X_{14}$产出量 $\times X_{14}$对X_{22}分配系数

（62）X_{15}对X_{22}投入量 $= X_{15}$产出量 $\times X_{15}$对X_{22}分配系数

（63）X_{16}对X_{22}投入量 $= X_{16}$产出量 $\times X_{16}$对X_{22}分配系数

（64）X_{14}对X_{22}分配系数 $= INTEG$（X_{14}对X_{22}分配系数$_{t0}$，X_{14}对X_{22}分配系数变化量）

（65）X_{14}对X_{22}分配系数变化量 $= X_{14}$对X_{22}分配系数 $\times X_{22}$价格变动系数

（66）X_{15}对X_{22}分配系数 $= INTEG$（X_{15}对X_{22}分配系数$_{t0}$，X_{15}对X_{22}分配系数变化量）

（67）X_{15}对X_{22}分配系数变化量 = X_{15}对X_{22}分配系数 × X_{22}价格变动系数

（68）X_{16}对X_{22}分配系数 = $INTEG$（X_{16}对X_{22}分配系数$_{t0}$，X_{16}对X_{22}分配系数变化量）

（69）X_{16}对X_{22}分配系数变化量 = X_{16}对X_{22}分配系数 × X_{22}价格变动系数

（70）X_{14}对X_{22}投入系数 = $INTEG$（X_{14}对X_{22}投入系数$_{t0}$，X_{14}对X_{22}投入系数变化量）

（71）X_{14}对X_{22}投入系数变化量 = X_{14}对X_{22}投入系数 ×（ – 技术进步率）

（72）X_{15}对X_{22}投入系数 = $INTEG$（X_{15}对X_{22}投入系数$_{t0}$，X_{15}对X_{22}投入系数变化量）

（73）X_{15}对X_{22}投入系数变化量 = X_{15}对X_{22}投入系数 ×（ – 技术进步率）

（74）X_{16}对X_{22}投入系数 = $INTEG$（X_{16}对X_{22}投入系数$_{t0}$，X_{16}对X_{22}投入系数变化量）

（75）X_{16}对X_{22}投入系数变化量 = X_{16}对X_{22}投入系数 ×（ – 技术进步率）

（76）X_{14}产出量 = X_{22}对X_{14}需求量/X_{14}对X_{22}分配系数

（77）X_{15}产出量 = X_{22}对X_{15}需求量/X_{15}对X_{22}分配系数

（78）X_{16}产出量 = X_{22}对X_{16}需求量/X_{16}对X_{22}分配系数

（79）X_{41}产出量 = X_3对X_{41}投入量/X_3对X_{41}投入系数

（80）X_{42}产出量 = X_3对X_{42}投入量/X_3对X_{42}投入系数

（81）X_{43}产出量 = X_3对X_{43}投入量/X_3对X_{43}投入系数

（82）X_{41}价格变动系数 = max（X_{51}对X_{41}需求量，X_{52}对X_{41}需求量）/X_{41}产出量

（83）X_{42}价格变动系数 = max（X_{53}对X_{42}需求量，X_{54}对X_{42}需求量）/X_{42}产出量

（84）X_{43}价格变动系数 = max（X_{55}对X_{43}需求量，X_{56}对X_{43}需求量）/X_{43}产出量

（85）X_{41}对X_{51}投入量 = X_{41}产出量 × X_{41}对X_{51}分配系数

（86）X_{41}对X_{52}投入量 = X_{41}产出量 × X_{41}对X_{52}分配系数

（87）X_{41}对X_{51}投入系数 = $INTEG$（X_{41}对X_{51}投入系数$_{t0}$，X_{41}对X_{51}投入系数变化量）

（88）X_{41}对X_{51}投入系数变化量 = X_{41}对X_{51}投入系数 ×（ – 技术进步率）

（89）X_{41}对X_{52}投入系数 = $INTEG$（X_{41}对X_{52}投入系数$_{t0}$，X_{41}对X_{52}投入系数变化量）

（90）X_{41}对X_{52}投入系数变化量 = X_{41}对X_{52}投入系数 × (- 技术进步率)

（91）X_{41}对X_{51}分配系数 = $INTEG$ (X_{41}对X_{51}分配系数$_{t0}$，X_{41}对X_{51}分配系数变化量)

（92）X_{41}对X_{51}分配系数变化量 = X_{41}对X_{51}分配系数 × X_{51}价格变动系数

（93）X_{41}对X_{52}分配系数 = $INTEG$ (X_{41}对X_{52}分配系数$_{t0}$，X_{41}对X_{52}分配系数变化量)

（94）X_{41}对X_{52}分配系数变化量 = X_{41}对X_{52}分配系数 × X_{52}价格变动系数

（95）X_{51}对X_{41}需求量 = X_{51}市场需求量/X_{41}对X_{51}投入系数

（96）X_{52}对X_{41}需求量 = X_{52}市场需求量/X_{41}对X_{52}投入系数

（97）X_{51}产出量 = X_{41}对X_{51}投入量/X_{41}对X_{51}投入系数

（98）X_{52}产出量 = X_{41}对X_{52}投入量/X_{41}对X_{52}投入系数

（99）X_{51}价格变动系数 = X_{51}市场需求量/X_{51}产出量

（100）X_{52}价格变动系数 = X_{52}市场需求量/X_{52}产出量

（101）X_{51}市场需求量$_t$ = (1 + l_{51}) × X_{51}市场需求量$_{t-1}$

（102）X_{52}市场需求量$_t$ = (1 + l_{52}) × X_{52}市场需求量$_{t-1}$

（103）X_{42}对X_{53}投入量 = X_{42}产出量 × X_{42}对X_{53}分配系数

（104）X_{42}对X_{54}投入量 = X_{42}产出量 × X_{42}对X_{54}分配系数

（105）X_{42}对X_{53}投入系数 = $INTEG$ (X_{42}对X_{53}投入系数$_{t0}$，X_{42}对X_{53}投入系数变化量)

（106）X_{42}对X_{53}投入系数变化量 = X_{42}对X_{53}投入系数 × (- 技术进步率)

（107）X_{42}对X_{54}投入系数 = $INTEG$ (X_{42}对X_{54}投入系数$_{t0}$，X_{42}对X_{54}投入系数变化量)

（108）X_{42}对X_{54}投入系数变化量 = X_{42}对X_{54}投入系数 × (- 技术进步率)

（109）X_{42}对X_{53}分配系数 = $INTEG$ (X_{42}对X_{53}分配系数$_{t0}$，X_{42}对X_{53}分配系数变化量)

（110）X_{42}对X_{53}分配系数变化量 = X_{42}对X_{53}分配系数 × X_{53}价格变动系数

（111）X_{42}对X_{54}分配系数 = $INTEG$ (X_{42}对X_{54}分配系数$_{t0}$，X_{42}对X_{54}分配系数变化量)

（112）X_{42}对X_{54}分配系数变化量 = X_{42}对X_{54}分配系数 × X_{54}价格变动系数

（113）X_{53}对X_{42}需求量 = X_{53}市场需求量/X_{42}对X_{53}投入系数

（114）X_{54}对X_{42}需求量 = X_{54}市场需求量/X_{42}对X_{54}投入系数

（115）X_{53}产出量 = X_{42}对X_{53}投入量/X_{42}对X_{53}投入系数

（116）X_{54}产出量 $= X_{42}$对X_{54}投入量$/X_{42}$对X_{54}投入系数

（117）X_{53}价格变动系数 $= X_{53}$市场需求量$/X_{53}$产出量

（118）X_{54}价格变动系数 $= X_{54}$市场需求量$/X_{54}$产出量

（119）X_{53}市场需求量$_t = $（$1 + l_{53}$）$\times X_{53}$市场需求量$_{t-1}$

（120）X_{54}市场需求量$_t = $（$1 + l_{54}$）$\times X_{54}$市场需求量$_{t-1}$

（121）X_{43}对X_{55}投入量 $= X_{43}$产出量$\times X_{43}$对X_{55}分配系数

（122）X_{43}对X_{56}投入量 $= X_{43}$产出量$\times X_{43}$对X_{56}分配系数

（123）X_{43}对X_{55}投入系数 $= INTEG$（X_{43}对X_{55}投入系数$_{t0}$，X_{43}对X_{55}投入系数变化量）

（124）X_{43}对X_{55}投入系数变化量 $= X_{43}$对X_{55}投入系数$\times$（ $-$ 技术进步率）

（125）X_{43}对X_{56}投入系数 $= INTEG$（X_{43}对X_{56}投入系数$_{t0}$，X_{43}对X_{56}投入系数变化量）

（126）X_{43}对X_{56}投入系数变化量 $= X_{43}$对X_{56}投入系数$\times$（ $-$ 技术进步率）

（127）X_{43}对X_{55}分配系数 $= INTEG$（X_{43}对X_{55}分配系数$_{t0}$，X_{43}对X_{55}分配系数变化量）

（128）X_{43}对X_{55}分配系数变化量 $= X_{43}$对X_{55}分配系数$\times X_{55}$价格变动系数

（129）X_{43}对X_{56}分配系数 $= INTEG$（X_{43}对X_{56}分配系数$_{t0}$，X_{43}对X_{56}分配系数变化量）

（130）X_{43}对X_{56}分配系数变化量 $= X_{43}$对X_{56}分配系数$\times X_{56}$价格变动系数

（131）X_{55}对X_{43}需求量 $= X_{55}$市场需求量$/X_{43}$对X_{55}投入系数

（132）X_{56}对X_{43}需求量 $= X_{56}$市场需求量$/X_{43}$对X_{56}投入系数

（133）X_{55}产出量 $= X_{43}$对X_{55}投入量$/X_{43}$对X_{55}投入系数

（134）X_{56}产出量 $= X_{43}$对X_{56}投入量$/X_{43}$对X_{56}投入系数

（135）X_{55}价格变动系数 $= X_{55}$市场需求量$/X_{55}$产出量

（136）X_{56}价格变动系数 $= X_{56}$市场需求量$/X_{56}$产出量

（137）X_{55}市场需求量$_t = $（$1 + l_{55}$）$\times X_{55}$市场需求量$_{t-1}$

（138）X_{56}市场需求量$_t = $（$1 + l_{56}$）$\times X_{56}$市场需求量$_{t-1}$

参 考 文 献

[1] 白瑞雪，翟珊珊. 基于产业链视角的"十二五"时期产业结构优化升级研究 [J]. 中国特色社会主义研究，2012 (4)：94 – 98.

[2] 白云朴，李辉. 资源型产业结构优化升级影响因素及其实现路径 [J]. 科技管理研究，2015 (12)：116 – 122.

[3] 陈菲琼，李飞，袁苏苏. 产业投资基金与产业结构调整：机理与路径 [J]. 浙江大学学报（人文社会科学版），2015 (3)：56 – 67.

[4] 陈菲琼，孟巧爽，李飞. 产业投资基金对产业结构调整的影响路径研究 [J]. 科学学研究，2015 (4)：522 – 529.

[5] 陈利根，陈会广，曲福田，赵才水. 经济发展、产业结构调整与城镇建设用地规模控制——以马鞍山市为例 [J]. 资源科学，2004 (6)：137 – 144.

[6] 陈淑兰，刘立平，付景保. 河南省旅游产业结构优化升级研究——基于文化创意视角 [J]. 经济地理，2011 (8)：1392 – 1396.

[7] 陈效珍，赵炳新，肖雯雯. 产业旁侧关联网络研究 [J]. 中国管理科学，2014，22 (11)：122 – 130.

[8] 陈银法，叶金国. 产业系统演化与主导产业的产生、发展——基于自组织理论的阐释 [J]. 河北经贸大学学报，2003 (2)：46 – 50.

[9] 储德银，建克成. 财政政策与产业结构调整——基于总量与结构效应双重视角的实证分析 [J]. 经济学家，2014 (2)：80 – 91.

[10] 邓智团. 新经济条件下产业网络化发展及其启示 [J]. 上海经济研究，2008 (12)：63 – 69.

[11] 丁志国，程云龙，孟含琪. 碳排放、产业结构调整与中国经济增长方式选择 [J]. 吉林大学社会科学学报，2012 (5)：90 – 97.

[12] 董红杰. 创意与创新：创意产业推动产业结构优化的机理与路径研究 [J]. 科技进步与对策，2014 (10)：56 – 60.

[13] 董理. 低碳经济时代我国产业结构调整路径探析 [J]. 现代商贸工

业, 2013 (3): 10 - 11.

[14] 杜华东, 赵尚梅. 中国产业结构变迁的实证研究——基于社会网络分析法的分析 [J]. 管理评论, 2013 (3): 38 - 47, 90.

[15] 方爱丽, 高齐圣, 张嗣瀛. 产业网络的聚集性和相关性分析 [J]. 系统工程理论与实践, 2009 (6): 178 - 183.

[16] 冯芳芳, 蒲勇健. 我国区域产业结构优化及其影响因素分析——基于分位数回归方法 [J]. 技术经济, 2012 (2): 36 - 42.

[17] 冯文娜, 杨蕙馨. 论推进我国现代产业体系渐进式演进的着力点 [J]. 中州学刊, 2015 (4): 24 - 29.

[18] 龚轶, 王铮, 顾高翔. 技术创新与产业结构优化——一个基于自主体的模拟 [J]. 科研管理, 2015 (8): 44 - 51.

[19] 郭南芸. 企业成长与产业网络自组织演进研究 [J]. 科技管理研究, 2011 (4): 225 - 228.

[20] 韩颖, 倪树茜. 我国产业结构调整的影响因素分析 [J]. 经济理论与经济管理, 2011 (12): 53 - 60.

[21] 胡建绩, 祁杭峰. 物联网带动产业结构调整的路径依赖研究——以无锡市为例 [J]. 价格理论与实践, 2010 (6): 73 - 74.

[22] 黄亮雄, 安苑, 刘淑琳. 中国的产业结构调整: 基于三个维度的测算 [J]. 中国工业经济, 2013 (10): 70 - 82.

[23] 黄亮雄, 王鹤, 宋凌云. 我国的产业结构调整是绿色的吗? [J]. 南开经济研究, 2012 (3): 110 - 127.

[24] 黄亮雄, 王贤彬, 刘淑琳, 等. 中国产业结构调整的区域互动——横向省际竞争和纵向地方跟进 [J]. 中国工业经济, 2015 (8): 82 - 97.

[25] 黄南. 南京产业结构调整绩效评价及提升对策研究 [J]. 南京社会科学, 2013 (3): 148 - 154.

[26] 黄守坤, 李文彬. 产业网络及其演变模式分析 [J]. 中国工业经济, 2005 (4): 53 - 60.

[27] 黄向梅, 夏海勇. 人口城市化与经济增长、产业结构间的动态关系——以江苏省为例 [J]. 城市问题, 2012 (5): 59 - 64.

[28] 霍忻. 我国 OFDI 产业结构调整效应研究——基于灰色关联理论的实证分析 [J]. 国际经贸探索, 2014 (9): 24 - 32.

[29] 贾立江,范德成,武艳君.低碳经济背景下我国产业结构调整研究[J].经济问题探索,2013 (2):87-92.

[30] 江曼琦,刘晨诗.京津冀地区电子信息产业结构优化与协同发展策略[J].河北学刊,2016 (6):135-142.

[31] 靳景,许嘉钰,易兰.北京市产业结构调整及技术进步与节能的动态关系[J].环境科学研究,2015 (11):1781-1788.

[32] 孔晓宏.发展循环经济是产业结构优化调整的有效途径——关于安徽产业结构优化调整问题的思考[J].学术界,2010 (2):144-148,286.

[33] 兰文巧.基于产业网络组织视角的产业集群竞争力研究[J].企业经济,2012 (6):133-136.

[34] 雷志梅,王延章,司雨昌.基于知识的产业关联网络模型分析[J].系统工程,2014,32 (12):46-54.

[35] 黎志成,覃铭健.中国粮食流通产业市场结构形成的博弈分析[J].求索,2005 (9):8-10.

[36] 李从容,祝翠华,王玉婷.技术创新、产业结构调整对就业弹性影响研究——以中国为例的经验分析[J].科学学研究,2010 (9):1428-1434.

[37] 李东华,郭金光.区域产业网络的构建及其演进动力机制分析[J].浙江工业大学学报(社会科学版),2009 (4):367-372.

[38] 李丰乾.金融危机下中国产业结构调整路径[J].江南论坛,2009 (9):20-21.

[39] 李凤梧,王茂军.中国产业网络结构特性与经济增长关联研究[J].首都师范大学学报(自然科学版),2014,35 (4):91-100.

[40] 李力行,申广军.经济开发区、地区比较优势与产业结构调整[J].经济学(季刊),2015 (3):885-910.

[41] 李鹏.产业结构调整与环境污染之间存在倒U型曲线关系吗?[J].经济问题探索,2015 (12):56-67.

[42] 李强.环境规制与产业结构调整——基于Baumol模型的理论分析与实证研究[J].经济评论,2013 (5):100-107,146.

[43] 李青,黄亮雄.中国的产业结构调整与全球经济失衡治理[J].国际经贸探索,2015 (1):39-51.

[44] 李守伟,程发新.基于企业进入与退出的产业网络演化研究[J].

科学学与科学技术管理, 2009 (6): 135 – 139.

[45] 李守伟, 钱省三. 产业网络的复杂性研究与实证 [J]. 科学学研究, 2006 (4): 529 – 533.

[46] 李守伟, 钱省三, 沈运红. 基于产业网络的创新扩散机制研究 [J]. 科研管理, 2007 (4): 49 – 54, 72.

[47] 李姝. 城市化、产业结构调整与环境污染 [J]. 财经问题研究, 2011 (6): 38 – 43.

[48] 李文星. 产业结构优化与就业增长 [J]. 当代财经, 2012 (3): 14 – 24.

[49] 李玉凤. 黑龙江省产业结构优化及仿真 [D]. 哈尔滨: 哈尔滨理工大学, 2009: 90 – 128.

[50] 李媛媛, 金浩, 张玉苗. 金融创新与产业结构调整: 理论与实证 [J]. 经济问题探索, 2015 (3): 140 – 147.

[51] 李云菲. 中国制造业产业结构优化的探讨——以制造业细分行业为视角 [J]. 泰山学院学报, 2017 (1): 112 – 121.

[52] 廖列法, 陈志成, 张修志. 区域产业网络的惯性与突破: 基于组织学习的视角 [J]. 科技进步与对策, 2011 (12): 44 – 49.

[53] 刘臣辉, 唐超. 工业结构优化的定量化研究——基于生态文明理念 [J]. 生态经济, 2017 (6): 230 – 232 + 236.

[54] 刘刚, 郭敏, 陈骏. 产业结构网络效率研究 [J]. 当代经济研究, 2008 (12): 49 – 53.

[55] 刘静波. 产业网络、结构调整与演进路径 [J]. 预测, 2011, 30 (6): 41 – 46.

[56] 刘明宇, 芮明杰. 价值网络重构、分工演进与产业结构优化 [J]. 中国工业经济, 2012 (5): 148 – 160.

[57] 刘明志. 产业分工、产业转移及有机产业链的形成与延伸 [J]. 上海金融, 2014 (1): 23 – 28, 116.

[58] 刘益平, 施红星. 产业网络模型与分析: 基于资源网络化流动的视角 [J]. 工业技术经济, 2011 (8): 85 – 89.

[59] 刘永俊, 张晟义. 产业网络成长范式研究: 基于创新与互补性资产视角 [J]. 当代经济管理, 2010 (4): 26 – 32.

[60] 卢萌, 聂延庆. 低碳经济模式下县域产业结构优化研究 [J]. 商业

时代，2012（31）：118 - 119.

[61] 陆萍，陈晓慧. 农业产业集群概念辨析、演化特点与发展对策 [J]. 农业现代化研究，2015，36（4）：575 - 579.

[62] 罗富政，罗能生. 税收负担如何影响产业结构调整——基于税负层次和规模的讨论 [J]. 产业经济研究，2016（1）：20 - 29.

[63] 罗仁会，侯萍. 产业结构调整路径优化模型 [J]. 数学的实践与认识，2008（15）：1 - 6.

[64] 马树才. 以经济增长为目标的产业结构调整优化模型 [J]. 辽宁大学学报（自然科学版），2005（3）：193 - 198

[65] 马晓国，欧阳强. 基于碳排放的建筑业产业结构调整研究 [J]. 生态经济，2016（4）：75 - 79.

[66] 马远，龚新蜀. 城镇化、农业现代化与产业结构调整——基于 VAR 模型的计量分析 [J]. 开发研究，2010（5）：88 - 91.

[67] 麦强盛，孙东川. 广东省产业结构优化升级的动态研究 [J]. 企业经济，2009（2）：109 - 111.

[68] 茅锐，徐建炜. 劳动力结构与产业结构调整 [J]. 浙江大学学报（人文社会科学版），2015（2）：164 - 183.

[69] 齐讴歌，王满仓. 技术创新、金融体系与产业结构调整波及 [J]. 改革，2012（1）：50 - 55.

[70] 綦良群，胡乃祥. 汽车产业链演化机理及影响因素研究 [J]. 管理评论，2012，24（11）：51 - 59.

[71] 钱争鸣，刘晓晨. 环境管制、产业结构调整与地区经济发展 [J]. 经济学家，2014（7）：73 - 81.

[72] 渠立权，张庆利，陈洁. 江苏省产业结构调整对经济增长贡献的空间分析 [J]. 地域研究与开发，2013（1）：24 - 28，40.

[73] 任一鑫，李跃，刘丽莹，沈悦. 产业蜕变视角下产业转型模式选择方法研究——以制造业为例 [J]. 山东财经大学学报，2018，30（1）：17 - 26.

[74] 邵昶，李健. 产业链"波粒二象性"研究——论产业链的特性、结构及其整合 [J]. 中国工业经济，2007（9）：5 - 13.

[75] 沈凝. 核心企业推动产业链重组与产业结构调整的内在机制 [J]. 现代管理科学，2014（11）：48 - 50.

［76］苏东水．产业经济学［M］．北京：高等教育出版社，2010：44－45．

［77］孙威，李文会，张文忠，唐志鹏．节能和就业导向下中国中部地区产业结构优化［J］．地理学报，2016（6）：984－997．

［78］汤婧，于立新．我国对外直接投资与产业结构调整的关联分析［J］．国际贸易问题，2012（11）：42－49．

［79］唐松林．稳妥推进北方农村清洁供暖［N］．人民日报，2019－1－24（9）．

［80］唐晓华，张丹宁．产业网络的复杂性研究——基于沈阳汽车产业的实证分析［J］．当代经济科学，2010（5）：95－102，127．

［81］涂颖清，杨林．从竞争到协作产业链演化的驱动因素分析［J］．经济纵横，2010（4）：15－18．

［82］汪戎，郑逢波，张强．转变资源型产业发展方式的路径探索——2012年中国"资源型产业升级和产业结构调整"学术研讨会观点综述［J］．管理世界，2012（5）：152－156．

［83］王帮俊，吉峰，周敏．基于Logistic模型的煤炭产业链系统演化过程研究［J］．数学的实践与认识，2013，43（9）：10－17．

［84］王发明．互补性资产、产业链整合与创意产业集群——以动漫产业为例［J］．中国软科学，2009（5）：24－32．

［85］王光净，杨继君，刘仲英．基于合作博弈的区域产业结构优化模型［J］．工业工程与管理，2010，15（1）：53－58．

［86］王慧，王兆华．互联网思维下的苹果产业链重构研究［J］．林业经济，2016，38（8）：59－62．

［87］王吉霞．产业结构优化升级与经济发展阶段的关系分析［J］．经济纵横，2009（11）：71－73．

［88］王林梅，邓玲．我国产业结构优化升级的实证研究——以长江经济带为例［J］．经济问题，2015（5）：39－43．

［89］王茂军，柴箐．北京市产业网络结构特征与调节效应［J］．地理研究，2013（3）：543－555．

［90］王鹏，赵捷．产业结构调整与区域创新互动关系研究——基于我国2002－2008年的省际数据［J］．产业经济研究，2011（4）：53－60．

［91］王其藩．系统动力学［M］．北京：清华大学出版社，1994：1－20．

[92] 王涛, 石丹, 安锦. 区域产业结构调整路径与经济增长——基于一个内生增长模型的偏离度及资本缺口分析 [J]. 工业技术经济, 2015 (1): 78 – 90.

[93] 王铜安. 基于社会网络视角的产业结构总体特征研究 [J]. 科研管理, 2014 (7): 124 – 129.

[94] 王威, 綦良群. 基于结构方程的区域装备制造业产业结构优化影响因素研究 [J]. 中国科技论坛, 2013 (12): 71 – 77.

[95] 王文举, 向其凤. 中国产业结构调整及其节能减排潜力评估 [J]. 中国工业经济, 2014 (1): 44 – 56.

[96] 王晓红, 陈范红. 新常态下江苏产业结构调整的显著特征与路径选择 [J]. 南京社会科学, 2015 (11): 151 – 156.

[97] 魏杰, 杨林. 经济新常态下的产业结构调整及相关改革 [J]. 经济纵横, 2015 (6): 1 – 5.

[98] 魏然. 产业链的理论渊源与研究现状综述 [J]. 技术经济与管理研究, 2010 (6): 140 – 143.

[99] 吴常艳, 黄贤金, 揣小伟, 等. 基于 EIO – LCA 的江苏省产业结构调整与碳减排潜力分析 [J]. 中国人口·资源与环境, 2015 (4): 43 – 51.

[100] 相雪梅, 赵炳新. 产业网络核的空间效应及指标体系——以上海市为例 [J]. 经济问题探索, 2016 (1): 89 – 93.

[101] 相雪梅, 赵炳新, 殷瑞瑞. 产业网络结构对总产出波动的影响研究——基于中国投入产出数据 [J]. 山东大学学报 (哲学社会科学版), 2016 (2): 19 – 25.

[102] 肖挺, 刘华. 产业结构调整与节能减排问题的实证研究 [J]. 经济学家, 2014 (9): 58 – 68.

[103] 谢虔. 基于人口老龄化的产业结构调整路径探讨——以江苏省为例 [J]. 中国集体经济, 2014 (31): 33 – 35.

[104] 邢李志. 基于复杂网络理论的区域产业结构网络模型研究 [J]. 工业技术经济, 2012 (2): 19 – 29.

[105] 徐成龙, 任建兰, 巩灿娟. 产业结构调整对山东省碳排放的影响 [J]. 自然资源学报, 2014, (2): 201 – 210.

[106] 徐红, 王辉, 刘栩君. 快递废弃物回收产业链演化仿真研究 [J]. 中国人口·资源与环境, 2017, 27 (1): 111 – 119.

［107］许庆明，胡晨光，刘道学．城市群人口集聚梯度与产业结构优化升级——中国长三角地区与日本、韩国的比较［J］．中国人口科学，2015（1）：29－37＋126．

［108］杨晓锋，赵芳．产业结构调整对城乡收入差距的影响机理——基于省际面板数据模型的分析［J］．华中农业大学学报（社会科学版），2014（6）：39－44．

［109］杨晓耘，王敬敬．基于复杂网络视角下的产业网络理论的提出与建构［J］．北京科技大学学报（社会科学版），2009（4）：31－37．

［110］杨晓耘，王敬敬，唐勃峰．复杂网络视角下的产业网络研究［J］．北京科技大学学报（社会科学版），2010（3）：127－131．

［111］杨旭，田艳慧，郝翌，张伊珍．测算我国技术进步率及其经济增长贡献率的新方法［J］．数量经济技术经济研究，2017，34（7）：57－72．

［112］杨雪锋．循环型产业网络的演进机理研究［J］．武汉大学学报（哲学社会科学版），2009（1）：77－84．

［113］姚志毅，张亚斌．全球生产网络下对产业结构升级的测度［J］．南开经济研究，2011（6）：55－65．

［114］叶晓红，叶金国．技术创新与产业系统的协同演进［J］．科学管理研究，2004（3）：26－29．

［115］游振华，李艳军．产业链概念及其形成动力因素浅析［J］．华东经济管理，2011，25（1）：100－103．

［116］于斌斌．产业结构调整如何提高地区能源效率——基于幅度与质量双维度的实证考察［J］．财经研究，2017（1）：86－97．

［117］于斌斌．产业结构调整与生产率提升的经济增长效应——基于中国城市动态空间面板模型的分析［J］．中国工业经济，2015（12）：83－98．

［118］原毅军，谢荣辉．环境规制的产业结构调整效应研究——基于中国省际面板数据的实证检验［J］．中国工业经济，2014（8）：57－69．

［119］原毅军，谢荣辉．污染减排政策影响产业结构调整的门槛效应存在吗？［J］．经济评论，2014（5）：75－84．

［120］曾国平，艳，跃群．产业结构调整与全要素生产率（TIP）增长实证分析［J］．重庆大学学报：社会科学版，2015（6）：77－85．

［121］战彦领．煤炭产业链演化机理与整合路径研究［D］．北京：中国矿业大学，2009：22－32．

[122] 张程，张贤. 基于制造业转移的长三角地区产业结构优化研究 [J]. 南京社会科学，2010（5）：144-149.

[123] 张丹宁，唐晓华. 产业网络组织及其分类研究 [J]. 中国工业经济，2008（2）：57-65.

[124] 张捷，赵秀娟. 碳减排目标下的广东省产业结构优化研究——基于投入产出模型和多目标规划模型的模拟分析 [J]. 中国工业经济，2015（6）：68-80.

[125] 张恪渝，廖明球，杨军. 绿色低碳背景下中国产业结构调整分析 [J]. 中国人口·资源与环境，2017（3）：116-122.

[126] 张立厚，陈鸣中，张玲. 石龙镇产业结构优化的系统仿真分析 [J]. 工业工程，2000（3）：51-54.

[127] 张强，韩俊莹. 中国信贷政策对产业结构调整效应研究 [J]. 金融经济学研究，2015（1）：43-54.

[128] 张唯实，胡坚. 产业结构优化与中国经济可持续发展研究 [J]. 理论探讨，2011（1）：88-90.

[129] 张晓娣. 增长、就业及减排目标约束下的产业结构优化研究 [J]. 中国人口·资源与环境，2014（5）：57-65.

[130] 张秀生，王鹏. 经济发展新常态与产业结构优化 [J]. 经济问题，2015（4）：46-49+82.

[131] 张雪梅. 资源型城市主导产业延伸产业链的对策分析 [J]. 生产力研究，2011（1）：161-162.

[132] 张亚明，刘海鸥，朱秀秀. 电子信息制造业产业链演化与创新研究——基于耗散理论与协同学视角 [J]. 中国科技论坛，2009（12）：38-42.

[133] 张燕. 低碳经济视角下的产业结构调整路径探究 [J]. 财经界（学术版），2015（7）：50.

[134] 张晔林. 金融集聚下中国产业结构调整路径——基于1999—2012年省级面板数据 [J]. 金融纵横，2013（11）：46-52.

[135] 赵炳新，陈效珍，陈国庆. 产业基础关联树的构建与分析——以山东、江苏两省为例 [J]. 管理评论，2013，25（2）：35-42.

[136] 赵炳新，陈效珍，张江华. 产业圈度及其算法 [J]. 系统工程理论与实践，2014（6）：1388-1397.

[137] 赵磊，夏鑫，全华. 基于旅游产业链延伸视角的县域旅游地演化

研究 [J]. 经济地理, 2011 (5): 874-880.

[138] 赵丽娟, 杨辉, 辛立秋. 基于灰色关联分析的黑龙江省农业产业结构优化升级 [J]. 黑龙江畜牧兽医, 2015 (24): 19-21.

[139] 赵丽敏. 产业链延伸视角下的山东省产业结构优化路径研究 [J]. 中国经贸导刊, 2011 (10): 53-54.

[140] 赵利, 卢洁. 产业结构调整影响劳动就业的理论演变及作用机理分析 [J]. 理论学刊, 2016 (3): 54-59.

[141] 赵领娣, 张磊, 徐乐等. 人力资本、产业结构调整与绿色发展效率的作用机制 [J]. 中国人口·资源与环境, 2016 (11): 106-114.

[142] 赵伟, 田银华, 彭文斌. 基于CGE模型的产业结构调整路径选择与节能减排效应关系研究 [J]. 社会科学, 2014 (4): 55-63.

[143] 赵昕东, 王勇. 基于过剩产能的产业结构调整路径研究——以福建省七个行业为例 [J]. 学习与探索, 2014 (11): 2, 111-114.

[144] 赵予新. 产粮大省粮食产业链优化研究 [J]. 农业经济, 2014 (1): 20-22.

[145] 赵玉林, 张钟方. 高技术产业发展对产业结构优化升级作用的实证分析 [J]. 科研管理, 2008 (3): 35-42.

[146] 郑红. 基于产业网络视角的区域产业竞争力提升研究 [J]. 经济研究导刊, 2008 (17): 122-123.

[147] 郑若谷, 干春晖, 余典范. 转型期中国经济增长的产业结构和制度效应——给予一个随机前沿模型的研究 [J]. 中国工业经济, 2010 (2): 58-67.

[148] 中国人民大学宏观经济分析与预测课题组. 我国产业结构调整的新取向: 市场驱动与激励相容 [J]. 改革, 2013 (10): 41-53.

[149] 钟茂初, 李梦洁, 杜威剑. 环境规制能否倒逼产业结构调整——基于中国省际面板数据的实证检验 [J]. 中国人口·资源与环境, 2015 (8): 107-115.

[150] 周明生, 陈文翔. 经济波动、宏观调控与产业结构调整研究 [M]. 中国金融出版社, 2016: 6-7.

[151] 周荣, 喻登科. 基于场态效应的产业网络演化模型——兼论传统产业升级和新兴产业培育模式 [J]. 科技进步与对策, 2015 (20): 62-68.

[152] 周顺奎. 基于产业链延伸的产业结构优化路径研究——以唐山为

例 ［J］. 中国商贸，2010（4）：197 –198.

［153］周振华. 产业结构优化论 ［M］. 上海：上海人民出版社，2014：3 –4.

［154］庄晋财，陈聪. 工程化高效农业下的农业产业链演化 ［J］. 华南农业大学学报（社会科学版），2017，16（2）：28 –36.

［155］Acemoglu, Daron; Carvalho, Vasco M. ; Ozdaglar, Asuman; Tahbaz-Salehi, Alireza. The Network Origins of Aggregate Fluctuations ［J］ Econometrica, 2012, 80（5）：1977 – 2016.

［156］Amsden A. Asia's next giant：South Korea and late industrialization ［M］. New York：Oxford University Press, 1989：22 –30.

［157］Aroche-Reyes F. A Qualitative Input-Output Method to Find Basic Economic Structures ［J］. Regional Science, 2003, 82（4）：581 –590.

［158］Aroche-Reyes F. Trees of the Essential Economic Structures：A Qualitative Input-Output Method ［J］. Journal of Regional Science, 2006, 46（2）：333 –353.

［159］Athreye Suma, Keeble David. Technological Convergence, Globalisation and Ownership in the UK Computer industry ［J］. Technovation, 2000, 20（5）：229.

［160］Barabási A. L. , Albert R. . Emergence of Scaling in Random Networks ［J］. Science, 1999, 28（6）：509 – 512.

［161］Barns T J, Britton John H, Coffer W J, et al. Canadian Economic Geography at the Millennium ［J］. The Canadian Geographer, 2014, 44（1）：4 –24.

［162］Batur C, Kasparian V. Adaptive expert control ［J］. International Journal of Control, 1991（54）：867 –881.

［163］Bazan L. , Navas-Alemán L. . Comparing Chain Governance and Upgrading Patterns in the Sinos Valley, Brazil ［J］. Paper for the Workshop on "Local Upgrading in Global Chains", Brighton, Institute of Development Studies, 2001（8）：12 –23.

［164］Berends P A J, Romme A G L. Cyclicality of capital-intensive industries：A system dynamic simulation study of the paper industrial ［J］. Omega, 2001（29）：545 –552.

［165］Blomstrom and Persson. Foreign Investment and Spillover Efficiency in an Underdeveloped Economy：Evidence from the Mexican Manufacturing Industry

[J]. World development, 1983, 11 (6): 493 – 501.

[166] Bourguignon F, Bransom W, Melo J D. Adjustment and income distribution: A micro-macro simulation model [N]. Technical Paper, 1989 (1), OECD Development Center, Paris.

[167] Bradbury J H. The Impact of Industrial Cycles in the Mining Sector: The Case of the Quebec-Labrador Region in Canada [J]. International Journal of Urban and Regional Research, 1984, 8 (3): 311 – 331.

[168] Brander J A. Rationales for strategic trade and industrial policy [M] //Krugman P R. Strategic trade policy and the new international economics. Cambridge: The MIT Press, 1986: 339 – 350.

[169] Campbell J.. Application of Graph Theoretic Analysis to Interindustry Relationships [J]. Regional Science and Urban Economics, 1975 (5): 91 – 106.

[170] Campbell J.. Groth Pole Theory, Digraph Analysis and Interindustry Relationships [J]. Tijdschrift Voor Economische en Sociale Geogrtie, 1972 (63): 79 – 87.

[171] Carlos Melo Brito. Towards an Institutional Theory of the Dynamics of Industrial Networks [J]. Journal of Business & Industrial Marketing, 2001, 16 (5): 332 – 353.

[172] Christer, Karlsson. The Development of Industrial Networks [J]. International Journal of Operations & Production Management, 2003, 23 (6): 112 – 134.

[173] Christodouloul K, Vlahos K. The application of multiparadigm simulation techniques to manufacturing processes [J]. The International Journal of Advance Manufacturing Technology, 1999 (15): 869 – 875.

[174] Czayka L. , Krauch H. A Graph-theoretical Approach to the Aggregation of Individual Preference Orderings [J]. Theory and Decision, 1972, 3 (1): 12 – 17.

[175] Dagmar Rajagopal. A Rational Expections Model for Tax Policy Analysis [J]. Journal of Public Economics, 1995, 3 (2): 27 – 29.

[176] Dagmar Rajagopal. A Rational Expections Model for Tax Policy Analysis [J]. Journal of Public Economics, 1995, 3 (2): 27 – 29.

[177] Das. Externalities and Technology Transfer through Multinational Corporations-A Theoretical Analysis [J]. Journal of International Economics, 1987

(2): 227 –237.

［178］ De Mello. Foreign Direct Investment in Developing Countries and Growth: A Selective Survey ［J］. Journal of Development Studies, 1997, 34 (1): 1 –34.

［179］ Dicken P.. Globalizing Regional Development: A Global Production Network Perspective ［J］. Global Network, 2003 (5): 345 –363.

［180］ Dolan C. , Humphrey J.. Changing Governance Patterns in the Trade in Fresh Vegetables between Africa and United Kingdom ［J］. Paper Submitted to Environment and Planning, 2001 (12): 1123 –1145.

［181］ Emanuela Randon, Ahmad Naimzada. Dynamics of the Non-linear Learning Curve with Spillovers in a Differentiated Oligopoly: Effects on Industry Structure ［J］. Journal of Evolutionary Economics, 2007, 17 (1): 95 –106.

［182］ Ernst. D. , Kim. L.. Global Production Networks, Knowledge Differention, and Local Capability Formation ［J］. Research Poliey, 2002 (31): 1417 –1429.

［183］ Eva K. Sectoral Lingkages of Foreign Direct Investment Firms to the Czech Economy ［J］. Research in International Business and Finance, 2005, 19 (2): 251 –265.

［184］ F Barry. Understanding Ireland's Economic Growth ［M］. St. Martin's Press, 1999, 46 –67.

［185］ Fidel Aroche. Trees of the Essential Economic Strutures: A Qualitative Input-output Method ［J］. Journal of Regional Science, 2006, 46 (2): 333 –353.

［186］ Fong & Glenn R.. Follower at the Frontier: International Competition and Japanese Industrial Policy ［J］. International Studies Quarterly, 1998, 42 (2): 339 –366.

［187］ Gabor Hunya. Restructuring through FDI in Romanian Manufacturing ［J］. Economic Systems, 2002, 26 (4): 26 –54.

［188］ GAINES, JOE. AMR's Crandall Leaves Industry With Legacy Of Change, Growth ［J］. Business Press, 1998, 11 (21): 29.

［189］ Gary Gereffi, John Humphrey, Timothy Sturgeon. The Govermance of Global Value Chains ［J］. Review of International Political Economy, 2005, 2 (12): 78 –104.

［190］ Gereffi G. , Humphrey J. , Kaplinsky R. , Sturgeon T.. Introduction:

Globalisation, Value Chains and Development [R]. IDS Bulletin. 2001 (32): 1 -8.

[191] Gerhard Apfelthaler. Why Small Enterprises Invest Abroad: The Case of Four Austrian Firths with U. S. Operations. [J]. Journal of Small Business Management, 2000 (7): 534 -612.

[192] Guo H C, Huang G H. A system dynamics approach for regional environmental planning and management: A study for the lake erhai basin [J]. Journal of Environmental Management, 2001 (61): 93 -111.

[193] Gutenbaum J, Inkielman M. Simulation model of the polish economy [J]. International Advances in Economic Research, 1999 (5): 308 -320.

[194] Harrod R. F. An Essay in Dynamic Theory [J]. The Economic Journal 1939, 49 (193): 14 -33.

[195] Hausmann R, Rodrik D. Economic development as self-discovery [J]. Journal of development Economics, 2003, 72 (2): 603 -633.

[196] H. B. Chenerry and A. M. Strout. Foreign Assistance and Economic Development [J]. The American Economic Review, 1966 (8): 19 -34.

[197] Hirschman A O. Essays in trepassing: Economics to politics and beyond [M]. Cambridge: Cambridge University Press, 1981: 29 -97.

[198] Hirschman A O, Lindblom C E. Economic development research and development, policy making: Some converging views [J]. Behavioral Science, 1962 (7): 211 -222.

[199] Håkansson, Hakan. Technological Collaboration in Indus-trial Networks [J]. in B. Axelsson and G. Easton eds Industrial Networks: A New View of Reality [M]. London Routledge, 1992: 371 -379.

[200] Hobbs C, Lee I, Haines G, et al. Implementing multicultural policy: an analysis of the heritage language program, 1971 - 1981 [J]. Canadian Public Administration, 1991, 34 (4): 664 -675.

[201] Hoffmann W, Chaloner H W, Henderson W O. The growth of industrial economics [M]. London: Manchester University Press, 1958: 62 -127.

[202] Holger Gorg, Eric Strobl. Do Government Subsides Stimulate Training Expenditure? Microeconomic Evidence from Plant Level Data [R]. IZA Discussion papers 1606, Institute for the Study of Labor, 2005: 78 -96.

[203] Hollis B. Chenery. Structural change and development policy [M].

New York: Oxford University Press, 1979: 25 – 56.

[204] Hollis B. Chenery, Taylor L J. Development patterns: Among countries and over time [J]. The Review of Economics and Statistics, 1968, 50 (4): 391 – 416.

[205] Holub H. W. , Schnabl H. Qualitative Input-Output Analysis and Structural Information [J]. Economic Modeling, 1985, 2 (1): 67 – 73.

[206] Humphrey J. , Schmitz H. . Governance and Upgrading: Linking Industrial Cluster and Global Value Chain Research [R]. IDS Working Paper, Brighton, Institute of Development Studies, University of Sussex, 2000: 26 – 33.

[207] Hunphrey J. , Schmitz H. . How Does Insertion in Global Value Chains Affect Upgrading in Industrial Clusters [J] . Regional Studies, 2002 (9): 1017 – 1027.

[208] James R. Markusen, Anthony J. Venables. The Role of Multinational Firms in the Wage-Gap Debate [J] . Review of International Economics, 1997 (3): 435 – 451.

[209] Kaplinsky R. , Readman J. . Globalization and Upgrading: What Can (and cannot) Be Learnt from International Trade Statistics in the Wood Furniture Sector? [J]. Industrial and Corporate Change, 2000, 14 (4): 679 – 703.

[210] Kuznets S. Economic growth of nations: Total output and production structure [M]. Havard University Press, Cambridge, 1971: 100 – 215.

[211] Kuznets S. Modern economic growth: rate, structure and spread [M]. New Haven and London: Yale University Press, 1966: 252.

[212] Larry Willmore. Technological Imports and Technological Effort: An Analysis of their Determinants in Brazilian Firms [J]. Journal of Industrial Economics, 1991, 39 (4): 421 – 432.

[213] Larry Willmore. Technological Imports and Technological Effort: An Analysis of their Determinants in Brazilian Firms [J]. Journal of Industrial Economics, 1991, 39 (4): 421 – 432.

[214] Leite M. D. P. . The Struggle to Develop Regional Industry Policy: The Role of the Plastics and Auto Sectors in the Regional Chamber of Abc [R]. São Pauló, IDS Working Paper, 2003: 154.

[215] Lei W. , Ling Z. – d. Corrosion Resistance of FRP and Its Application

in the Metallurgical Industry [J]. Technovation, 2001, 22 (3): 255 – 257.

[216] Lloyd P J. The role of foreign investment in the success of Asian industrialization [J]. Journal of Asian Economics, 1996, 7 (3): 407 – 433.

[217] Lucas, R. E. On the Mechanics of Economic Development [J]. Journal of Monetary Economics, 1988 (4): 3 – 42.

[218] Luiza Bazan, Lizbeth Navas-Alemán. The Underground Revolution in the Sinos Valley: Acomparison of Upgrading in Global and National Value Chains [C]. In Hubert Schmitz (ed), Local Enterprises in the Global Economy: Issue of Governance and Upgrading, 2003: 122 – 143.

[219] Marjan Svetlii, Matija Rojec, Andreja Trtnik. The Restructuring Role of Outward Foreign Direct Investment by Central European Firms: The case of slovenia [J]. Advances in International Marketing, 2000 (10): 53 – 88.

[220] Martin Feldstein. The Transformation of Public Economics Research: 1970 – 2000 [J]. Journal of Public Economics, 2002 (1): 83 – 85.

[221] Mayer D G, Belward J A, Burrage K. Optimizing simulation models of agricultural systems [J]. Annals of Operations Research, 1998 (82): 219 – 231.

[222] Mc Mahon G, Remy F. Large Mines and the Community: Socioeconomic and Environmental Effects in Latin America, Canada, and Spain [M]. Washington DC: IDRC and World Bank, 2001: 20 – 44.

[223] Miller R E. International feedback effects in input-output models: Some experimental results [J]. Papers of Regional science Association, 1966 (17): 105 – 125.

[224] Miller R E. Upper bounds on the sizes of interregional feedbacks in multiregional input-output model [J]. Journal of Regional Science, 1986 (26): 285 – 306.

[225] New Man MEJ, Moore C, Watts DJ. Mean Field Solution of the Small-word Network Model [J]. Phys. Rev. 2000 (84): 3201 – 3204.

[226] New Man MEJ. The Struture and Function of Complex Network [J]. SIAM Review, 2003 (45): 167 – 256.

[227] New Man MEJ, Watts DJ. Renormalization Group Analysis of the Small-word Network Model [J]. Phys. Lett. A, 1999, 26 (3): 341 – 346.

[228] Nicolis G, Prigogine I. Self-organization in Nonequilibrium System

［M］. Wiley，New York，1997：121 – 130.

［229］ Niels Anthonisen. Microeconomic shocks and macroeconomic fluctua-
tions in a dynamic network economy ［J］. Journal of Macroeconomics，2016（47）：
233 – 254.

［230］ Powell B. State development planning：Did it create an east asian mira-
cle? ［J］. The Review of Austrian Economics，2005，18（3 – 4）：305 – 323.

［231］ Proeky T J，Mamdani E H. A linguistic self-organizing process control-
ler ［J］. Automatica，1979（5）：15 – 30.

［232］ Rabellotti R. How Globalisation Affects Italian Industrial Districts：The
case of Brenata ［C］. In Hubert Schmitz（ed），Local Enterprises in the Global
Economy：Issues of Governance and Upgrading，2003：15 – 36.

［233］ R. E. Caves. Causes of Direct Investment：Foreign Firms Shares in Ca-
nadian and United Kingdom Manufacturing Industries ［J］. The Review of Econom-
ics and Statistics，1974，56（3）：279 – 293.

［234］ Ren S M. Research on the Influence of Sulfur Tax on the Industrial
Structure of Liaoning Province under CGE Model ［J］. Energy Procedia，2011
（5）：2405 – 2409.

［235］ Robert E. Lipsey. Affiliates of U. S. and Japanase Multinationals in East
Asian Production and Trade ［C］. NBER-EASE，2000：147 – 189.

［236］ Rosenberg，Nathan. Capital Goods，Technology， and Economic
Growth ［J］. Oxford Economic Papers，1963，15（3）：217 – 227.

［237］ Sachs J D，Warner A M. The Curse of Natural Resources ［J］. Euro-
pean Economic Review，2001，45（4）：827 – 838.

［238］ Salinger M，Summers L H. Tax reform and corporate investment：A mi-
croeconometric simulation study ［M］. Behavioral simulation methods in tax policy
analysis. University of Chicago Press，1983：247 – 288.

［239］ Schmitz H. . Global Competition and Local Cooperation：Success and
Faillure in the Sinos Valley，Brazil ［R］. World Development Special Issue on In-
dustrial Clusters in Developing Countries，2000（27）：1627 – 1650.

［240］ Schnabl H. ，Holub H. W. Qualitative and Quantitative Aspects of In-
put-Output Analysis：With English Summary ［J］. Zeitschrift furdie Gesamte Staat-
swissenschaft（JITE），1979，135（4）：657 – 678.

[241] Schnabl H. . The ECA-method for Identifying Sensitive Reactions within an IO Context [J]. Economic systems Rasearch, 2003, 15 (4): 495 – 504.

[242] Schnabl H. The Evolution of Production Structures, Analyzed by a Multi-layer Procedure [J]. Economic Systems Research, 1994, 6 (1): 51 – 68.

[243] Schultze C L. Industrial policy: A Dissent [J]. The Brookings Review, 1983, 2 (1): 3 – 12.

[244] Scott A. J. Regional Push: Towards a Geography of Development and Growth in Low and Middle Income Countries [J]. Third World Quarterly, 2002 (23): 37 – 61.

[245] Seidman S. B. Network Structure and Minimum Degree [J]. Social Networks, 1983 (5): 269 – 287.

[246] Shen Q, Leitch R. Fuzzy qualitative simulation [J]. IEEE Transactions on systems, Man and Cybernetics, 1993, 23 (4): 1038 – 1061.

[247] Slater P B. The Determination of Groups of Functionally Intergraded Industries in the United States Using a 1967 Inter-industry Flow Table [J]. Empirical Economics, 1977 (2): 1 – 9.

[248] Slocombe D S. Resources, People and Places: Resource and Environmental Geography in Canada 1996 – 2000 [J]. The Canadian Geographer, 2000 (4): 56 – 66.

[249] Sorensen T, Epps R. The Role of Tourism in the Economic Transformation of the Central West Queensland Economy [J]. Australian Geographer, 2003, 34 (1): 73 – 89.

[250] Sterman J D. System dynamics modeling: Tools for learning in a complex world [J]. California Management Review, 2001 (43): 8 – 25.

[251] Stiglitz J E, Jaramillo-Vallejo J, Park Y C. The role of the state in financial markets [J]. World Bank Research Observer, Annual Conference on Development Economics Supplement, 1993 (10): 19 – 61.

[252] Sturgeon T, Lee J. Industry Co-evolution and The Rise of a Shared Supply-base for Electronics Manufacturing [R]. Paper presented at Nelson and Winter Conference, Aalborg, 2001: 5 – 7.

[253] Tanya B, Hayter R, Barnes T J. Resource Town Restructuring, Youth and Changing Labour Market Expectations: The Case of Grade 12 Students in Powell

River, BC [J]. BC Studies, 2003 (103): 75 – 103.

[254] Virali S, Glattfelder J, Battiston S. The Network of Global Corporate Control [J]. Plos ONE, 2011, 6 (10): 1 – 6.

[255] Wade R. Governing the market: Economic theory and the role of government in East Asian industrialization [M]. Princeton: Princeton University Press, 1990: 8 – 44.

[256] Wang, X. , Chen, L. , Liu, C. , Zhang, Y. , Li, K. . Optimal production efficiency of chinese enterprise under the background of de-capacity-investigation on the data of coal enterprises in Shandong province [J]. Journal of Cleaner Production, 2019, 227: 355 – 365.

[257] Watts D. J. , Strogatz S. H. . Collective Dynamics of "Small-word" Networks [J]. Nature, 1998, 393 (6684): 440 – 442.

[258] Watts D. J. , Strogatz S. H. . Collective Dynamics of 'Small World' Networks [J]. Nature, 1998, 39 (3): 440 – 442.

[259] Wilkinson, G. Easton. Edge of Chaos II: Industrial Network Interpretation of Boolean Functions in NK Models [J]. In F. Mazet. R. Salle and J-PValla eds, 1997, 2 (3): 112 – 134.

[260] Wood A. . Value Chains: An Economisist's Perspective [C]. In G. Gereffi and R. Kaplinsky (eds.), IDS Bulletin Special Issue on The Value of Value Chains, 2001 (32): 41 – 63.

[261] Yusaf H. Akbar, J. Bard Bride. Multinational Enterprise Strategy, Foreign Direct Investment and Economic Development: The case of the Hungrian Banking Industry [J]. Journal of world Business, 2004 (39): 89 – 105.

[262] Zhang, Y. , Liu, C. , Li, K. , Zhou, Y. . Strategy on China's regional coal consumption control: A case study of Shandong province [J]. Energy Policy , 2018, 112: 316 – 327.